臺灣歷史與文化 研究輯刊

五 編

第 20 冊

政治意識形態、文學歷史與文學敘事
——臺灣五〇年代反共文學研究

陳 康 芬 著

花木蘭文化出版社

國家圖書館出版品預行編目資料

政治意識形態、文學歷史與文學敘事——臺灣五〇年代反共
文學研究／陳康芬 著 — 初版 — 新北市：花木蘭文化出版社，
2014〔民 103〕
目 4+234 面：19×26 公分
（臺灣歷史與文化研究輯刊 五編；第 20 冊）
ISBN：978-986-322-652-9（精裝）
1. 臺灣文學　2. 文學評論
733.08　　　　　　　　　　　　　　　　　103001773

ISBN-978-986-322-652-9

9 789863 226529

臺灣歷史與文化研究輯刊
五　編　第二十冊　　　　　　ISBN：978-986-322-652-9

政治意識形態、文學歷史與文學敘事
——臺灣五〇年代反共文學研究

作　　者　陳康芬
總 編 輯　杜潔祥
副總編輯　楊嘉樂
編　　輯　許郁翎
出　　版　花木蘭文化出版社
社　　長　高小娟
聯絡地址　235 新北市中和區中安街七二號十三樓
　　　　　電話：02-2923-1455／傳眞：02-2923-1452
網　　址　http://www.huamulan.tw 信箱 hml 810518@gmail.com
印　　刷　普羅文化出版廣告事業
初　　版　2014 年 3 月
定　　價　五編 24 冊（精裝）新台幣 48,000 元

政治意識形態、文學歷史與文學敘事
——臺灣五〇年代反共文學研究

陳康芬　著

作者簡介

陳康芬，國立東華大學中國語文學系博士，現為中原大學通識教育中心助理教授。專長領域為台灣現當代文學、通俗文學、文學社會理論、文化研究與文化論述。著有《古龍武俠小說》（淡江大學碩士論文，1999 年）、《政治意識形態、文學歷史與文學敘事——台灣五〇年代反共文學研究》（國立東華大學博士論文，2007 年）、《政治意識形態、族群歷史與客家書寫研究》（行政院客家委員會研究計畫成果，2008 年）、《斷裂與生成——台灣五〇年代的反共／戰鬥文藝》（國立台灣文學館，2012 年）。

提　要

　　本論文試圖從政治意識形態、文學歷史與文學敘事之間所形成的互涉關係，研究台灣五〇年代反共文學的歷史意義。反共文學體制的出現既反應（執政的）國民黨透過政治形態主導特定文學類型發展的現象，也可以作為觀察「反共」文學觀念如何因散佈流通而取得文學正當性的權力運作的概念對象。因此，本論文認為反共文學體制內的歷史現象，並不能只是簡化為國家暴力的結果，而可以將之理解為「文學價值觀如何為政黨政治意識形態所主導、並制約於文學歷史的客觀現實發展環境的歷史特徵」。

　　這些特徵包括「反共」目的與國民黨革命建國意識形態之間所形成的歷史因果關係與精神結構、「半官方」性質的文學組織化、三大文藝運動的社會控制與其中所內蘊的社會衝突、文藝論述的流變、反共敘事的道德化模式、以及受限於政黨建國意識形態（三民主義建國）、歷史現實（反共復國）的敘事想像。這些特徵顯示文學與政治之間既是對抗又是協商的複雜權力關係，同時也說明反共文學在戰後臺灣的文學歷史的特殊屬性，在斷裂「臺灣新文學傳統」的顯性歷史特徵之外，還夾藏著透過文化／文學體制所收編、帶有延展意義的隱性發展面向。

　　本論文認為這個影響包括：政治權力透過與民間文化／文學知識份子社群之間的合作關係，主導與其政治（／建國）意識形態對等或相容的文學類型發展；國家文學政策導向與自由市場經濟社會結構之間難以整合而發展出的「不均衡現代性」、以及文藝論述流變在傳統性、現代性之間不穩定，但持續進行的知識權力鬥爭、並獲得體制發展的（中國右翼）民族國家想像的文學邏輯。

　　帶有（中國右翼）民族國家想像的文學邏輯，顯示民族文化傳統與西方文明現代性接軌過程中，透過敘事的寫實主義的美學形式，以及文化層面所突顯的人性、善惡、道德等普世性價值，轉化到政治民族自我認同的正當性。而敘事的反共想像，則表現在鞏固文化民族主義的國家意識形態與對應國際現實的「自由中國」形象。前者以儒家倫理的「家－國」秩序為基礎，後者為國民黨政權「右翼中國」的威權體制型塑民主統治形象。這些對臺灣文學中「臺灣鄉土」的體制發展都具有相關的影響。影響包括：無關政治性或無左翼思想傾向的政治性與社會性內涵；符合政黨政治力所規範的文化民族主義傾向，其中最重要的傾向，包括：以反日本的漢民族意識與帶有族群屬性的鄉土意識；正向的人性（人道）主義與鄉土烏托邦的美學性文學思維。

目次

第一章　緒　論

第一節　問題意識的形成

　　反共文學是代表中國右翼政治勢力的國民黨（以下簡稱中國右翼）來台延續中華民國歷史所扶持的文學類型，進而主導了臺灣五〇年代的文學發展語境。對於這段文學歷史，除維護當時國民黨官方立場的文學史論者，如劉心皇、尹雪曼、司徒衛等，認為反共文學是承繼中國五四新文學傳統的正統，並以「自由中國新文學」定位之外，其他不管是本土派或大陸派，皆不因政治意識形態如何南轅北轍，一致採取對立面的批判立場。

　　在國民黨官方立場、本土派與大陸派之外，夏志清的《中國現代文學史》，排除政治、社會、革命等價值意義，回歸到文學本身的藝術審美主體，作為書寫典範的審核標準。夏志清訴諸西方現代主義文學價值觀點，以中國左翼文學作為中國現代文學發展的歷史主體、含納中國右翼文學在臺灣的發展，可以視為臺灣文學史書寫的西方現代主義立場的前導。

　　夏志清挑選張愛玲的《秧歌》、《赤地之戀》與姜貴的《旋風》、《重陽》為反共文學的經典之作。他的人道主義價值觀，注意到《秧歌》對於人性描述背後的歷史感，指出張愛玲《秧歌》的「文學反共」價值，並不在於共產黨統治的人生生活描述，而是共黨統治對於中國傳統感性與風俗起了怎樣的作用；《赤地之戀》在此基礎上，擴大到共黨暴政的形形色色，雖有敗筆之嫌，但文學意向豐富的隱喻直追《秧歌》〔註1〕。

〔註 1〕夏志清：《中國現代小說史》（香港：中文大學出版，2001 年），頁 335～371、478～498。

夏志清的觀點初步發現傳統性在中國（含納臺灣反共）現代小說中，所開出的美感經驗爲主的感知結構與敍事風格，但設限於以西方文學書寫典範作爲參照比較的批評立場，未能深入剖析傳統性在中國現代小說發展中的關鍵意義，以及這些特質在趨向現代化、或與現代性結合之後的複雜影響。

本土派、大陸派在七○年代鄉土文學論戰中，是以相對於國民黨威權的民間立場爲同一陣線，以葉石濤與陳映眞爲代表。但兩人即隱含「臺灣右翼——臺灣本土」與「中國左翼——臺灣鄉土」意識上的歧出。在八○年代之後，臺灣社會經歷中國結／臺灣結的矛盾後，延伸至九○年代政治立場的統獨對立，臺灣文學的發展至此明顯分裂爲帶有民族政治意識形態的本土派與大陸派。

中國左翼的概念較爲複雜，就政治身分認同來說，是指作爲與國民黨共同競爭中國建國政權、並作爲對立面的革命政黨——中國共產黨；就文化意識來說，包含指涉共產社會主義、無產階級等概念意涵；就文學傾向來說，泛指革命文學、無產階級文學（普羅文學／大眾文學）等。而「中國左翼——臺灣鄉土」脈絡指涉出陳映眞的兩種思想意識特徵：左傾的中國民族意識與臺灣鄉土現實批判意識。前者是他的民族政治立場；後者是他的文學社會立場。

「中國左翼——臺灣鄉土」意識最早始於臺灣日治時代臺灣新文學「反帝反殖民」的左翼傳統，而延續到二二八之後被國民黨政權消滅，直至七○年代臺灣鄉土文學論戰，才奇蹟似地接續此傳統。

「臺灣本土」的概念則可以追溯到日治時代郭秋洞在臺灣新文學「反帝、反殖民」傳統中，以「在地的」作爲反殖民的文學表現特徵，其鄉土概念傾向於實質性的鄉土。這與臺灣新文學左翼系統，傾向於現實批判的抽象性鄉土相當不同。陳映眞立場的臺灣鄉土概念，可視爲日治時代臺灣新文學左翼系譜的抽象性鄉土繼承。葉石濤的臺灣本土文學立場，則可視爲日治時代臺灣新文學傳統中實質性鄉土的延申，但在民族政治立場，則由實質性鄉土繼續發展「本土」，訴諸實質土地與情感，並以此爲臺灣民族意識的正當性。

葉石濤在其《臺灣文學史綱》中，批評臺灣五○年代反共文學所代表的統治霸權：「幾乎由大陸來台第一代作家所把持，所以整個五○年代文學就反映出他們的心態。他們在大陸幾乎都是屬於統治階級，依附政治權力機構而生存，所以大多數擁護中國傳統的孔孟思想，且有根深蒂固的法統觀念，缺

乏民主；科學修養。因此大陸淪陷後轉到臺灣以後，充滿他們心靈的是沮喪和仇恨。國破家亡的沉重包袱壓碎了他們的心靈。反映這種心境的文學，自然是對中共政權的無限憤慨和怨仇；文學必須紮根於人道主義的肥沃土壤，開起花朵來才有文學的本質和效能。不幸，他們的文學來自憤怒和仇恨，所以五〇文學所開出的花朵是白色而荒涼的；缺乏批判性和雄厚的人道主義關懷，使得他們的文學墮為政策的附庸，最後導致這些反共文學變成另人生厭的、劃一思想的、口號八股文學〔註2〕。」

葉石濤的批評，融雜了日據時期臺灣文學反殖民／反帝國傳統、文學的人道主義觀點，以及傾向臺灣本土政治立場，對反共文學作出了文學價值的判斷。

彭瑞金的立場更激烈：「『反共文學』大鍋菜式的同質性（公式化）、虛幻性和戰鬥性等反文學主張，是它的致命傷，所以儘管它霸佔了整個臺灣文學發展的空間，文學的收成還是等於零。……令人可惜的不只那些文藝園地，而是黃金般的臺灣文學十年歲月被埋葬了〔註3〕。」

葉石濤與彭瑞金訴諸臺灣本土政治立場，未能將反共文學視為特殊政治文學類型，以政治宣傳之作籠統概括其中的優秀創作；而隱含於臺灣本土政治立場的「中國外省──臺灣本土」的對立族群意識，也未能正視五〇年代國民黨來台發展而成為臺灣歷史一部份的客觀性，對反共文學未能公允評價。

之後雖有陳芳明以後殖民（／後現代）論述作為書寫臺灣文學史的策略，宣稱「要建構一部臺灣新文學史，就不能停留在文學作品的美學分析，而應該注意到作家、作品在每個歷史階段與其所處時代社會之間的互動」。陳芳明對臺灣「殖民地社會」的總的性質〔註4〕，視「（右翼）中國」為國民黨政權殖民臺灣文化符號的「文學獨台」的隱含命題，並未能將反共文學的政治性完全「解殖」。但陳芳明以文學歷史為主軸，結合現代主義文學理論的論述方式，開啟訴諸臺灣本土立場的多元歷史面向研究的可能性，以及奠定臺灣本土現代派論述的基礎。

〔註2〕葉石濤：《臺灣新文學史綱》（高雄：文學界雜誌社，1987年）頁88～89。

〔註3〕彭瑞金：《臺灣新文學運動40年》（台北：自立晚報文化出版部，1991年），頁75～76

〔註4〕陳映真對陳芳明文學歷史觀點的論述用語。陳映真：〈以意識型態代替科學知識的災難──批評陳芳明先生的《臺灣新文學史的建構與分期》〉，收錄於《反對言偽而辯》（台北：人間出版社，2002年），頁7～48。

大陸派的臺灣文學史論者，包括劉登翰、古繼堂、趙瑕秋、呂正惠、曾建民、陳映眞等人，在唯物辯證史觀的影響下，都能跳脫直線式歷史脈絡的文學史書寫，但對於反共文學的歷史詮釋，仍有不盡精密與主觀臆斷之處。

如劉登翰在其主編的《臺灣文學史》中，雖然注意到不同歷史脈絡下的文學創作與文學思潮，以及這之中所反應的消長現象，但只針對現象作梳理，未能繼續探索反共現象發生的深層結構，而對於反共文學的定位，也以政治宣傳性「扭曲歷史與生活眞實的虛妄」，否定其存在價值〔註5〕。

同樣的狀況也發生在古繼堂的《臺灣小說發展史》中。古繼堂以客觀文獻資料勾勒出五〇年代文學反共的歷史輪廓，但對於反共作家與小說的「反共」心態，仍多有可議之處：「五十年代臺灣的反共文學，是一種人爲的文學潮流。不僅被廣大臺灣同胞厭惡，而且被他們自己的第二代所唾棄〔註6〕。」

到了《簡明臺灣文學史》雖不復出現明顯的民族意識情緒，但仍有囿限於文學的政治意識形態與藝術價值判斷之處：「從『反共文學』自身的創作而言，以逆歷史潮流而動的創作姿態，構成一種反歷史的懷舊復仇文學面貌；以嚴重的模式化與公式化創作，形成千篇一律的『反共八股』；以鮮明的政治企圖與御用性格，充當了官方政策文學的傳聲筒；『反共文學』的種種非文學創作弊端，不僅遭到了社會讀者的普遍唾棄，也使它自身陷入萬劫不復的境地〔註7〕。」

趙瑕秋、呂正惠主編的《臺灣新文學思潮史綱》對於五〇年代、各種文學類型在文學場域的位置與對應關係，最爲深刻。但其中隱而未現的「鬥爭」歷史觀點，未能觀照到反共文學與（國民黨）中國右翼建立現代化民族國家之間的歷史脈絡：「縱觀五六十年代的文壇，儘管懷鄉文學處於支流地位，女性書寫呈現弱勢生存狀態，鄉土文學被放逐於文壇邊緣；但這些非主流型態的文學存在，與前述的反主流論述話語一道，爲打破『戰鬥文藝』運動的一統天下，挑戰和質疑官方的文化霸權，呈現與復原那個時代完整的文學風貌，有著不可或缺的功績與意義〔註8〕。」

這幾個文學史論的立場，大致上可分成四個詮釋脈絡：以劉心皇、尹雪

〔註5〕劉登翰：《臺灣文學史》（福建：海峽文藝出版社，1993年），頁25～43。

〔註6〕古繼堂：《臺灣小說史》（台北：文史哲出版社，1996年），頁155。

〔註7〕古繼堂：《簡明臺灣文學史》（台北：人間出版社，2003年），頁250～251。

〔註8〕趙瑕秋、呂正惠主編：《臺灣新文學史思潮史綱》（台北：人間出版社，2002年），頁247。

曼、司徒衛等為代表的（以國民黨立場為主的）中國右翼立場；以陳映眞、呂正惠等為代表的中國左翼立場；以葉石濤、陳芳明等為代表的臺灣本土／臺灣本土現代派立場；以夏志清為開端不帶有政治性的西方現代主義美學論述。

　　前三者傾向於以民族／國族／政黨政治意識作為文學歷史的書寫主體的前提，後第四者則傾向於以西方現代主義的個體性美學價值作為書寫策略、表現歷史或論述文學基礎。但都因其自身條件的設限，難以對反共文學歷史作更全面性的深入理解。

　　例如：中國右翼維護國民黨正統的「官方」詮釋史論，在失去歷史環境與政治力量的支持，以及中華人民共和國作為繼承領導中國的政黨合法性，如何還能繼續宣稱國民黨的反共是中國歷史的唯一正當性？這個史論觀點的政治性謬誤，仍有必要被釐清。

　　中國左翼與臺灣本土詮釋脈絡，對於反共文學的歷史客觀性的存在意義，一律取代以價值批判。這個現象與其各自依循的中國左翼民族意識與臺灣民族意識，將文學歷史混同於政治上的統、獨意識形態之爭，不無關聯。因此，對反共文學的否定，不管從文學的政治性與審美性，都有難以持平之處。

　　又例如：反共文學中寫實主義式的敘事修辭與美學成規，來自於對左翼五四新文學傳統的文化符碼與文學成規的吸收。臺灣本土詮釋系統，雖然站在日治時代臺灣新文學「反帝、反封建」的寫實傳統，並作為建構臺灣文學史中的寫實主義文學歷史根源，但未能更客觀梳理日治時代中，臺灣新文學左翼傳統與三〇年代共產國際在日本左翼、中國左翼之間，所存在深遠影響的歷史關係。

　　這使得反共文學雖然有截斷臺灣日治時代新文學寫實傳統的歷史現象發生，卻不能忽略：反共文學只是排除左翼文學寫實主義中的現實批判意識，但仍具有持續影響寫實主義的文學審美形式在臺灣文學發展上的「主流」位置。中國左翼詮釋系統也同樣必須正視反共文學對此的正面性影響。因此，反共文學眞的是一種逝去的文學？現當代文學研究者如何看待這個最被貶抑、但卻是臺灣文學經驗中，具有關鍵（／矛盾）意義的一個歷史性環節？

　　宣稱作為現代派個人立場所認定對立面的張誦聖，提出以「文學體制」分析現、當代中國／臺灣文學的方法學。她以「東方主義」運用「論述理論」

訴諸潛在集體動機的觀念爲基礎，透過「文學體制」——既是現象又是概念的特殊性，整合文學研究與文化研究，使得文學權力與社會結構力量的複雜關係被解析出來，進而能發現具有歷史特殊性的當代文化現象的系統性。

張頌聖在西方現代主義論述的脈絡下，跳脫單純的美學的藝術性評價，僅以西方現代主義的個人立場作爲研究態度的基礎，而將研究對象轉往文學現象與社會體制之間互爲影響的社會性意義，對開發五〇年代反共文學的文學社會意義，相當具有啓發性，但五〇年代反共文學非其研究重心〔註9〕。

應鳳凰則以此研究概念爲基礎，從文獻史料的整理，重新梳理並描述出臺灣五〇年代的文學場域，到提出反共美學的建構議題，到援引布赫迪厄理論中的文化場域、文化再生產、文化資本等觀念，討論文藝雜誌、作家在文壇或文學史書寫的位置〔註10〕，是目前五〇年代反共文學研究中，最具整體性理論建構的學者。

王德威的〈五〇年代反共小說新論——一種逝去的文學？〉也同樣不單純設限於西方現代主義的美學價值觀論述上，將文學研究擴大到文學與歷史如何互動的思考層面，因而極具研究視野的啓發性。王德威從反共文學的政治小說的歷史性格與意識形態觀點，以及兼具傷痕文學的特殊屬性，辯證了政治與文學之間種種的複雜關係，重新提出反共文學研究的可能新起點。梅家玲在此基礎延伸，從性別論述出發，重新梳理反共文學在「家國想像」中，所形成的「家」與「國」界域〔註11〕。

到了〈歷史與怪獸〉，王德威則走得更遠，受啓於西方論述而不爲其所設限，從中國史學敍述的傳統另闢蹊徑，揭示出（中國）傳統性在中國／臺灣現當代文學的現代性發展中所隱續的意義脈絡〔註12〕。

〔註9〕 張頌聖：〈「文學體制」與現、當代中國／臺灣文學——一個方法學的初步審思〉，收錄於周英雄、劉紀蕙主編《書寫臺灣——文學史、後殖民與後現代》（台北：麥田出版社，2000年），頁25～40。

〔註10〕 應鳳凰：〈文獎會與文藝創作出版社〉、〈結合文人力量的前鋒〉、〈《自由中國》、《文訊通訊》作家群與五〇年代臺灣文學史〉、〈五〇年代臺灣小說「反共美學初探」〉、〈五十年代臺灣文藝雜誌與文化資本〉；博士論文：Reassessing Taiwan's Literary Fieald of the1950s' The University of Texas Austin，2000。

〔註11〕 梅家玲：〈五〇年代國家論述／文藝創作中「家國想像」——以陳紀瀅反共小說爲例的探討〉、〈性別 V.S.家國：以五〇年代的臺灣小說——以《文藝創作》與文獎會得獎小說爲例〉，《台大文史哲學報》2001.11，頁5～46。

〔註12〕 王德威：〈序論〉《歷史與怪獸》（台北：麥田出版社，2004年），頁7～8。

　　上述學者們的研究雖然都有助於反共文學在文學現代性與現代化研究視野的開展，但卻也都因限於西方現代主義個人主體價值的美學立場，未能將第三世界國家在文學與民族國家建構之間，以及與民族文化傳統的複雜關係，視爲主要關懷。中國左翼與臺灣本土立場的學者雖也注意到這個現象，並提出諸多精闢論述，但因政治意識形態的侷限，將反共文學在此所能開展的歷史詮釋意義排除在外。

　　臺灣本土學者游勝冠堅持以「臺灣本土」的政治性戰鬥位置介入臺灣文學研究，以此對抗臺灣文學中的「中國性」與戰後臺灣發展（現代主義）「現代性」之間的權力共謀結構〔註 13〕，以期重新建立臺灣本土意識的學術主體性。雖然能夠積極開發臺灣本土意識的文學新論述，但將學術知識研究轉爲帶有去中國霸權意識的政治性行動綱領，卻極易在新論述建構的過程，同時混淆著個人主觀政治意識形態所預設的價值批判，而難以與歷史作更寬廣的對話〔註14〕。

　　我的問題意識則試圖透過提問反共文學可能潛藏的歷史意義與歷史價值

〔註13〕　游勝冠：〈權力的在場與不在場：張誦聖論戰後移民作家〉、〈徘徊於左、右立場之間的論述——再論張誦聖教授臺灣文學論述中眞理與立場的共謀〉、〈揭開「現代主義」、「前衛性」的神秘化面紗——論外文系出身的戰後移民學者反本土論述的意識形態位置〉，臺灣文學研究工作室（http：ws.twl.ncku.edu.tw）。

〔註14〕　游勝冠指導王梅香的碩士論文《肅殺歲月的美麗／美力？戰後美援文化與五、六〇年代反共文學、現主義思潮發展之關係》中，（在陳映眞對現代主義與國民黨政治力共生互謀關係觀點）提出反共文學、現代主義在五〇年代共舞過程，隨著三種不同歷史驅力的推移——反共文學本身的改變、自由主義思潮的刺激、美援文化的輸入，而漸由六〇年代現代主義取得主導位置，並使得現代主義文學與美學價值觀獲得有利的傳播途徑與認同。以現代主義背後的「反共性」、「中國性」與「現代想像」之間的共謀權力網絡，以及站在文化地理性的族群階級與文化資源的文學社會角度，作爲反省國民黨政權長期以來重北輕南政策下「台北中心」思維的偏頗，這是很好的一個省思批判。但論文立場仍有值得爭酌之處：站在對戰後現代主義發展的（相對於國民黨政權主導的「中國性」）的「政治性」戰鬥位置，以（臺灣 V.S.外省／本土 V.S.中產階級的）族群／階級的文化資本與社會位置繼承的批判，無視於現代主義本身所建立的美學規範，又該如何評價或審視臺灣本土的「現代主義」的現代性發展意義？如日治時代優秀詩人楊熾昌與其「風車詩社」，或是有臺灣文壇「幻影之人」的優秀小説家翁鬧。因此，「政治性戰鬥位置」雖能有效建立批判觀點，但從確立學術研究主體的觀點來看，如何回應或建立更宏觀的歷史視野與思考空間，仍有所保留。

為主軸，並企圖整合上述學者們的研究脈絡，包括不帶政治性的臺灣主體意識與文學歷史立場、中國左翼文學史論者的唯物辯證史觀與非直線式歷史脈絡的文學史書寫、張頌聖的「文學體制」的研究觀點，以及王德威對於政治與文學歷史之間的辯證性，重新梳理反共文學在臺灣現當代文學所可能提供的社會性意義。

透過整合性的研究向度與非政治立場重新觀察，並試圖建構臺灣五〇年代反共文學論述，最主要的理由在於：中國左翼文學史論者的文學歷史書寫，雖然具有以客觀的文獻資料勾勒出反共文學在臺灣五〇年代的發展面貌、注意到不同歷史脈絡所發展的文學創作與各種文學思潮之間的消長現象的優點，但以傾向（中國左翼）民族立場與政治意識形態，對反共文學的國民黨政治文宣功能作了價值的判斷。

因此，在歷史的書寫特質上，來自於唯物辯證史觀的運作，使得文學歷史在文學價值的判斷之外，仍保有現象與現象之間的客觀性，避免直線式的文學歷史書寫。但往往在不自覺的情況下，容易設限於國族——政黨意識形態的彼此對立立場，未能更宏觀於文學歷史發展的整體複雜性，使得文學歷史與文學價值判斷，混淆於政治的意識形態中。

因此，避開政治意識形態，將反共文學視之為中國右翼建立現代化民族國家時、所發生的文學政治化現象。進而檢討文學政治化過程中，所對應的歷史、文化與社會關係。這些關係的整合，是否可能重新發現反共文學所特有的結構性意義的文學歷史詮釋？這也指出訴諸現象的歷史客觀意義而非文學價值，作為我的論文研究的預設價值立場。

就現象的歷史客觀意義來說，無論維護反共文學存在意義的政治立場、或貶抑反共文學的存在價值，都不能反駁反共文學的生成，來自於國民政府退居臺灣的歷史環境，以及在這個歷史環境中，因勢利導的政治力量。不管是好或壞，這都是臺灣歷史的一部份。「文學體制」觀念的援引，對於反共文學的生成，與後來取得五〇年代文學發展的主導地位，使我們對反共文學與社會的各種結構力之間的張力關係，有了絕佳的觀察平台，而不容易流入政治情緒的認同或抵抗。

不過，這裡出現一個問題：反共文學在當時是否已經形成了「國家體制」的規模？還是僅僅只是作為控制社會體制發展的「機制」功能存在？如果只是形成社會體制化的「機制」，尚未達到「國家體制」的規模程度，這對其他

文學類型或文學思潮的發展，留下了什麼樣的空間？對反共文學的發展，造成什麼樣的影響？我們從臺灣文學史論中，對於反共文學主導五〇年代文學語境的認知，和反共文學在當代所實際產生的效應，又將會產生了什麼樣的落差？

　　再反向就反共文學在目前史論所出現的文學價值意義來看。政治與文學之間的密切關係，使得反共文學的價值判斷來自於政治，而非單純的文學審美。因此，反共文學集體書寫的「八股」，如果不從政治意識形態美學的「再發現」觀點探討，也不著重於事過境遷後，對於文學歷史心理的認識與反省；反共文學在文學與歷史之間，還能存著怎樣想像性的對話可能？想像對話意味著文學歷史的再現，是否能提出更具有政治與文學辯證性的文學歷史詮釋？並提供重新書寫反共文學在臺灣文學史的空間？反共文學歷史的研究與詮釋再發現，將是一個很好的起點。這也是本論文所預期開展的研究重心與論述成果。

第二節　研究主題、概念界定、研究範圍與研究方法

　　本論文的研究論題是「政治意識形態、文學歷史與文學敘事──臺灣五〇年代反共文學研究」。「政治意識形態」、「文學歷史」、「文學敘事」是本論文對「反共文學」主題所預設的三個研究進路。

　　「意識形態」概念的產生源自西方的啓蒙運動，形成於法國大革命之後，首先由特拉西（Antoine Destutt de Tracy）所提出。戴維・賈里（Dvid Sollins）、朱莉婭・賈里（Julia jary）《社會學辭典》（Sociology-Harper Collins Dictionary）中，對「意識形態」所下的三個定義：一、作爲社會活動或政治活動的基礎或指導的一切思想體系；二、較狹義只證明一群體統治另一群體合理或合法的一切思想體系；三、一種包羅萬象的廣博知識，它能消除偏見，並用於社會改革〔註15〕。

　　「政治意識形態」在本論文的使用概念，傾向於第二個用法，但以臺灣五〇年代的國民黨作爲具體指涉對象。「政治意識形態」在本論文所形成的論述脈絡內容，包含兩個向度：一是國民黨的「三民主義（革命）建國」政治

〔註15〕戴維・賈里、朱莉婭・賈里（周業謙等譯）：《社會學辭典》《臺北：貓頭鷹出版社，2005 年 1 月》頁 324～325。

意識；一是一九四九年國民黨來台後「中國民國在臺灣」現實中的「反共復國」政治意識。

「文學歷史」指的是反共文學的發展與影響的相關歷史。「文學敘事」以反共小說文類的歷史性敘事內容為主要討論對象。

「五○年代」，在本論文所指的界定，以一九四九年到一九六○年，作為一個完整斷代。「反共文學」限於狹義的定義：以「反共」內容為題材的文學類型。「反共」內容指的是：直接涉及「反共」、「反共復國」、「反共抗俄」或國民黨官方所主導的「戰鬥」等主題；至於間接以個人懷鄉作為亡國之痛的象徵性文學類型，則不包含在內。本論文只討論具有代表意義的小說文類；小說文類的敘事風格以寫實主義為主，作家在寫實敘事的文學成規之外的審美意義與價值，一概不予討論。

本論文的研究範圍以探討「反共文學的文學歷史知識」為核心理念，目的在於逐一釐清反共文學的政治現象與文學現象之間互相指涉的關聯意義。「反共文學的文學歷史知識」所涵蓋的範圍包括：反共文學的形成歷史與體制現象、反共文學與政治意識形態的關係、反共小說的文學敘事與歷史現實之間所相互對應的深層文化結構。

反共文學的形成歷史範圍有兩個重點：一、中國知識份子在國共兩黨時期、從合作到內戰歷史中的重要文學活動現象；二、反共文學體制中社群組織與國民黨政治實體之間的關係。

第一個重點範圍包括：三○年代中國新文學轉入「革命文學」之後，右翼系統所主導的二次「民族主義文藝運動」、國民黨政權所扶持的「中國文藝社」的文學實踐；以郭沫若為首的國民政府軍事委員會政治部「第三廳」與國民黨黨部「文化工作委員會」，以及國民黨中央宣傳部「文化運動委員會」的對立抗衡。

第二個重點範圍包括：社群組織化現象、文學生產、社會控制與對應的社會體質，顯示臺灣五○年代時期，反共政治思維主導文學體制所造成的特殊性。

反共文學的體制現象包括：一、三大文藝運動現象；二、文藝論述的流變現象；三、體制形成後的文學制約現象發展。

三大文藝運動現象指的是：一九五一年的軍中文藝運動；一九五四年的文化清潔運動；一九五六年的戰鬥文藝運動。一九五一年軍中文藝運動現象

所要探討的內容，以國民黨革命建國歷史與右翼中國的現代化中國想像之間
的關聯為主要核心；一九五四文化清潔運動所要探討的內容，以分析反共文
學社群在體制性文學生產中所產生的干擾作用與權力位階為主；一九五六年
戰鬥文藝運動所要探討的內容，則是針對國家文藝政策與自由市場經濟結構
之間所隱藏的社會性衝突，以及對於主導文學體制發展原則的影響。

　　文藝論述的流變現象指的是官方的反共文學論述與民間非反共文學論述
之間的更迭關係。官方的反共文學論述在本論文中，僅討論較具代表性的大
家與作品：張道藩《三民主義文藝論》、王集叢《三民主義文學觀》、《戰鬥文
藝論》；而民間非反共文學論述僅集中討論中國五四新文學傳統與現代主義之
間的轉化延變現象，以及體制對於此轉化延變現象所產生的決定性作用與價
值觀邏輯。

　　體制形成後的制約所涉及的重要文學現象，包含兩個產生時間：一是 1945
～1949 年：反共文學體制形成之前的過渡期；一是 1950～1957 年：張道藩主
導反共文學體制發展的時期。前者重要的文學現象包括：1946 年吳濁流發表
日文長篇小說《胡太明》(《亞細亞孤兒》)；1947～1949 年中國左翼知識份子
與臺灣左翼知識份子在《橋》副刊展開的論爭交流；左翼文學在 1949 年之後
遭到體制性的清除與禁止。後者重要的文學現象包括：反共小說的迅速興起
與出版發行；台籍作家廖清秀、鍾理和分別以《恩仇血淚記》、《笠山農場》
得到 1952、1956 年「中華文藝獎金委員會」的「國父誕辰紀念獎金」長篇小
說類第三獎、第二獎。這兩個現象分別指出反共文學體制積極主導的民族國
家想像的文學邏輯，以及相容台籍作家筆下「臺灣鄉土」的民族意識取向、
文學想像與美學價值觀的有限性原則。

　　反共文學與政治意識形態的討論，主要是考察反共意識形態介入文學的
社會條件與價值取向。「反共意識形態」在本論文所形成的使用意義：以反共
作為核心價值、並訴諸知識正當性以要求社會法權的文學社會化言論思想。
孫中山《三民主義》是國民黨與共產黨互爭現代化民族國家領導權的思想根
據，而《三民主義》所代表的正是國民黨政權的右翼中國的建國意識形態。
本論文預設反共文學的意識形態與孫中山《三民主義》建國意識形態，具有
選擇性的親近（elective affinity）關係。

　　《三民主義》建國意識形態在本論文所指涉的重點範圍，包含兩個重點：
一是以文化民族主義為核心的民族國家價值理念；一是以國家為核心的現代

化資本主義社會形式。就國民黨右翼中國的現代化民族國家結構而言，前者是內在的結構秩序；後者是外在的實體運作。頻繁出現的文藝運動，正是國民黨政權透過反共文學體制所施行的社會控制，但並未能解決兩者之間的本質衝突。這兩者的衝突是造成體制內文學論述流變更迭的社會結構基礎，但建國意識形態卻仍能透過體制的潛在性力量，控制文學價值觀在傳播或認定的接受傾向、相容內涵與發展原則。

「反共的文學敘事」在本論文中，僅指涉兩個層面範圍：民族歷史意識的敘事主體（歷史敘事主體）與帶有文化價值判準的文學敘事原則。民族歷史意識指的是國民黨訴諸孫中山《三民主義》建國意識形態的右翼中國立場，相對於共產黨訴諸馬列與毛澤東思想的中國式無產階級建國意識形態的左翼中國。國民黨的右翼中國以「三民主義」的政治信仰與儒家文化民族主義，作為民族國家（中華民國）的歷史意識。這對日治時代的臺灣新文學傳統，產生兩種影響：一是截斷左翼文學思想傳統；一是延續日本殖民統治下的漢人民族意識與文化社會思維。前者被體制所排除；後者在體制中被延化為「體制性臺灣鄉土文學」的內涵。

本論文認為以歷史敘事主體為討論範圍，可以達到兩個比較研究的啟發作用。主體概念相對於客體概念，指涉的是人、心、理論家等；客體概念指的是外在世界。歷史敘事主體是一個複合概念，泛指用某一特定的預設觀點，重新詮釋或重新定義歷史的發生、延變與因果關係。主體在本論文的使用指的是：歷史敘事主體。內容含括基於帶有政黨性的建國意識形態或民族國家立場的歷史敘事觀點。

本論文認為反共小說敘事的特殊性，在於包含（國民黨的）政黨建國意識形態所架構的民族國家的歷史詮釋，以及游移出建國意識形態所預設的歷史走向之後的民族國家現實處境。前者是國民黨宣稱仍為執政中國的歷史正統性基礎；後者則反應出國民黨執政在臺灣地區（以及澎、金、馬）的現實困境。這兩者的不協調性，在反共文學敘事中藉由不斷延宕的歷史循環時間所緩衝，提供一個犧牲個體自由以完成政黨性民族國家的政治文學神話。

本論文認為反共敘事為了繼續維護這個政治神話，必須尋找更深層的價值體系形成意義連結，作為說服個體放棄個人自由而轉以投入國民黨所預設的民族國家價值體系。這個連結從兩方面進行：一是維護既有的體制性的民族國家文學意識形態、以及相互並容的美學價值；一是從文學敘事原則所能提供的文化價值判斷。這兩者具有相互補強的效應。

　　因此，本論文從反共小說文本所形成公式化的道德敘事模式現象，歸納出道德敘事背後所連結的三個普世價值原則：人性價值觀、善惡二元價值觀、倫理道德價值觀。本論文預設這三種價值原則是構成國民黨右翼中國的現代化傳統的價值基礎，並分別與五四自由主義、基督教文明、中國傳統儒家文化思想，具有選擇性的親近關係。

　　這個複雜的歷史現象對戰後臺灣文學發展的影響，包括二個層面。一是體制性文學建國意識形態對臺灣「殖民──建國」文學歷史所產生的制約作用；一是反共文學意識形態與國民黨在臺灣的右翼中國（中華民國在臺灣歷史處境的「自由中國」）建國歷史，對於前者所產生思維邏輯與意識形態模式的強化作用。

　　本論文認為以帶有文化價值判斷的文學敘事原則作為討論範圍，可以重新檢討國民黨右翼中國的民族國家的文學實踐，在傳統性與現代性之間的取重面向，以及兩者之間的衝突。對於臺灣的國家正常化歷史進程來說，可以更清楚看到透過無所不在的政治權力所滲透的民族／國家意識形態，對於發展公民社會意識形態的壓抑。

　　本論文的研究方法以「文學體制」作為觀察臺灣五〇年代反共文學的基礎面向，並預設以「體制性的文學價值觀受到執政政黨所預設的建國政治意識形態、以及對應於歷史現實發展的延變影響」的論述理論，作為詮釋反共文學在臺灣五〇年代所形成的體制現象的基本預設與考察面向。

　　研究考察面向所指涉的「文學體制」，來自於張頌聖對現當代中國／臺灣文學所提出的方法學概念。但在本論文僅設限於兩種性質的歷史現象：一是具體影響文學作品生產與接受的公共文化體制──以反共文學社群與國民黨政權之間的特殊屬性為主要研究內容；一是規範或主導文學形式內容與價值理念的文學權力場域──以文藝運動的社會與歷史效應、文藝論述流變的互涉制約，以及文學敘事的歷史想像為重點的研究內容。

　　反共文學的迅速興起是臺灣五〇年代文學發展的重要歷史事件。反共文學對於臺灣文學歷史發展，具有兩個重要的關鍵性影響。一是斷然改變日治時代臺灣文學體制與文學場域結構，臺灣作家在日本殖民時代所累積的文化資本（包括最基本的語言文字能力）遭到貶抑，以「反共建國」政治邏輯為核心的文學發展，迅速取代臺灣新文學傳統，主導五〇年代文學語境。二是獲得主要發展位置後所逐漸形成的新興文學體制與權力場域，在此之中所導

入的文化意識形態與具此延伸的文化機制，對於文學價值觀所產生的制約作用，可以說是主導戰後臺灣文學歷史發展的原型基礎。其中，第二個關鍵性影響所認定具有原型基礎的意義考察，是本論文透過研究方法的理論論述，所預期能推演出來的研究成果。

本論文之所以選擇「文學體制」的歷史現象作為考察五○年代反共文學的社會性意義的原因，在於延引張頌聖對於「文學體制既是現象、又是概念的特殊性」的特殊面向。張頌聖定義的「文學體制」不單包括具體、影響文學作品生產及接受的文化體制（諸如教育體制、媒體、出版業等等），同時也是指社會上經由各種論述的散佈流通而獲得正當性、廣為接受的整套文學觀念——包括其中最重要的預設，即對「文學」作為人類精神文明一個重要活動的基本認知〔註16〕。

透過「文學體制」的研究方法，使得反共文學的研究能得以突破專注於文學作品或文學類型的表現風格或文學意義層次，而能將思考重點放到「反共文學」是如何被生成？在生成的過程所對應的文學體制、以及文學場域將會產生什麼決定性的影響？這個影響與反共文學的內涵與表現之間的關係是什麼？而這樣的內涵與表現對於後續不同類型的文學發展，又能發揮什麼樣的制約性影響力？我們又該如何梳理反共文學在文學史的存在意義，並重新定位反共文學的價值？

這些提問並不是試圖証明反共文學所能提供的美學藝術價值，而是將反共文學定位為五○年代最具文學傳播效應與主導權力的政治性文學類型。本論文企圖嘗試從政治意識形態與文學歷史兩個研究視野，逐一審查反共文學在五○年代所繫屬相連的體制性現象、場域間政治權力原則與其他各種可能宰制力量所形成的複雜關係，以及這兩者與文學敘事之間的想像對話。

此外，政治權力原則與其他各種可能宰制力量之間的關係，究竟是形成對抗性的反動結構，還是形成協商性的共犯結構，還是既對抗又協商的發展結構，也將是本論文的研究重點。而從生成反共文學所附帶影響促成的體制結構，對於戰後臺灣文學發展的美學藝術價值的觀念輸入或認定，尤其是在評估文學敘事的美學實踐過程，產生怎麼樣的理解模式或接受程度，則又是本論文的另一個研究重點。

〔註16〕張頌聖：〈文學體制與現、當代中國／臺灣文學——一個方法學的初步審思〉，收錄於《書寫臺灣——文學史、後殖民與後現代》，頁25～26。

　　這兩個研究重點說明反共文學在臺灣文學歷史發展的可能特殊屬性：同時具有斷裂與延展的中介性質。從臺灣主體意識來說，反共文學所產生的斷裂性，在於將「臺灣新文學傳統」極端邊緣化，左翼系統甚至遭到徹底消音的命運；但反共文學對臺灣文學發展仍具有產生延展性的效應。這個效應反應在：透過文化機制所收編的價值相容性與體制所發展的美學藝術實踐兩個面向，保留住有限的後續發展空間。

　　從中國主體意識來說，「反共文學」寫實敘事形式所挪用五四左翼新文學以來的文學成規，以及延續國民黨右翼「民族主義」文學內涵的道德敘事原則，成為戰後臺灣文學的重要構成成分。這個現象同時也點出反共文學作為特殊歷史產物的獨特意義。

　　因此，本論文在研究方法所提出：以「文學體制的歷史現象」作為考察對象，結合「文學價值觀受到政治意識形態與文學歷史現實的雙重影響」理論論述的基本預設詮釋進路，並不涉及反共文學的文學性研究價值的討論或認定，而是將研究重心放在反共文學形成的歷史條件與社會影響層面，在既有的文獻資料基礎上，透過「臺灣五〇年代反共文學」的特定主題研究，從中演繹所對應生成的文學體制的重要事件與現象，重新建構五〇年代反共文學在臺灣文學歷史所可能具有的社會與文化意義，進而為臺灣五〇年代反共文學研究提出新的文學歷史的知識概念。

第三節　文獻回顧與處理

　　本論文在文獻資料的選用上，分成主要引用與次要參考兩個部分。主要引用文獻以歷史信度與詮釋效用為主，分成直接史料與間接史料；次要參考文獻則以目前所累積的相關學術研究成果為主。

一、主要引用文獻

　　（一）直接史料：五〇年代反共文學生產機制所出版、發行的文獻資料，或不一定是五〇年代的出版刊物，但與主導反共文學的統治階級思想，有直接關係的文獻資料。依照內容分成文學論述、政治論述、小說文本、文學期刊。小說文本又分成主要文本與次要文本。主要文本以五〇年代反共小說為主；次要文本則依照本論文鋪排歷史論述的需要，僅挑出最具代表性小說進行對照性的討論。

　　文學論述包括：張道藩的《三民主義文藝論》、《戰鬥文藝與自由文藝》、《我們所需要的文藝政策》；王集叢的《戰鬥文藝論》、《三民主義文學論》；葛賢寧《論戰鬥的文學》；李文《當代中國自由文藝論》；孫旗《論中國文藝的方向》。

　　政治論述包括：孫中山的《孫文學說》、《三民主義》；蔣中正《反共抗俄基本論》、《民生主義育樂兩篇補述》、《蔣總統全集》；《蔣經國全集》。

　　小說的主要文本包括：王平陵的《歸來》、《火種》、《茫茫夜》；王藍的《咬緊牙根的人》、《長夜》、《藍與黑》；尼洛的《咆哮荒塚》、《近鄉情怯》；田原的《這一代》；朱心畬的《大火炬的愛》；司馬中原的《荒原》；姜貴的《旋風》、《重陽》、《碧海青天夜夜心》；查顯琳的《火線上》；孫陵的《她是誰》、《大風雪》；郭衣洞的《蝗蟲東南飛》；郭嗣汾的《威空長雲》、《危城記》、《黎明的海戰》、《寒夜曲》、《夜歸》、《風雪大渡河》、《尼泊爾之戀》；陳紀瀅的《荻村傳》、《有一家》、《華夏八年》、《赤地》、《賈雪兒前後》；潘人木的《蓮漪表妹》、《如夢記》；楊念慈的《罪人》、《金十字架》；潘壘的《還我山河》（原《紅河三部曲》）、《金十字架》、《地層下》（《黑色的地平線》）、《血渡》、《峽谷》、《歸魂》、《血旗》、《一把咖啡》；墨人的《孤島長虹》；澎湃（彭品光）的《荒島夢回》；穆穆的《大動亂》；蕭傳文《征人之家》等。

　　小說的次要文本包括：吳濁流的《亞細亞孤兒》；呂赫若〈故鄉的戰事（一）——改姓名〉／〈故鄉戰事（二）——一個獎〉／〈月光光——光復以前〉／〈冬夜〉、《1947～1949 臺灣文學問題議論集》、《新二二八史像——最新出土小說、詩、報導、評論》；廖秀清《血淚恩仇記》、鍾理和《笠山農場》。

　　文學期刊包括：張道藩主持葛賢寧主編的《文藝創作》、虞君質主編的《文藝月報》、穆中南等人主持的《文壇》、劉心皇等人主編的《幼獅文藝》、任卓宣等人主持的《筆匯》、《革命文藝》（／《軍中文藝》）。

　　（二）間接史料：非五○年代或反共文學機制所出版、發行的文獻資料，但內容與反共文學機制或反共文學歷史有直接或間接關係的文獻資料。依照內容分成歷史史料與研究史料。

　　歷史史料：

　　中國文藝協會《文協十年》、《耕耘四年》、《作家、作品、工作》；陳紀瀅《文藝運動二十五年》、尹雪曼《中華民國文藝史》、《中國新文學史論》；司

徒衛《五十年代文學論評》；劉心皇《抗戰時期的文學》、《當代中國新文學大系：史料與索引》、《現代中國新文學史論》；吳東權的《國軍文藝運動三十年》；吳曼君的《自由中國實踐克難運動》。

研究史料：

倪偉《民族想像與國家統制——1928～1948 年南京政府的文藝政策及文學運動》。

二、次要參考文獻

以研究臺灣五〇年代與反共文學的博士與碩士學位論文為主。

博士論文：

應鳳凰"Reassessing Taiwan's Literary Fieald of the1950s'"（2000），是目前論述中最能完整呈現臺灣五〇年代反共文學的時代觀點與運作，對於五〇年代的後續研究，提供相當札實的史料基礎；秦慧珠的《臺灣反共小說研究（一九四九年至一九八九年）》（2000），非嚴謹學院之作；莊文福《大陸旅台作家懷鄉小說研究》（2002）從「去國離鄉」觀點，提供五〇年代「反共」之外的另一種集體文學情境。

碩士論文：

王梅香《肅殺歲月的美麗／美力——戰後美援文化與五、六〇年代反共文學、現代主義思潮發展之關係》（2004），著重於戰後美援文化、臺灣反共文學與現代主義思潮三者的關係，提出反共性、中國性與現代主義三種元素在上述三者之間排列組合的觀點，認為反共文學與現代主義思潮雖互有消長、但並行的文學現象，然而中國性的敘事主導權才是貫穿兩者的權力主脈。

黃玉蘭《臺灣五〇年代長篇小說的禁制與想像——以文化清潔運動與禁書為探討主軸》（2004），從文藝大眾化、文化清潔運動的顏色論、禁書的審查機制與標準、以及禁制下的文學想像等觀點，討論臺灣五〇年代的文學環境。

陳良真《潘人木小說研究》（2004）與江衍宜《「細述」衷情——朱西甯小說研究》（2000）以側重潘人木與朱西甯的文學表現為研究向度。

簡弘毅《陳紀瀅文學與五〇年代反共文藝體制》（2003）以五〇年代反共文學大家陳紀瀅為觀察對象，試圖思索反共文學在創作表現的多樣空間與詮釋進路。

　　張詩宜《反共文學之外的另類書寫——以五、六〇年代三位女作家爲分析對象》（2003）與郭淑雅《國族的魅影、自由的天梯——《自由中國》與聶華苓》（2000）則側重臺灣五〇年代反共文學之外的文學表現，分別以自由主義與潘人木、徐鍾珮、鍾梅音三女性作家爲主要討論對象。鄭雅文《戰後臺灣女性成長小說研究——從反共文學到鄉土文學》從性別角度切入反共文學與現代文學環境之下的女性成長小說與影響。

　　陳修齊《研究臺灣文學的史觀探討——以「寫實主義史觀」爲中心的檢討》（2002），從鄉土文學論戰所形成的「寫實主義文學史觀」爲基礎，並在視之以一套意識形態的文學修辭與論述的觀點下，以此討論臺灣文學史中與「反共文學」與「現代主義文學」的互動關係與影響。

　　曾薰慧《臺灣五〇年代國族想像中「共匪／匪諜」的建構》（2000），從國府將共匪作爲國家潛在的想像敵人爲前提，以報刊與社會論域爲研究對象，重建國府對於當時的國家／社會秩序運作邏輯。

　　吳復華《反共／懷鄉：戰爭中國家對分類秩序（集體認同）的重構——以1949年中央日報臺灣版爲分析對象》（1999），以中央日報的案例分析反共秩序建立背後的概念生成，以及所造成的國家認同影響。

　　蔡其昌《戰後（1945～1959）臺灣文學發展與國家角色》（1996），以葛蘭西的國家機器與霸權論述，作爲五〇年代反共文學體制所產生的國家暴力的討論基礎，著重於歷史層面的分析。

　　蔡芳玲《一九四九年前後遷台作家之研究》（1996）著重於作家個人資料、文學期刊、文學機關等史料的建立與整理，未能將之放在歷史脈絡作更系統的論述。

　　李麗玲《五〇年代國家文藝體制下台籍作家的處境及其創作初探》（1995），已初步處理到反共文學體制對於「國家」文學的定位處理，但以此前提作爲五〇年代台籍作家的邊緣化主因，探討台籍作家艱困的文學處境，並非是本論文研究重心

第四節　論文章節要義

　　本論文除第一章緒論、第七章結論之外，正文從第二章到第六章，含括五個章節，分別爲：

　　第二章、反共文學的前歷史與反共文學體制。

　　要義如下：

　　反共文學成為臺灣五〇年代的主導文學類型，是國民黨政權以計畫性文藝政策推行的結果。以計畫性文藝政策輔助特定政治文學的生成，來自兩個歷史經驗：一、中國共產黨與左藝革命文學之間的密切互動；二、抗日民族統一戰線的國共合作關係中，由共產黨主導文藝宣傳的影響。因此，一九五〇年張道藩奉蔣介石之命，先後成立「中國文藝協會」與「中華文藝獎金委員會」兩大「半官方」文藝組織，成為反共文學體制的發展基礎。以「半官方」組織化文學體制來推動文藝政策的方式，使得國民黨三民主義建國意識形態得以滲透體制。除了影響文學的發展原則程度性地決定於執政者的政治、文化意識形態與社會控制外，也有助於強化政治化效能價值勝過藝術性美學價值的文學意識形態導向。

　　第三章、五〇年代三大文藝運動的文學社會關係。

　　要義如下：

　　一九五一年「軍中文藝運動」的發動目的，主要是藉由文藝來鞏固軍中思想。軍中文藝運動與國民黨革命歷史之間的聯繫，顯示建立在文化民族主義基礎的現代化中國想像進路。一九五四年「文化清潔運動」是國民黨政權對文學場域的文化再製的控管現象，雖然為期不長，卻影響文學生態深遠。包括：持續提供利於主導文化的生成環境、政治力與特定（精英）文學社群之間的互利共生關係、政治意識形態介入文學自由市場的「不均衡現代化」現象。一九五六年「戰鬥文藝運動」顯示國民黨政權以國家文藝政策方式直接進入民間社會與文學場域的強化政治力現象，但卻相對出現反共文學的迅速式微與現代主義詩潮的反動現象，可以看出文學場域背後的經濟社會發展，已經開始具有尋求層級化自主原則的能動力。

　　第四章、文藝論述在三民主義建國意識形態中的收編、排擠與興起。

　　要義如下：

　　反共文藝論述、選擇性五四新文學傳統與西方現代主義是取得臺灣五〇年代體制性發展的重要文藝論述類型。這些文藝論述在體制內所形成互相消長、牴觸與流動的複雜現象，顯示文藝論述背後所對應的知識文化體系，在臺灣戰後「不均衡現代化」生態缺乏深層累積的困境外，也間接顯現以大陸來台知識份子為主的菁英階層，競逐體制性文化主導權的激烈過程。他們對於傳統、現代化、現代性議題之間不同面向的思考，其實都說明建國意識形

態與社會分化後朝向開放性思想發展之間難以整合的間隙。

第五章、反共小說的道德原則、民族國家自我型塑與現代性自我。

要義如下：

反共小說大量挪用中國左翼文學的寫實主義敘事原則，以此作為基本美學基礎，並從文化層面轉化普世價值，作為延續右翼革命文學的建國（復國）想像。想像所涉及的知識理路與審美精神，呈現三個進路：一、五四自由主義傳統的人性價值觀；二、基督教文明的善惡二元價值觀；三、中國傳統儒家秩序的社會道德觀。反共小說以此價值觀，否定共產黨以內戰形式取得中國建國領導權的歷史正當性，顯示反共集體書寫背後的怨恨心理，以及兩黨建國革命論述的現代性岐出問題。

第六章、臺灣歷史主體？亦或中國歷史主體？──反共小說敘事的歷史難題。

要義如下：

「中華民國在臺灣」的歷史現實與透過「反共抗俄」所訴求的「自由中國」歷史主體，使得反共小說的敘事，既反應出國民黨政權在台不正常國家化的歷史現象，也反應出一元化的威權文學歷史論述。反共敘事背後的第三世界國族／國家寓言特質，包含儒家傳統社會秩序下的家庭倫理意識、附庸在美國主導的冷戰結構的國家性脈絡，顯示不同於左翼革命文學的壓抑現代性發展向度。而「三民主義建國──反共復國」意識形態截斷臺灣新文學傳統後的「臺灣鄉土」的體制性發展，也產生重要的發展影響：無關政治性或「安全範圍」（無左翼思想傾向）的政治性與社會性；符合政治力所規範的文化民族主義傾向，包括：反日本的漢民族意識與族群屬性的鄉土意識；正向的人性（人道）主義與鄉土烏托邦的美學性。

第二章　反共文學的前歷史與反共文學體制

導言：反共文學生成的歷史與影響

　　一九四九年十二月七日，國民黨南京政府（以下稱國府），在國共內戰失去大陸地區政治主權後，正式宣佈遷往臺灣，以台北為臨時首都，行政主權包括台、澎、金、馬地區。在此之前，從一九四六年開始，已有不少作家陸續來台。這些來台作家大體分成三種類型：一、三〇年代資深老作家；二、戰前生活在大陸的臺灣省籍作家；三、四〇年代末隨國民黨政權來台大陸作家〔註1〕。反共文學的從事者多屬於第三類型，而反共文學正是國民黨統治政權所積極支持的一種文學類型。發展的過程中，國民黨以計劃性的文藝政策作為開展基礎。

　　以計劃性的文藝政策輔助反共文學的生成，來自於兩個歷史經驗的檢討結果：一、共產黨在三〇年代就已經計劃性控制文壇，使得文藝知識份子為黨服務；二、抗日民族統一戰線的國共合作時期，文藝知識份子在共產黨的指揮之下，利用國民黨組織的力量，將共產思想，滲透到一般民眾意識中，從農村到城市，間接導致國民黨軍政勢力在大陸的崩盤。這個兩個經驗，使

〔註 1〕第一類型作家或從二〇年代開始，或在三、四〇年代都在大陸從事文學活動，許多人在文壇上享有盛名。例如：許壽裳、李何林、臺靜農、黎烈文、李霽野等；第二類型作家多出生於臺灣，都是在日治時期先後到大陸從事各項工作。例如：洪炎秋、張我軍、林海音、鍾理和等。劉登翰：《臺灣文學史》（福建：海峽文藝出版社，1993 年）頁 8～14。

得國民黨的領導高層，意識到文藝政治化與鞏固政權之間的密切關係，以及文藝政治化的具體施為，必須借助知識份子的力量。

一九五○年，張道藩奉蔣介石之命，先後成立「中國文藝協會」（以下稱「文協」）與「中華文藝獎金委員會」（以下稱「獎委會」），作為主導臺灣五○年代反共文學發展的兩大組織。「文協」與「獎委會」的「半官方」組織化的文學社群性質，成為臺灣五○年代文學體制的發展基礎。這使得國民黨的文藝政策在五○年代的推動方式，並非完全透過國家體制，而是藉助與文藝知識份子的合作關係——官方主導、民間配合，取得文學公共空間的文化霸權，以提供社會「正面的、保守的、尊重道德的教化性的主導文化（dominant culture）」的趨向條件〔註2〕。

以「半官方」組織化的文學體制來推動國家文藝政策的方式，除了影響文學的發展原則外，程度性地決定於執政者的政治、文化意識形態與社會控制，以及文學的發展歷史一直被導向在政治化效能價值勝過藝術性美學價值的文學意識形態上。前者說明「反共文學」在此所顯示的歷史顯性範疇意義；後者則點出「反共文學」與國民黨建國意識形態之間的歷史性結構關係。

國民黨的三民主義建國意識形態，來自於孫中山的《三民主義》思想，是張道藩文藝思想政治化過程所奉行的圭臬〔註3〕。不僅影響他個人於文藝與政治之間相輔發展的意識觀點〔註4〕，也成為國民黨與郭沫若等左翼與左傾文人的合作關係之後，協助國民黨主導國家文藝政策發展的關鍵條件。

這個歷史過程，從張道藩在一九四三年國民黨通過的「文化運動綱領」

〔註2〕張誦聖指出臺灣四九年以後初期的政治統御，很大程度上是透過建構一種「正面的、保守的、尊崇傳統道德的教化性主導文化」，但在七○、八○年代，由媒體仲介的市場力量則逐步將這種主導價值系統侵蝕、轉化，在解嚴後更因為全球化的力量加速而進入另一種格局。張誦聖〈臺灣女作家與當代主導文化〉，收錄於梅家玲主編《性別論述與臺灣小說》（台北：麥田出版社，2000年），頁349。

〔註3〕張道藩曾自述自己受到孫中山的人格感召，以及後來成為「三民主義的忠實信徒」的往事。張道藩：〈我怎樣的加入中國國民黨〉，《張道藩先生文集》（台北：九歌出版社，1990年）頁49～51。

〔註4〕鄧綏寧在〈張道藩的戲劇作品研究〉中指出：「道藩先生以畢生的精力從事『文藝』與『政治』兩大工作，其目的在予以文藝匡救政治，而以政治扶植文藝，使二者能夠並行不悖而相輔相成，並進而創造優美的文藝，建設完善的政治，以實現其報國濟世的崇高理想。」同前註，頁571。

開始，延宕至國共戰爭失敗來臺，奉命成立「文協」與「文獎會」後，國民黨的文藝政策才終於能計劃性的充分穩定發展。

推動文藝政策過程所發展出的「半官方」組織化的文學體制，顯示國民黨越來越重視文藝政策，以及與文人合作——而非直接使用國家暴力——的柔性模式。這使得國民黨的文藝主張，透過體制內與知識份子、文學社團所建立合作關係，形成主導文學發展的重要判準。因此，在（執）政黨政治思想的主導之下、所發展的選擇性文學價值與美學形式判準，逐漸成為臺灣五〇年代後文學場域所依據的自律原則。

第一節　反共文學的前歷史

反共文學雖然在五〇年代的臺灣開始發展，但從歷史延變脈絡可以向前推到中國三〇年代革命文學的中國右翼系統。

一九三〇年三月二日，「中國左翼作家聯盟」在上海成立。四月二十八日，國民黨上海特別市執委員會宣傳部召開第一次全市宣傳會議，通過「如何建設革命文藝以資宣傳案」對應，宣揚三民主義文學〔註5〕。六月一日，「前鋒社」成立；七月間，南京也呼應上海前鋒社，成立「中國文藝社」。「前鋒社」的主要文學作為在於確定：以民族主義作為對抗左翼無產階級革命文學論述的右翼革命文學立場；「中國文藝社」的文學實踐，則決定右翼文學發展中所吸納的文學自律的美學原則。

這兩個社團的文學活動，雖然並未能成功抵抗左翼革命文學論述取得勝利，但卻顯示右翼文藝知識份子結合（國民黨建國立場的《三民主義》）民族主義政治意識為文學發展的基本認知，以及政黨透過文藝政策主導與民間文學社群運作模式，確定文學民族主義的正當性。

此外，這兩個社團的文學活動之所以被視為國民黨政權在臺灣五〇年代主導反共文藝的前導性經驗歷史，主要的原因在於反應愛國知識份子與政黨

〔註5〕會上市黨部宣傳部長陳德徵檢討說：「有許多事情，往往我們想到但還沒有做，如談了好久的三民主義文學，至今尚未完全實現，只看到一般不穩思想結晶的文藝作品，以及表現不穩思想的戲劇。」他認為要扭轉這種局面，僅僅依靠消極的取締是不行的，「根本辦法，尤在我們自己來創造三民主義的文藝，來消滅他們」。倪偉：《「民族」想像與國家統制——1928～1948南京政府的文藝政策及文學運動》（上海：上海教育出版社，2003年），頁11。

政治結盟之間的非正式性合作關係──政黨規劃文藝政策而由知識份子自民間發動執行、再由政黨提供背後所需奧援，不僅是國民黨政權透過知識份子在臺灣五○年代主導反共文藝的基本運作模式，更擴大形成體制性的發展規格。模式中，知識份子訴求民族主義的情感、但在實際運作過程中，以政黨政治意識形態設限文學的美學自主性原則發展，造成政治與文學之間，保持一種暨統整又分化的特殊現象。

壹、民族主義文藝運動

一九二七年國民黨施行「清共」，國共第一次合作破裂。一九三○年「中國左翼作家聯盟」成立，正式成為中國共產黨的「同路人」組織，一九三六年遭國民黨強制解散，之後以「中國文藝作家協會」延續反帝、反封建的歷史現實，主張以文藝實踐民族解放的自由。一九三七年，中日抗戰爆發，基於中華民族共同抗日的情緒下，協商右翼文人共同組立了「中華全國文藝界抗敵協會」，開啟國共在第二次合作關係中的「文藝統一戰線」。

在三○年代與四○年代國共分合政治背景中，右翼文人先後發動「民族主義」的文藝運動，對抗左翼文人的無產階級文學革命理論，試圖取回文壇的主導權。這二次民族主義文藝運動，都試圖從論述開啟以民族主義為中心的文學思想，但從宣言式的思想論述到西方理論的引用，都未能改變文壇作家普遍左傾的現實。

第一次文藝運動，發起知識份子從接近國民黨的官方立場，明確指出：以民族主義作為右翼革命文學的主要表述內涵，並以此作為文學政治化的正當性，但並未涉及任何具體的美學性文學實踐理論，來深化文學的發展形式或內涵；第二次的文藝運動，來自民間學者，在具體的美學性文學實踐理論方面，已經開始注意到：以理論形式的論述言說模式與文學內涵實踐之間的辨證關係，宣揚「民族至上，國家至上」的政治立場，而得到國民黨的政治力支持〔註6〕。

然在戰國派「民族至上，國家至上」與國民黨官方民族主義之間、政治

〔註6〕陳銓的政治和哲學文章在當時引起國民黨當局的注意，因而被調到重慶中央訓練團受訓，不久轉任中央政治學校教授，兼任中國青年劇團編導，稍後任證中書局總編輯。陳銓、林同濟、雷海宗在當時也受國民黨各級黨部邀請，發表演講。同前註，頁261。

性立場所形成的互容性外，戰國派的民族文學論述，暴露出兩者都有壓抑個體化與非理性、以凝聚民族國家意識爲前提的中國現代性精神傾向。

這兩次的文藝運動，在「民族救亡圖存」的歷史背景下，顯示右翼文學與政黨革命的結合路徑，來自於以民族國家自由與平等爲優先前提的想像建國心理基礎，不同於左翼革命文學以階級矛盾爲優先前提的社會性平等的想像基礎。

這個觀點顯示五四新文學運動的發展，經歷三〇年代從文學革命轉向革命文學的變化，左翼陣營雖然取得文學論述與文學實踐的勝利，但並不能完全視爲五四新文學傳統的唯一繼承。右翼陣營在孫中山《三民主義》思想的領導上，也在歷史的演進中發展出不同於左翼系統的革命文學論述。

第一次民族主義文藝運動發生在一九三〇年六月，由黃震遐、范爭波、王平陵、葉秋原、傅彥長、李贊華、朱應鵬、邵洵美、汪倜然等人，宣告成立上海「前鋒社」，並發表〈民族主義文藝運動宣言〉。宣言一開始，就針對「中國左翼作家聯盟」的「無產階級文藝運動」表示強烈不滿，認爲「中國文藝界近來深深陷入於畸形的病態的發展進程中」〔註7〕。

宣言嘗試從民族與文學的歷史關係作爲論述重心，說明新文學的形式改革，並未能「正確性」地提出以民族意識爲文藝實踐的中心思想，不但不能根除封建思想的殘餘影響力，還導致新舊文藝秩序轉換過程中，「無產階級文藝運動」趁隙興起。這是中國現代文學論述中，右翼文學陣營首次明確揭諸民族（國家）立場與文藝內容之間的關係，並以民族主義作爲中國新文學發展的意識重心。

〈民族主義文藝運動宣言〉（以下稱〈宣言〉）除開啓三〇年代民族主義文藝運動者投入反對無產階級文藝運動的論爭外，最值得注意的是，以民族主義思想作爲文藝與政治互證互存的推論思維〔註8〕。

宣言認爲民族文藝與政治上民族國家之間的必然關係建立，來自於政治上的民族意識，還更進一步將文學的本質表現等同於民族種性的內涵——訴諸文化、歷史、心理的民族主義資產〔註9〕。

此觀點間接點出與國民黨建國意識形態《三民主義》之間的意義繫聯，也同時說明〈宣言〉中提倡三民主義文學、確立民族主義立場的正當性基礎。

〔註7〕〈民族主義運動宣言〉，收錄於《民族文藝論文集》（台北：帕米爾書店重印，1976年），頁132～135。
〔註8〕同前註，頁136～141。
〔註9〕同前註，頁136～140。

值得注意的是，右翼陣營對於左翼革命文學思潮的反動核心——來自傳統文化歷史的民族意識的正當性。這反應出右翼不同於左翼的革命建國想像理路，以及凝聚民族國家意識所需要的「想像共同體」——右翼是以傳統文化資源所凝聚的民族意識作為現代民族國家形式的精神結構，左翼則以馬克思主義的社會階級意識作為發展現代民族國家的政治主體意識。

所以，在三○年代之後革命文學思潮中左、右翼對峙狀況所產生的歧出，並非單純只是文學內涵或形式問題，而是以建國理念與想像建國為承諾的文學綱領與政治行動的抉擇問題。「民族主義文藝運動宣言」在這個意義上，以延續孫中山國民革命的理念內涵，而可以被視為三○年代右翼革命文學理論的發軔。

再從孫中山民族主義以繼承中國儒家文化的傳統性意義，以及儒家傳統性在建國想像所具有的文化規範意義與民族歷史定位來看，〈宣言〉中決定文藝的文化、歷史、種性、心理，除點出藝術與文學必須具有以民族意識為基礎的思想內容，其實也隱含右翼文學理論以中國傳統儒家（主流文化民族主義），來作為民族發展藝術與文學的隱藏前提，也顯示孫中山民族主義以中國儒家文化的傳統性作為發展民族主義的精神內涵。

但民族主義不僅是孫中山號召革命建國的重要理念，也是他所預設的國民黨建國理念中，建構民族國家本質的精神預設與實踐理路。國民黨在中國所建立的現代民族國家歷程，由孫中山與其一手創辦的革命黨，透過國民革命的正當性，首度取得改造帝制中國為現代民族國家的規劃權。

孫中山提出「三民主義」作為建立現代中國的基本原則、以「五權憲法」作為國家政治法統與社會體系的運作依歸。不同於共產黨從階級意識上先超越民族或種族藩籬的國際共產路線，再轉化以中國經驗為優先的中國化的共產社會主義實踐，來強調民族主義〔註10〕。而共產社會主義的中國化訴求，也與孫中山的《三民主義》的預設理路不同。

中國共產黨傾向於承認中國民族不同於俄羅斯或其他民族的獨特性，以

〔註10〕中共爭取民族主義桂冠的過程是中國共產革命的主要部分。中共民族主義具體表現之所以不同於其他民族主義者，是因為他們有馬列主義的獨特思想觀點。民族主義可以說是一種認同、情緒和立場。通常並無具體政策內容。所以中共儘可以根據馬列主義的信仰和觀點，提出不同於其他民族主義的政策內容。儘管中共在不同時代，馬列主義意識型態有強弱之別，但是它對中共思維方式所起的作用始終不容輕估。陳永發：《中共建國七十年（修訂版）》（台北：聯經，2001年），頁14。

此作爲中國成爲共產社會國家之前提。在這個意義上，共產黨也運用民族主義的概念，作爲共產主義無產階級取得革命建國的歷史正當性。而在建國實踐過程，則要求先解決中國境內社會現實的階級矛盾，以重新分配舊社會留下來的經濟條件與社會資源，繼而打造一個以無產階級爲主、社會共產制度爲體的「新中國」〔註11〕。

　　共產黨的共產社會主義的建國邏輯，與國民黨的《三民主義》建國邏輯，顯示中國社會的下層與上層結構〔註12〕，各以自身階級的主體意識，要求改造國家型態與社會制度。以《三民主義》來說，顯示以繼承中國儒家傳統文化道統的上層社會結構，作爲宣揚民族主義的歷史根據，並視爲改造中國爲現代民族國家中，所需要的「民族性歷史資產」，以支持國民革命動員的歷史正當性。延續傳統文化遺產，改造中國爲現代化國家形式時，所必須保障的民族精神內涵，就成爲《三民主義》建國想像的重要內在邏輯。

　　因此，孫中山思想預設的建國藍圖想像，是以繼承中國儒家文化的傳統性，作爲中國轉型爲現代民族國家形式的實質性基礎。不同於共產黨的無產階級社會主義，是以分離儒家文化的傳統性，作爲中國重建現代民族國家的前提條件。「民族主義文藝運動宣言」在這個意義上，除初步建立右翼革命文學所預設的理論性格，也可看出與《三民主義》「文化民族主義」建國想像之間所存有的深層對應關係。

　　第二次民族主義文藝運動是在一九四〇年，由民間的陳詮、林同濟、雷海宗等「戰國派」人士發起。一九四〇年 4 月，西南聯合大學教授陳銓、雷海宗和雲南大學林同濟等人在昆明創辦《戰國策》半月刊。《戰國策半月刊》於 1941 年初停刊，共出十七期。同年年底，陳銓等人又在重慶《大公報》闢「戰國」副刊，繼續宣揚「戰國論」與「力」的哲學。人們遂把以陳銓、林同濟、雷海宗爲核心的這個知識份子群體稱爲「戰國派」〔註13〕。

　　「戰國派」以當時中國所面臨的民族危機與國家困境，作爲文學政治化與民族化主張的現實基礎。他們認爲當前的中國處境，就像中國歷史的「戰

〔註11〕張玉法：《中華民國史稿》（台北：聯經，2001 年），頁 161～168。

〔註12〕黃仁宇：《從大歷史角度解讀蔣介石日記》（台北：時報文化，1994 年），頁 6～7。

〔註13〕《戰國派》半月刊作者還有賀麟、何永佶、沈從文、陶雲逵、郭岱西、費孝通、童寯等西南聯大教授。倪偉：《民族想像與國家統制──1928～1948 年南京政府的文藝政策及學運動》，頁 260。

國時代」，在「唯實政治」（real politics）與「尚力政治」（power politics）的「大政治」（high politi-cs）作用力下，必然導向一統的歷史潮流﹝註14﹞。

「戰國派」的基本觀點，主要呈現二個面向的論證。一、訴諸「戰國時代重演論」的歷史觀點。視中國戰國時代爲走向大一統帝制王朝國家的歷史現實與歷史發展的必然性，以此對照目前中國對日抗戰的時代處境，提出中國必須成爲一個中央（國家）集權的民族國家，來因應時代的處境；二、援引叔本華、尼采等人的文學與政治思想，作爲國民必須以個人意志來接受民族與國家意志象徵或實質力量領導的論證，強調以民族意識爲中心的文學價值觀。

「戰國派」的基本觀點與論證面向，引起左翼陣營的討伐。他們認爲「戰國時代重演論」不符合歷史進化論的客觀理性，充斥歷史倒退論的觀點；也以法西斯主義崇拜的非理性精神，駁斥「戰國派」所認可的民族主義思想﹝註15﹞。

「戰國派」之所以引起左翼陣營「反法西斯」、「反理性」、「反科學」的批判立場，與「戰國派」理論所涉及的尼采思想有關。如林同濟（獨及）在〈寄語藝術人──恐懼、狂歡、虔恪〉一文，所提出「個體對於民族、國家認同過程的超越性體驗心理」的藝術理論建構。

林同濟模仿尼采《察拉圖特拉斯如是說》的言說模式，託辭於「薩拉圖斯達」（即仿倣尼采的察拉圖特拉斯），點出藝術發展的關鍵，在於精神與心靈的革命，並以恐懼、狂歡、虔恪的直觀感受心靈爲母題，論述藝術自由創造與原始生命力之間的張力關係，指出引發恐懼、狂歡、虔恪等感受的神聖絕對體，才是個人追求藝術、服從意志的終極對象﹝註16﹞。

歐陽凡海在〈什麼是「戰國」派的文藝？〉一文，透過尼采思想與法西斯主義之間的關聯性，加以大力駁斥。歐陽凡海站在唯物史觀與群眾立場，指出「戰國派」文藝思想中心，就是尼采的「超人哲學」，尼采「超人哲學」

﹝註14﹞歐陽凡海：〈什麼是「戰國」派的文藝？〉，收錄於重慶出版社主編《中國抗日戰爭時期大後方文學書系──第二編理論‧論爭第一集》（重慶：重慶出版社，1989 年），頁 451。

﹝註15﹞張子儒：〈從尼采主義談到英雄崇拜與優生學〉、愈之：〈新策士葬送希特勒〉、漢夫：〈「戰國」派的法西斯主義實質〉等論爭文章，同前註，頁 485～510，533～541。

﹝註16﹞獨及：〈寄語中國藝術人──恐怖、狂歡、虔恪〉，同前註，頁 525～532。

中的優異種族支配論、貴族階級意識形態與國家主義，都是造成法西斯主義的思想根源〔註17〕。

　　左翼陣營與「戰國策」之間的論爭，顯示中國知識份子在民族救亡圖存現實，笈言說立志以體國事的傳統影響下，對於個人與民族國家暨存關係的不同認知向度。左翼陣營所依據的歷史唯物論立場，以客觀現實作為理解歷史的基礎，認知到中國所面臨的挑戰，絕對不同於中國的「戰國時代」，而以社會的改造，作為知識份子對於民族國家建構的優先秩序〔註18〕。

　　但「戰國策」的歷史重演觀點，卻是藉由古喻今的類比情境與修辭模式，一方面可作為理解客觀現實的前提，一方面提供回應策略〔註19〕。這可看出：「戰國派」的優先考量是以訴諸民族歷史性本位的思維模式與解決方案為核心，將中國建立民族國家的秩序，被轉換在延續歷史文化主體的穩定性上，而不以客觀現實在不同歷史條件下的變動性，進而顯示民族文化的傳統性高過於馬克思主義社會的現代性的想像秩序。

　　此一但與尼采的權力意志思想結合，民族與國家之間的關係，更加緊密互動：個人之上的民族是國家意志的最高精神象徵；國家則是民族權力的最高實質意義，民族主義則是歷史階段發展的最終目的〔註20〕。

　　因此，「戰國派」的民族歷史性本位的思維模式，與國民黨的文化民族主義的建國意識形態，確實有相通處。這個相通處來自於：同樣選擇以民族在文化或歷史主體所繼承的傳統性，作為形塑現代民族國家的邏輯思考與中心結構。但相較於興起於德、義的法西斯主義國家來說，這只說明古老民族都具有可資動員的歷史文化背景，並不提供可互通或相同的實踐性社會條件。

　　但「戰國派」試圖以尼采的權力意志學說，提供民族主義之所以能夠超越個體性的理性論證形式，反而普遍被左翼陣營視之為：法西斯主義的反理性、反科學傾向，加以大力討伐〔註21〕。這裡有一個值得注意的現象：尼采權力意志所反向繫聯的神秘主義傾向，以及個人在此與民族意識、民族國家

〔註17〕歐陽凡海：〈什麼是「戰國」派的文藝？〉，同前註，頁556～567。
〔註18〕茅盾：〈時代錯誤〉，同前註，頁463～464。
〔註19〕林同濟：〈戰國時代的重演〉，同前註，頁484。
〔註20〕陳銓：〈尼采的政治思想〉，《戰國策》第九期（1940年8月），頁21～31。
〔註21〕如漢夫：〈「戰國」派的法西斯主義實質〉、胡繩：〈論反理性主義的逆流〉、張子齋：〈從尼采主義談到英雄崇拜與優生學〉等文章。收錄於《中國抗日戰爭時期大後方文學書系——第二編理・論爭第一集》，頁465～473，485～507。

所達成的精神契約；但是，這樣的精神契約在中國五四文化運動之後，並不被視爲五四接受理性與科學精神以來、對於現代化或現代性言說的討論內涵範圍。諷刺的是，林同濟的藝術價值觀，藉由模仿尼采「查拉圖特拉斯」的非理性個體化言說形式，迄求達到民族主義的非理性群體化心理狀態，規避尼采論述所隱藏著現代精神結構的非理性個體化的存在事實。

從尼采在西方哲學歷史位置的獨特性來看。尼采宣佈上帝已死，說明人類可以憑藉自身的權力意志，將神學時代上帝所擁有的控制權，轉移到人類自己手中。但尼采也指出，推動人類權力慾望的創造力，正處於兩種精神結構的分裂狀態。

尼采用希臘神話中的兩個文學意象描述：希臘神話的日神阿波羅與酒神迪奧尼索斯。這兩個處於對立面的文學意象，隱喻人類在西方現代文明發展中，代表正反向的精神結構：顯性的理性精神與隱性的非理性精神。這兩種精神都能帶給生命自身強大力量。尼采的思想，正是這個意義上，展現中世紀到現代的過渡性思想遺痕。

尼采在此所開啓的現代性精神論述，同時也宣示西方文明在未來的歷史走向：西方現代文明以「理性」的自我啓蒙，走出神的領域，進而以自己的視野開啓新的世界觀，並試圖依照這個理性邏輯，開創一個完全不同於傳統社會的「現代」社會。這個新世界雖然還未能有足以摧毀人類自遠古以來，所需要超越力量以安定白身的心靈結構，但卻深深具有摧毀過去傳統世界一切物質與精神事物的潛力。現代性的問題，在傳統文明與現代文明非完全線性式、既連結又斷裂的糾葛中，更難釐清其複雜性。

尼采的酒神，點出了人類精神中的非理性結構，以及不得不訴諸超越力量、解決這兩者對於生命自身所造成分裂矛盾的痛苦。然現代文明發展所揭露的啓蒙理性精神，卻反而形成一種更強烈的反制力量，透過各種理性形式試圖壓抑或消滅非理性精神。這說明了，現代文明中理性啓蒙力量的毀滅性，不僅僅加快了人類正反向精神結構的分裂速度，還會造成難以解決的矛盾裂痕〔註22〕。

〔註22〕 這個觀點來自盧卡奇的《小說理論》。盧卡奇針對史詩與小說，在內容與形式之間的辯證關係中，提出各自所反應的世界觀的社會意義。盧卡奇認爲小說的文學形式出現，代表史詩的完整世界已經消失，小說裡的主角是問題人物，找尋答案卻不可得。盧卡奇的理論已經提點出：西方現代性在文學傳統中造成意義失落的斷裂性格。盧卡奇（Lukacs Gyorgy）：《小說理論》（台北：唐山出版社，1997 年），頁 29～56。

因此，左翼對「戰國派」所發動的反法西斯、反理性、反科學等立場的論爭，可以看到五四文化運動以來，對於西方現代文化與文明，幾近瘋狂的選擇性接受理性與科學，而影響現代文學發展過程中，長期存有壓抑非理性個體化的美學認知傾向，以至於在現代化國家發展進程中，民族自我形塑只能朝向一種正向的、集體化的必然性行進，缺乏包容個體在自由前提下歧出於社會性總體的能力。

但「戰國派」的右翼民族文學立場與法西斯主義之間思想性的相連結，仍是不爭的事實。這個連結，與國民黨領導的建國歷程的歷史語境、三〇年代法西斯主義風行一時，所需要的民族與國家形象息息相關。依照孫中山的看法，中國在過去帝制王朝時代，中國人就像是一盤散沙，並沒有「國家」的觀念，民族主義的提倡，可以使中國人從散沙般的人民變成具有國家意識的國民〔註23〕。

孫中山認為：以受壓迫之意識覺醒的民族主義為中國人可以有國家觀念的前提，是因為中國人可以在固有家族和宗族的觀念上彼此繫連起來，以對抗外國人，進而產生民族概念。有了民族概念，自然就會有國家概念。在這個連結中，孫中山想像民族國家的進路，是利用延續傳統，並在此基礎上引導出新的形式產生。

就「現代」的觀念來說，「現代」並不是一種截然斷裂式的文化——社會演化，它仍然與古代社會和思想保持著連續性；古代社會仍是現代社會的實質性基礎之一。從這個觀念來看，孫中山的建國想像的革命性進路，採取的是訴諸舊趨向的社會動員基礎去啟動改革力量。但是，孫中山僅提出理念性的原則，民族主義在現實歷史中的實踐過程，仍屬實驗階段。

而當時與中國民族性相近、又在第一次世界大戰失敗後飽受英美帝國壓迫的德國，透過法西斯主義中對於日耳曼民族的古老光榮歷史傳統的呼喚，所重整的民族意識與國民力量，使得德國成為一個國家集權的軍事化強國。德國的困境與成功，對於當時面臨相似遭遇的國民黨政府來說，法西斯主義的領袖獨裁與國家集權，似乎是解決當前現實危機的一個好方式。

所以，訴諸法西斯主義解決民族危機、並借以實踐現代化民族國家的提議，也隨之而出。但是，最後國民黨政府借鏡於法西斯主義的被選擇揚棄。

〔註23〕孫中山：《三民主義》（台北：中央文物供應社，1985年），頁1～88。

除了倪偉所指出，國民黨缺乏動員群眾的政治基礎與認知的現實原因外〔註24〕，透過法西斯主義改造中國的現代化國家技術與孫中山以文化傳統預設國家精神結構之間的衝突，仍不容忽視。

從孫中山《三民主義》中民族主義的知識體系與儒家傳統文化之間密切關係來看，三民主義的民族主義內涵趨近於傳統儒家文化本位的保守性格。而以傳統儒家文化作為民族國家之本質預設，據此確保中國在轉換成現代化國家形式之後，仍能以中國文化傳統特質的「民族性」，與西方民族國家有所區隔〔註25〕。

以文化意識所凝聚的民族性，取代種族意識的民族性，確實可能阻止非單一種族民族國家的內部分裂危機。但文化意識的認同，是否能取得足夠的普同性與接受性，還必須評估其文化內涵所創造的世界觀與想像方式。這不僅涉及到文化自身的強度，還包括是否能有效因應歷史與社會進化的能變性。

從西方民族國家形成的經驗中，「民族」在本質上就是一種現代（modern）的想像形式，透過資本主義印刷術同一不斷的重複性，而根本改變人們過去對中世紀世界性宗教、王朝以及神諭式「神聖的、層級的、與時間終始的同時性」的時間觀念，開始得以一種「世俗的、水平的、橫斷時間的」感知想像方式，意識到未被指名、互不認識、卻共存於同一現實條件的歷史社會空間中的一群人─同胞，「民族」的概念於焉產生並被強化〔註26〕。

因之，「民族」作為「現代」的想像形式之一，本身即隱藏與傳統世界觀與感知方式的斷裂過程。孫中山以儒家傳統文化為民族本質之民族主義預設，雖然具有文化意義上的「民族性」，但作為現代國家精神主體的想像凝聚，卻是依循帝制王朝時期中儒家傳統文化的想像世界觀與思維模式，反而極有可能在國家全面現代化的過程中，加深個人在社會中面臨傳統文化心理結構與「現代性」的衝突。

〔註24〕 倪偉：《民族想像與國家統制──1928～1948 南京政府的文藝政策及文學運動》，頁171。

〔註25〕 二○年代國民黨與共產黨的革命建國理想，與中國當時所面臨西方帝國主義的威脅與軍閥政治的阻撓，息息相關。此時國民黨雖然早已推翻滿清、建立中華民國，但並未取得真正的執政權；共產黨是當時較為激進的新興政黨。兩黨都帶有以革命力量驅動中國現代化國家改造工程的激進色彩。張玉法：《中華民國史稿》（台北：聯經出版社，1998年），頁147～151。

〔註26〕 班厄迪克‧安德森（Benedick Anderson）：《想像的共同體》（台北：中國時報出版社，1999年），頁35。

　　這個潛藏性的危機，還同樣可能強化於社會轉型過程中，對於中、西文化的二元對立與排擠效應。這使得右翼民族文學知識論述系譜——從「民族主義文藝運動宣言」到「戰國派」，都顯示出一種隱而未現的文學矛盾現象：以文化民族主義的民族／國家群體性作爲國家的現代性發展基礎，因此造成與文學個體性之間優先秩序與價值衝突。也就是說，訴諸民族、國家以及總體價值的文學評價遠遠高出於個人與個體價值。

貳、「中國文藝社」

　　一九三〇、一九四〇年的民族主義文藝運動，顯示國民黨對於界定文學與政治之間關係與內涵的態度，有兩個重要關鍵：一、以民族國家優先於社會與個人的政治立場，以此排擠個人主義、社會階級矛盾的文學立場；二、內容不能牴觸《三民主義》的建國意識形態。

　　這兩個關鍵，說明國民黨並不是直接採取以主義思想領導右翼革命文學理論發展的態度，而是依據政治上的現實需要或目的（三民主義建國），作爲決定文學發展的場域的他律性原則條件，並以此成爲限制或決定文學自律發展所需要的客觀邏輯。左翼革命文學的發展性關鍵，與右翼革命文學在同中，仍有不同。

　　相同的是，兩者都有以政治現實需要或目的作爲文學發展關鍵的傾向。不同的是，左翼文學的文學政治化，並非完全依據政治上的現實需要或目的，以此作爲決定文學自律發展所需要的客觀邏輯。而是在此之前，就已經以社會性階級的存在，作爲文學朝向自律發展所需要的客觀邏輯，政治性的他律原則會強化此客觀邏輯的單一面向。

　　右翼與左翼文學發展在文學（美學）自律原則與政治他律原則之間的糾纏關係，與中國新文學發展時期，所承擔啓蒙中國的命運，息息相關〔註27〕。影響所及，卻可看到中國新文學的文學社團、文學實踐與中國兩黨建國歷史之間，知識份子在不同政治立場下，文學救國的理念與文學思想之間，複雜互動的分化對立。

　　一九二一年「文學研究會」與「創造社」成立。

〔註27〕五四新文學之前，已有梁啓超〈論小說與群治的關係〉強調小說的重要性；繼之又有夏增祐提出「小說救國」的口號。他們眞正的目的在謀求社會改革。唐紹華：《文壇往事見證》（台北：傳記文學社，1996 年），頁 20。

　　「文學研究會」與「創造社」在初期，以「爲人生而藝術」（人生派）、「爲藝術而藝術」（藝術派）的不同思潮，展開論戰，顯現文學內容應以創作客體或創作主體爲主的價值判定爭執。這顯示兩者對於文學價值觀傾向的歧出。前者的價值觀視藝術爲人生的再現功能，不承認藝術可以脫離人生而獨立存在；後者的價值觀則認爲，藝術具有獨立價值，不必與實用有關〔註28〕。

　　除了「文學研究會」的人生派、「創造社」的藝術派潮流，還有一個認爲文藝不應該以目的作爲前提、主張文藝自由的流派。這個文學流派，可概括周作人、林語堂與「新月社」諸作家。「新月社」的成員多具有英美留學背景，也強調繼承「科學與民主」的五四精神〔註29〕。

　　這個階段正是中國境內軍閥割據時期，政治動亂與帝國主義的威脅，影響經濟與社會不能正常發展。知識份子對於一九〇〇年代後陸續從國外傳入或在中國醞釀的新思潮，紛紛轉爲行動綱領，投入救國行列，各種黨派競起，其中影響較大的是老革命資格的中國國民黨與一九二一年正式新成立的中國共產黨。「文學研究會」與「創造社」的許多成員，在文學組織成立前，就已經是共產黨員或接受社會主義思想的知識份子〔註30〕。

　　一九二五年，蘇聯的文藝政策制定，史大林第一次提出「社會主義現實主義」的創作方法，將文學政治行動化，形成共產主義潮流表現在文學上的無產階級文學。「文學研究社」與「創造社」經歷分化後，逐漸殊途同歸：「文學研究會」接受革命人生的激進性；一九二七年，「創造社」開始言論左傾，主張「無產階級革命文學」〔註31〕。

　　同年，國民革命軍北伐成功，中國獲得名義上的統一，廣州國民政府移設南京，展開訓政時期。國民黨開始注意開發文藝領域中的政治關係，張道藩成爲國民黨建立文藝政治關係的重要執行者。

　　一九三〇年二月，以魯迅爲首的「左翼作家聯盟」成立。七月，在國民黨中宣部的領導下，「中國文藝社」成立，張道藩擔任理事一職〔註32〕。「中

〔註28〕司馬長風：《中國新文學史》（台北：駱駝出版社，1987年），頁120。
〔註29〕同前註，頁245。
〔註30〕如「文學研究會」的周作人、鄭振鐸、瞿世英、沈雁冰等；「創造社」的郭沫若、成仿吾、田漢、章資平等人。
〔註31〕唐紹華：《文壇往事見證》（台北：傳記文學社，1996年），頁268～269。
〔註32〕〈張道藩先生記事年表〉收錄於《張道藩先生文集》（台北：九歌出版社，1990年），頁695。

國文藝社」是以發起「民族主義文學運動宣言」作家爲主的文學組織，以葉
楚傖爲社長，王平陵爲組織期刊《文藝月刊》總編輯〔註33〕。

　　張道藩對待文藝的態度與對文藝的認知，與「中國文藝社」的文學實踐與
經營，有密切的關係。張道藩並不是一個完全以政治領導文藝的教條主義者，
而是一個肯定文藝自由、但必須保持在政治理念之下的文藝政策執行者〔註34〕。

　　「中國文藝社」的特殊性比起上海的「前鋒社」，更接近當時國民黨文藝
知識份子的高層結構；從文學實踐立場來看，雖然在政治主張上高呼「民族
主義文學」，但仍能在創作的認知觀點上標榜「純文學」的藝術性格。

　　「中國文藝社」所主張的文學實踐觀，以組織雜誌《文藝月刊》的發刊
辭〈達賴滿 DYNAMO 的聲音〉爲代表。〈達賴滿 DYNAMO 的聲音〉的文學
觀點，以五四時期從西方所接受的新文學觀念，以及否定文學階級性認知爲
前提的寫實人生與藝術形式。前者指的是傳統自由主義立場的「人」的文學
與人性價值觀；後者則是接受無產階級革命文學觀之外的「人生派」與「藝
術派」觀點〔註35〕。

　　「中國文藝社」的文學創作實踐，顯示「中國文藝社」社群對「文學」
的認知與發展正確性：承認具有激發正面意義的藝術自由價值，並否決文學
完全被政治性原則所支配。這個認知的確有助於文學發展的過程中，保有較
大彈性的文學自主原則發展空間。但是，「中國文藝社」作爲國民黨中央宣傳
部底下所支助的一個文學同人社群，與國民黨之間仍保持一定政治性的默
契。這使得藝術自主原則的發展，在文學的創作與接受之間，仍存有一個範
圍式的設限關係──接受現實主義的藝術形式，但以排除無產階級文學的社
會意識與政治思想的激進性爲條件。

　　「中國文藝社」的文學實踐之所以重要的原因，在於它恰巧展現了：右
翼文學發展進程中民族主義文藝運動，以文藝思想爲政治運動先導的文學價
值觀；另一個國民黨官方立場所認可的文學定規與傳播的面向：接受五四以
來新文學思潮的文學成規──但必須排除左翼無產階級文學的現實批判美學
與歷史階級意識的社會革命性，作爲現實主義文學發展的規範。前者訴諸政

〔註33〕唐紹華：《文壇往事見證》，頁 86。
〔註34〕張道藩：《三民主義文藝論》（台北：文藝創作出版社，1954 年）作者序論。
〔註35〕倪偉：《民族想像與國家統制──1928～1948 南京政府的文藝政策及文學運
　　　　動》，頁 69。

治意識形態作爲文學發展的主要條件，後者以有限性的五四新文學成規作爲
文學自主原則的發展條件。

　　另一方面，「中國文藝社」以五四自由主義人性文學價值觀，以及保守的
右翼現實主義文學成規，作爲對三○年代以來左翼「無產階級革命文學」的
反動，顯示出一種不同對位性質的文學觀點：左翼陣營以普羅階級立場揭發
社會矛盾的現實批判意識與美學藝術形式，作爲無產階級革命所具有的社會
前進力量；右翼陣營則以「人性」的正面普同性價值，排除社會階級矛盾揭
露尖銳殘酷現實的正當性，以及積極批判的現實主義文學內涵。右翼文學歷
史所顯示的發展面向，在國民黨來台之後的文學建國計劃中，透過張道藩奉
命主導文壇重建工程，都被保障在半官方組織性質的體制化過程中。

參、國共合作下的文藝組織

　　一九三七年年七月七日「蘆溝橋事變」爆發，中國隨之開始全面進入對
日抗戰時期，同年九月二十二日，國民黨中央通訊社公佈〈中國共產黨爲公
佈國共合作宣言〉，宣言中承認：願效力三民主義、取消蘇維埃政府名義與推
翻國民黨政府的暴動政策、並把紅軍編制爲國民革命軍。次日，蔣介石發表
談話，表示願對中國共產黨「開誠接納」，暫時結束已長達十年的國共武裝對
抗時期，國共合作奠定抗戰時期的「文藝統一戰線」〔註36〕。

　　一九三八年三月二十七日，「中華全國文藝界抗敵協會」於武漢正式成
立。四月一日，國民黨軍事委員會設立政治部，由陳誠擔任部長，周恩來任
副部長，負責政治宣傳工作的第三廳，經陳誠力邀，由郭沫若擔任廳長。軍
委會任用郭沫若，一方面是基於國共兩黨共同抗日的合作關係，一方面以「文
藝統一戰線」訴求，將郭沫若收編至國民黨的組織系統下，爲抗日宣傳效力；
一方面認爲透過郭沫若的文壇影響力，將使得過去過著隱密生活的文人和作
家，都能一致擁護政府的抗戰政策。

　　郭沫若任職「第三廳」的這段時間，中間經歷了「文化工作委員會」的
改組，最後因文化界的「皖南事變」，結束合作關係。

　　在這段國民黨與左翼／左傾文人的合作關係中，「第三廳」，並不完全聽
命於國民黨，而是受中共長江局和政治部副主任周恩來的直接領導，宣傳共

〔註36〕倪偉：《民族想像與國家統制——1928～1948年南京政府的文藝政策與文學運
　　　　動》，頁241。

產黨的「十大綱領」，暗中鼓動知識份子反抗國民黨領導抗日的唯一政權，發動群眾運動，號召青年到陝北受訓，參與八路軍、新四軍的工作〔註37〕。

「第三廳」不願意附屬於國民黨之下，以抗戰宣傳工作之名、行擴大中共影響勢力之實的作爲，迫使蔣介石以「容共政策」應付。蔣介石要求第三廳成員一律加入國民黨，以便用黨紀約束，但遭到拒絕，未能成功。

繼之蔣介石又要求第三廳成員離開，周恩來請求將他們送往延安的建議，使得蔣介石改以「羈縻政策」應付，將郭沫若等第三廳成員改組，轉往「文化工作委員會」。「文化工作委員會」是一個不與群眾發生直接聯繫的研究機構，但仍能繼續爲國民黨效力的組織，不過並未能成功阻止「第三廳」成員放棄執行共產黨命令〔註38〕。

「文工會」期間，「皖南事變」（「新四軍事件」）爆發。「皖南事變」是國共合作抗日以來，最嚴重的一次武裝衝突事件〔註39〕。「文工會」的第三廳成員，繼續聯合反對國民黨專黨執政的知識份子，從事共產黨抗日民族統一戰線的民主解放工作，並且發動文化界人士支持共黨，發動「文化界時局進言」〔註40〕。

「文化界時局進言」獲得當時許多文化界知名人士的認同〔註41〕，並在一九四五年二月二十二日的「新華日報」、「新蜀報」刊出。由於六條要求提

〔註37〕陽翰笙〈第三廳——國統區抗日統一戰線的一個戰鬥堡壘〉《中國抗日戰爭時期大後方文學書系・第一編文學運動》（四川：重慶出版社，1989年6月），頁101。

〔註38〕劉心皇：《抗戰時期的文學》（台北：國立編譯館，1995年），頁174。

〔註39〕「皖南事變」的發生，與國共之間合作關係的定位不同，有極大的關係。國民黨認爲共產黨必須接受國民黨唯一政權的指揮，但共產黨認爲兩黨地位是平等，可以共享政權。因此，在抗戰初期，國府軍事委員會下令收編共軍爲八路軍，以朱德爲總指揮。共黨藉此機會擴大勢力，一九三七年十一月七日，建立晉察冀邊區政府，此後又建立晉豫魯邊區根據地。一九四〇年，實際控制晉、冀、魯三省大部及察、豫、蘇三省部分地區，八路軍兵力達四十萬人以上。共軍勢力的擴充，與國府領導抗日政權產生衝突，「皖南事變」就是其中最劇烈的武裝衝突。國府擬將駐紮在皖、蘇的新四軍北調，新四軍不服調令，並不斷擴充。至一九四一年一月，國府決議解散新四軍，軍長葉挺以下五千人被俘，副軍長項英被殺，番號撤銷。共黨自行任命陳毅爲軍長，擴編新四軍，雙方衝突正式表面化。薛化元：《中國現代史》（台北：三民書局，2004年8月），頁143。

〔註40〕劉心皇：《抗戰時期的文學》，頁189～190。

〔註41〕宣言上簽名的三百一十二人，包括了自然科學界、哲學、法律、歷史、教育、出版、語言學等社會科學界，文學、戲劇、電影、音樂、美術、舞蹈等藝術界各方面代表人士，以及文工會的全體領導，文藝界的黨員。詳細名單見〈文化界時局進言〉，同前註，頁205207。

綱，來自於周恩來於一月二十五日重慶記者會的重要談話內容〔註42〕。三百多個文化人士的簽名，顯示他們支持共產黨與國民黨之間互為平等的政黨地位，這等於間接承認共產黨可與國民黨共享政權的正當性。

蔣介石對「文化界時局進言」大為震怒，急令張道藩、潘公展等追查。張道藩、潘公展等人除追查「文化界時局進言」的撰稿者與發起者外，還要求簽名人士撤除簽名，但結果並不理想，轉而發起擁護國民黨政府聲明，聲勢也不如「文化界時局進言」。最後，「文化界時局進言」的撰稿者郭沫若與他領導的「文工會」，正式於四月一日被國民黨解散。

因此，郭沫若等左翼、及左傾人士與國民黨的合作關係，從一九三八年四月一日成立「第三廳」開始，到一九四五年四月一日解散「文工會」期間，一九四〇年十月一日改組為「文工會」，是兩者合作關係的一個重要轉折點。

在此之前，「第三廳」主控抗戰宣傳的策劃方案與執行工作，改組到「文工會」之後，不再接觸群眾，負責研究。蔣介石改組「第三廳」的「離廳不離部」的策略，原意是希望他們不要去延安，留任下去，發揮擁護國民黨政權的作用。但第三廳成員利用國民黨官方組織與資源宣傳共產思想的成效，使得國民黨開始注意到文藝對政權的重要影響。

為阻止第三廳成員繼續支持共產黨，一九四一年二月七日，國民黨中央宣傳部「文化運動委員會」（以下稱「文委會」）宣告成立。「文委會」在運作初期，以尋求第三廳成員在國共合作關係中對國府政權的支持為重心〔註43〕。

直到一九四三年，「文運會」改為直屬中央執行委員會的單位，不必受宣傳部的指揮，加上「文化運動綱領」的通過，才真正開始成為負責文藝政策化的宣傳機構。

「文化運動綱領」顯示國民黨開始正視文藝與國家之間的關係，並決議採取政策化施為的態度來實踐〔註44〕。

在這個文藝綱領中，可以看到國民黨對於落實文藝政策化的發展重點：一、文學的三民主義思想體系化；二、民族意識精神的發揚；三、文化生產的獎金制功利導向；四、學術的體制化。這四個發展要項，在「文委會」成立期間，尚未有機會展開運作，一直要到一九四九年退台後，才開始落實。

〔註42〕 劉心皇：《抗戰時期的文學》，頁189～190。
〔註43〕 同前註，頁215。
〔註44〕 同前註，頁223。

　　「文委會」在這段期間的工作重點是宣傳。宣傳要項包括張道藩〈我們所需要的文藝政策〉、國民黨〈文化運動綱領〉等。為配合國府的文藝管制措施，也接連公佈「書店印刷店管理規則」、「修正圖書雜誌劇本送審須知」、「出版品審查法規與禁載標準」等法律條文。當時，僅重慶一地便有千餘種書刊被禁，百萬種劇目不能上演〔註45〕。

　　國府強勢的文藝管制措施，激起文化界人士的強烈反彈與各種管道批評。包括共黨「新華日報」的評論文章；郭沫若「文工會」主導的〈文化界時局進言〉；昆明文化界〈關於挽救當前危局主張〉，有聞一多、李公樸等三百一十四人簽名；成都文化界〈對時局呼籲〉，也有李劼等二百四十八人簽名〔註46〕。「文運會」的宣傳終不敵文化人士的反彈。這些大後方文化人士的不滿情緒，使得國府認識到文藝政策的施行，不能單靠強制性的立法查禁，還必須獲得知識份子階層的支持。

　　因此，郭沫若在「第三廳」時期的抗戰宣傳效果，以及「文工會」時期動員文化界人士的能力，雖不是張道藩的「文委會」所能比擬，但「文委會」對國民黨政權的支持忠誠度，也不是左傾文人在國民黨「第三廳」與「文工會」的合作關係，所能望其項背。

　　所以，「文委會」宣傳效果不敵郭沫若領導「第三廳」的事實，以及文化界對於黨官方宣傳組織的排斥，讓國民黨在台整合文藝界與文化界時，轉以官方輔導民間文藝組織發展方式，與知識份子建立合作關係。主要是希望藉由他們在社會的影響力，幫助國民黨推動文藝政策。

　　劉心皇即指出：張道藩曾提及他奉命籌備中央文化運動委員會時，是以國民黨官僚為主；而對張道藩主持「文運會」不成功原因的檢討，也認為「沒有找到文化界知名之士」最為重要〔註47〕。另一方面，此舉也可以避免知識份子對於官方直接宣傳的反感。

　　國共合作下的文藝組織經驗，導致國民黨退台後並未以「文運會」的黨部系統的官方組織為文藝組織基礎，而轉以「半官方」性質的民間文學社團方式經營。「半官方」性質的民間社團組織型態，成為五〇年代國民黨來台後，重新建立文學體制的基礎。這些「半官方」文藝組織社群與國民黨官方的合作關係，構成反共文學機制的運作條件。

〔註45〕劉心皇：《抗戰時期的文學》，頁222～223。
〔註46〕同前註，頁232～234。
〔註47〕同前註，頁212。

第二節　反共文學機制的形成與體制的組織化

　　反共文學以「半官方」組織化的體制性結構發展的主要的歷史原因，來自於國民黨與文藝知識份子在國共分合歷史中的實際經驗：從借助政治異己者的合作關係到黨部系統的直接組織控制。這兩種方式，都遭到不同程度的失敗。前者雖然以官方組織系統所提供的資源，提高文學的政治宣傳效應，但宣傳的內容卻是共產主義；後者雖能確保國民黨政治意識形態的純粹性，但官方組織系統的官僚化，使得文學的政治宣傳效應，難以達到預期效果，只能依賴強制性社會控制方式解決，如查禁、逮捕等，此又易於激起知識份子的不滿與反政治府情緒。

　　國民黨撤台後，在上述的歷史經驗基礎，開始檢討文藝政策的施行。張道藩主持「中國文藝協會」時，所採行的「半官方」組織化型態，在排除政治異己者的前提下，與文藝知識份子以互惠原則建立合作關係，既可避免官僚化的弊病與官方直接控制的專權反彈，也可透過知識份子的認同，間接協助政府鞏固政權。

　　「中國文藝協會」之所以為「半官方」組織的原因在於：「中國文藝協會」雖然是透過國民黨官方的政治與經濟支持而成立，但在體制組織名義仍是隸屬於「民間的文人社團」的非官方型態，因此，並不是直接置於國民黨的黨政國家體制的管轄範圍之下；但是，籌組「中國文藝協會」的高層幹部卻多數以文化或文學知識份子身份投入該組織。不過，由於他們本身多數與國民黨高層有極深厚淵源，所以「中國文藝協會」雖然表面上屬於民間文人所成立的文學團體，但實際運作過程卻是由國民黨所主導，進而成為負責推動國家文藝政策的重要民間文學組織。就張道藩個人來說，這是他長期以來，處理文藝發展在政治行為之間，保持相互平衡的一種方式〔註48〕。

　　一九四九年十一月，國民黨中央宣傳部任卓宣代部長，邀請孫陵寫作〈保衛大臺灣歌〉，刊登於各報〔註49〕。接著馮放民於新生報副刊，邀請作家、讀者參與「自由中國文藝界公開座談會」的聯誼會。一九五○年，張道藩成立

〔註48〕　唐紹華的一段回憶也指出：「徐仲年是法國文學史教授，法國留學生，對法式休閒活動暨欣賞又有興趣，加之他與道藩先生司儀極恰，而他亦確信以與文藝人士交往與創社結盟同等重要，於是建議創設「文藝俱樂部」。唐紹華：《文壇往事見證》，頁86。

〔註49〕　這首歌普遍被視為當時「反共文學」先聲。劉心皇《現代中國文學史話》（臺灣：正中書局，1986年）頁817。

「中國文藝協會」與「中華文藝獎金委員會」；一九五一年，蔣經國發表〈敬告文藝界人士書〉，主導「文藝到軍中去」政策，當時支持國民黨政權的來台文人，也緊接提出以戰鬥爲核心觀念的文藝觀點。反共文學體制的形成逐漸抵定〔註50〕。

壹、中國文藝協會社群

　　「中國文藝協會」（以下稱爲「文協」）最初由張道藩等人士發起，張道藩在國民黨中，是主持黨政系統的CC系〔註51〕文人。此舉獲得當時中國國民黨中央宣傳部張其昀、教育部長程天放、國防部政治部主任蔣經國、臺灣省教育廳長陳雪屏等支持。「文協」會章總則第二條：「本會以團結全國文藝界人士，研究文藝理論，從事文藝創作，展開文藝運動，發展文藝事業，實踐三民主義文化建設，完成反共抗俄建國復國任務，促進世界和平爲宗旨〔註52〕。」可以看出，「文協」的成立，一方面是國民黨黨政針對失去大陸政權，就文藝政策面向的檢討結果；一方面則是藉此鞏固大陸來台文人對國府的信心，繼續支持國民黨的在台政權〔註53〕。國民黨對文藝的投入與支持，使得

〔註50〕「中國文藝協會」、「中華文藝獎金會」這兩個機構，可以說是反共文學體制形成與運作的兩大組織。當時這兩個組織形成的基礎，來自於國民黨官方與右翼文人的合作關係，以及四九年之後，在這個基礎上，所形成官方指導、民間配合的文學發展模式。文藝社群的組織化，可以說是文學作爲現代社會體制一環的明顯特徵。「中國文藝協會」社群的「半官方」性質，並未眞正進入「國家體制」，只是透過政治收編而形成一種帶有官方色彩與特殊性的「半官方」體制。眞正進入國家體制的是軍中文藝系統。李麗玲碩士論文《五〇年代國家文學體制下的臺灣文學》，以「國家文學體制」一詞指稱五〇年代國府所發展的文學體制的論點，並不精確。當時的文學體制，除生產「反共文學」之外，還生產大量相容於國府文化意識形態的健康的「純文藝」。這兩者合稱，則爲中國右翼文學史論者的「自由中國文藝」。軍中文藝隸屬於國民黨軍政系統，以軍隊內部成員或眷屬爲培育對象，有別於黨政系統以社會對象爲主。

〔註51〕國民黨CC系，CC指的是central club，以陳果夫、陳立夫爲主要領導者，是蔣介石的親信團，負責黨政事務。CC系主張擁護蔣介石成爲國家最高領袖。馮啓宏：《法西斯主義與三〇年代中國政治》（台北：政治大學歷史系，1998年）頁190。

〔註52〕中國文藝協會：《文協十年》（台北：中國文藝協會，1960年），頁1～2。

〔註53〕陳紀瀅：《文藝運動二十五年》（收錄自《當代中國新文學大系：史料與索引》台北：天視出版社，1981年），頁377。

大陸來台文人迅速在五○年代的臺灣重建新的文壇，並且以此確立文化場域中的主流「位置」。

「文化場域」與「位置」的概念援引自布赫迪厄（Bourdieu）的理論，應鳳凰以此指出：

> 「文化場域」相當於大家常用的「文壇」……布氏的「文化生產場域」理念則強調「場」中各個「位置」之間的互動關係，把文壇視為一個龐大而繁複的動力網路〔註54〕。

「文協」社群成員所形成的臺灣五○年代文壇，可以看出政治場域中政治權力對文學場域干擾之後所形成的影響力。「文協」的成立，之所以能獲得國民黨高層人士的支持，主要原因來自於，三、四○年代左翼文藝知識份子主導文壇，以及在此優勢之下，藉由文藝宣傳散佈共產黨政治思想，間接導致國民黨失去政權的的經驗檢討。加上「文運會」官方立場導致的負面效果，使得「文協」的組織系統，並不直接依附於國民黨黨部。但組織的運作模式，仍來自於國民黨的黨制系統——採取會員制與由上而下的領導方針，以確保「文協」的發展運作，能配合政策方向來執行。

另一方面，黨制組織化的運作模式，使得「文協」的階層組織與工作分明：理監事會負責主要會務計劃的推動與督導執行〔註55〕，實際會務則交由理事會處理，除採取常務理事值年與分工辦法外，並在理事會下設總幹事、副總幹事，即分設各組，聘請組長、副組長，或設專任幹事等人，以專責成〔註56〕。在會務方面，文協為推行各種文藝活動到社會各階層，依會員志趣而設有各種委員會主要負責設計與推動工作〔註57〕，提供給一般的民眾參與。

「文協」的仿黨制系統運作的經營模式，以及國民黨對「文協」運作資金的提供〔註58〕，使得「文協」必須接受官方的指導，成為帶有官方色彩的民間文藝社群組織。為有效確保作家與（黨）組織之間的互利合作的權力關係，「文協」的會員採取從嚴審理制度，並配合組織版圖的地方化經營。

〔註54〕 應鳳凰：〈五○年代文藝雜誌概況〉，收錄於《文訊雜誌》213 期（2003 年 7月），頁 28。

〔註55〕 相關組織運作可參閱：中國文藝協會：《文協十年》，頁 3～4。

〔註56〕 同前註，頁 4。

〔註57〕 同前註，頁 4～5。

〔註58〕 相關經費補助可參閱據蔡其昌的整理。蔡其昌：《戰後（1945～1959）臺灣文學發展與國家角色》，（東海大學歷史研究所碩士論文，1996 年），頁 127。

　　從一九五○年發起時一百五十餘人的基本會員，至一九五一年的四百一十五人，至一九五二年的七百四十七人，至一九五三年的九百三十四人，至一九五四年約一千人，數年之中請求入會總人數約在二千人左右，至一九六○年四月二十日為止，才共有一千二百九十人〔註59〕。「文協」的組織，也從臺灣本島北、中、南、東部擴大至海外華僑居地〔註60〕。

　　「文協」的組織社群在國民黨的經濟資源與政治力介入下，「文協」迅速成為當時文壇的文學權力中心組織，擔負起義務支持國民黨文藝政策的社會責任。但是，「文協」只是社群動員的組織機構，真正能夠推動反共文學創作的組織則是與「文協」並稱的「中華文藝獎金會」（以下稱「文獎會」）。

　　「文獎會」成立於一九五○年四月，也是張道藩在蔣介石指示下所成立，是一個強調以獎助作為文藝作家與國民黨合作關係的功能性組織。「文獎會」主要的工作是每年定期舉辦各項文藝獎，落實反共文藝政策〔註61〕，以及維持反共文學創作的質與量。

　　「文獎會」的獎金制度、「文協」核心班底為主的評審群，成為維護反共文學創作的重要推展機制。前者以獎金的功利導向，刺激文藝知識份子的反共文學生產能力，後者則透過「文協」評審群的審核，篩選符合反共意識形態或不違背反共意識的文學作品。

　　除了「文協」與「文獎會」之外，國民黨資源所支持的文藝作家組織，還包括一九五三年成立的「中國青年寫作協會」（以下簡稱「作協」）、一九五五年以女性為主的「臺灣省婦女寫作協會」（一九六九年四月改組為「中國婦女寫作協會」）。「作協」的成立，由「文協」的馮放民、姚夢谷、劉心皇等，與中國青年反共救國團文教負責人包尊彭、楊群奮等發起。宗旨與「文協」相仿：「本會以團結青年作者，培養青年寫作興趣，提高寫作水準。建立三民主義文藝理論，加強反俄抗共宣傳為宗旨。」〔註62〕

〔註59〕中國文藝協會：《文協十年》，頁3。

〔註60〕同前註，頁5～7。

〔註61〕張道藩說，「三十九年春初，奉總裁指示，要我創設中華文藝獎金會，獎助富有時代性的文藝創作，以激勵民心士氣，發揮反共抗俄精神。由我擔任本會主任委員，聘請羅家倫、狄膺、程天放、張其昀、曾虛白、陳雪屏、胡建中、梁實秋、陳紀瀅、李曼瑰等為委員。關於文書事務等工作，調用中宣部楊慶升同志辦理，請高蔭祖秘書予以指導協助。」劉心皇選編：《當代中國新文學大系：史料與索引》（台北：天視出版社，1981年），頁49～50。

〔註62〕劉心皇選編：《當代中國新文學大系：史料與索引》（台北：天視出版社，1981年），頁57。

「作協」是國民黨黨政與軍政系統文人合作下的文藝組織，吸納對象的階層以在學青年為主〔註63〕。「婦協」則是以女性作家為主，成立宗旨也是配合國府反共復國政策為前提，以資加強政府的反共抗俄宣傳〔註64〕，但僅作為附庸性質〔註65〕。

「作協」不同於「婦協」的附庸性質，而是為「文協」培養文學世代的從屬組織。「作協」的領導階層，包括杜呈祥、趙友培、馮放民、劉心皇、葛賢寧、呂天行、鍾鼎文、覃子豪、尹雪曼、王臨泰、王平陵、魏希文、林適存、郭衣洞、宣建人、楚均等人〔註66〕。

「作協」的會員制並不像「文協」那麼嚴格，但視青年學生與社會青年為黨國革命人力資源的政治目的更直接：「中國青年寫作協會，是中國青年文藝工作者適應時代需要的結合。領袖昭示我們『團結才有力量』。本會所負的任務，就是要團結全國青年，成為一支堅強的以筆部隊，共同完成國民革命第三任務而奮鬥。」除團結青年，其負責工作重點，尚包括：協助軍中文藝發展；加強文藝書刊出版；培養研究風氣、建立文藝批評等。

「文協」、「作協」、「婦協」等組織的成立與運作，與國民黨的黨政系統雖然有所聯繫，但並未被直接納入到國家體制，而是經由與知識份子的合作關係所主導。直接被納入國家體制下發展的文藝系統，只有軍隊。

貳、軍中系統

軍中文藝由國民黨軍政系統所主導，當時的負責人是總政治部主任蔣經國。提倡軍中文藝有兩個目的：一是藉由文藝思想強化國民政權的革命力量；一是希望能從軍隊中培養屬於黨國的作家群。所以，軍中文藝的發展比「文協」社群更見計劃性與持久性。

軍中文藝的提倡，一開始是從與文藝知識份子的合作關係開始，之後再獨立運作。五○年代初期，「文協」為了響應國防部總政治部「文藝到軍中去」的號召，漸次展開具體施為。包括：倡導推展軍中文藝工作、舉行軍中訪問慰勞活動、協助推行軍中文康工作等。其中以倡導推展軍中文藝工作，最為重要。

〔註63〕 同前註，頁58。
〔註64〕 蔡其昌：《戰後（1945～1959）臺灣文學發展與國家角色》，頁124。
〔註65〕 這裡以「附庸」一詞，並未帶有貶抑之意，而是刻意突顯五○年代女性作家的文學主體，在「反共」國家邏輯下，是被列入國家秩序以下的「家庭」。
〔註66〕 中國文藝協會：《文協十年》，頁141。

　　「文協」所參與的相關活動包括：一九五五年三月《軍中文藝》所舉辦的戰鬥文藝筆談，以及一九五六年，將《軍中文翼》改編爲《革命文藝》的儀式化象徵行動；一九五八年軍中與社會文藝作家組成「文藝作家前線訪問團」，參與八二三炮戰的實地訪問寫作，合集爲《井與燈》小說；一九五九年，訪問馬祖前線，彙成《海與天》專輯（《井與燈》姊妹作）；一九六〇年「以軍作家」的主題寫作、軍中作家集體接力創作的《明天》〔註67〕。

　　在這些活動中，「文協」除了提供推行軍中文藝的具體辦法與理論之外，對於協助一九五六年國府所推動的全面性「戰鬥文藝運動」，也形成相當助力。這個助力不僅使得國軍推行文藝政策、所培植的軍中作家，能更積極參與國府建設「健康」社會的工作外，還影響軍隊成爲所有社會階層中最能保持運動效能的文藝系統。

　　國民黨對軍中文藝系統的重視，顯示國家領導單位以政策指導文藝發展的直接性介入，與透過文協社群主導民間社會文藝創作的間接性介入，相互支援配合。軍中系統與「文協」社群也因此成爲當時執行國家文藝政策的兩大文學權力組織。

　　軍中文藝與社會文藝的相互結合，是國民黨在五〇年代時候所確立的國家文藝政策方向，但軍中系統的文藝生產較「文協」社群更被國民黨當局所器重。除了舉辦文化康樂大競賽與各種文藝活動之外，創設軍中文藝獎金與發行軍中刊物，是當時最能積極培育軍中作家的兩種方式〔註68〕。前者提供軍中作家有充足的創作發表空間，後者則除提供刺激創作的經濟誘因；其它還能直接篩選出優秀的軍中作家。而這些優秀的軍中作家，可因得獎而獲得文壇位置，影響力也能從軍中擴大到社會。

　　當時發行的軍中刊物包括：《軍中文摘》、《青年戰士報》、《國魂》、《勝利之光》〔註69〕。其中，《軍中文摘》的轉變，可以看出軍中文藝在「國家政策主導——個體配合執行」的發展模式下，所保留彈性的藝術自主原則，以及以量化轉向質化的進步空間。應鳳凰指出：

〔註67〕吳東權：《國軍文藝運動三十年》，收錄於劉心皇選編：《當代中國新文學大系：史料與索引》，頁448～461。
〔註68〕張騰蛟：〈筆與槍結合的年代——簡述早期軍中文藝及文藝刊物之興起與發展〉213期《文訊雜誌》（2003年7月），頁36。
〔註69〕張騰蛟：〈筆與槍結合的年代——簡述早期軍中文藝及文藝刊物之興起與發展〉213期《文訊雜誌》（2003年7月），頁36。

一九五○年六月《軍中文摘》最初創刊的時候，隸屬「國防部總政治部」，目的在提供軍中一份精神食糧，是「純粹為軍人服務，為軍人打算的新型刊物」（發刊詞），初期並不對外發行。一九五三年十二月，出版至第五十八期之後，改名《軍中文藝》，同時變更編輯方針，提出要進一步「開闢軍人自己的創作園地」。一九五六年再改名《革命文藝》，「要使軍中文藝的力量和社會文藝的力量交流互注，以擴大革命事業的陣容」，意指雜誌已有充分實力擴大對外發行，更顯出其發行量與作家群一步步提升的過程。《軍中文藝》實際主編為散文作家王文漪女士。我們從其再三改名與成長的過程，看得到當時軍中文藝逐漸興盛的狀況，此一「筆隊伍」慢慢壯大的現象，正是臺灣五○年代最具代表性的文壇特色之一〔註70〕。

值得注意的是，軍中系統雖然是在國家體制之下輔助而有所成，但在作法上，與「文協」社群組織的建立一樣，都是屬於一種以利誘導的彈性處理方式。不同的是，「文協」社群是以知識份子認同國民黨政權為前提的合作關係，軍中系統的作家群則直接被視為執行國家文藝政策的行動者。因此，軍中文藝可以說是五○年代反共戰鬥文藝最重要、但也是最保守的官方思想與行為支持系統。

不過，為了以文藝宣揚反共思想，官方的要求僅在於文藝思想層面上，而在推行的過程中，並未限制文藝形式與內容的彈性。這使得軍中文藝的發展並未因訴諸政治力的主導而完全限制其藝術自主權。

藝術自主權的彈性掌握促使軍中作家能不限制於文學的量化成就表現，進而具有朝向文學質化表現的發展潛能。從五○年代戰鬥文藝到六○年代的新文藝運動階段，除執行國家文藝政策與固定量化的表現外，仍帶有轉化為質地提升的特質。張騰蛟指出：

「戰鬥文藝」階段的文藝活動和文藝成果，雖然已經燦爛輝煌，果實累累，然而，畢竟還沒有進入系統化和制度化；畢竟是還有相當大的發展空間，因此，國防部為了讓軍中文藝更磅礴、更壯大，於是便有「國軍新文藝運動」的出現。

國軍新文藝運動是國軍文藝的大突破、大整合、大豐收，其重要風

〔註70〕 應鳳凰：〈五○年代文藝雜誌概況〉《文訊雜誌》213 期（2003 年 7 月），頁 30～31。

貌見之於文藝大會的召開、文藝金像獎的舉辦，以及文藝輔導與文藝活動諸方面。〔註71〕

　　軍中文藝系統在國家體制的保護下不僅獲得重要發展位置，而之間與「文協」社群系統的友好關係，使得軍中作家不單只是國家文藝政策的集體執行者；就創作的個體性來說，優秀的軍中作家也極易從軍系轉往「文協」社群所建立的文壇位置移動。兩者之間具有一種微妙的互動關係。

　　「文協」社群的半官方文學體制與軍中系統的國家文學體制，雖然是臺灣五〇年代反共文學的兩大支持系統，但從國民黨政權在這兩大支持系統所使用的懷柔政策方式來看，除要求當時軍系與知識份子能夠一體支持國府的反共政策之外，值得再繼續追問的是，以政治權力邏輯重新建立的反共文學體制，對於文學場域的發展運作，產生怎樣的影響？

第三節　體制性文學生產、社會控制與複合式文學社會體質

　　「文協」社群的「半官方」文學體制與軍中系統的國家文學體制，使得文學的生產，不同程度地被制約在政治力所主導的發展環境中，而不是完全交由民間的經濟市場。這意味著主政者對體制內外的文學發展空間，擁有極大的介入影響。這種根植於體制的政治性影響力，一方面可以訴諸於不同程度的社會控制，以規範民間持續生產預期性的文學類型與符合主導文化的內容；另一方面卻也可以讓文學生產，保有政治力之外的運作邏輯與彈性自由。

　　不管是通過「文協」社群的「半官方」文學體制，或軍中系統的國家文學體制所共謀推動的反共機制，反共文學都是其中，最能表現國民黨的國家意識形態與文化意識形態的文學生產類型。但這並不表示反共文學機制在體制內所生產的文學，都是反共文學；即使是反共文學，也不一定都能達成官方所預期的社會效應。主要的關鍵在於：依照「官方指導──民間配合」原則所發展的體制特質。這使得政治力對於文學的主導發展與實際干預之間，並未完全以扼殺文學的獨立性與個體性為前提。因此，文學生產雖然受到政治力主導環境的制約，但並未納入國家體制加以嚴格控管，民間仍能保有彈性決定文學場域自律性原則發展的自主權。

〔註71〕應鳳凰：〈五〇年代文藝雜誌概況〉《文訊雜誌》213 期（2003 年 7 月），頁 36。

壹、體制性反共文學生產

體制性的反共文學生產分為臺灣地區與海外地區。

臺灣地區提供反共文學機制運作的文學體制，主要以「半官方」性質的「文協」社群體系與官方性質的軍中體系為主。這兩個體系雖然分別與國民黨黨政與軍政系統有密切關係，但在國民黨與文人合作關係的奠基模式下，仍有所區隔。前者以間接透過政治立場與文化意識形態相近與互容原則來協助文藝政策的推行，進而獲得體制內的文學生產的權力與主流位置；後者則被納入體制性黨國文學生產者的培育計劃，以未來能直接生產符合文藝政策需求的作品為目的，而享有自成體系的文學生產權力與位置。這兩者雖然在文學生產組織制度是各自壁壘分明，但在文學生產機制的互動過程中，軍中文藝作家在軍隊脫穎而出後，往往也會同時向「文協」社群流動，甚至進而開始在當時的文壇佔有一席之地，獲得發展的機會。

同時，值得注意的是，當時集結在「文協」社群系統之下、非專業化導向的特殊文學生產現象，一是以個人為單位或友人集資合作的出版商現象；一是個人兼有作家、媒體發行人、編輯、出版商等多重身份的生產機制。

在出版商方面包括：張道藩主持的「文藝創作出版社」；陳紀瀅、徐鍾珮、趙友培、耿修業等人組織的「重光文藝出版社」；馮放民等人組織的「群力出版社」；葛賢寧等人組織的「中興出版社」；施魯生等人的「文藝生活出版社」；潘壘等人組織的「暴風雨出版社」；穆中南等人組織的「文壇出版社」；尹雪曼、駱學良、王書川等人組織的「新創作出版社」；吳曼君主持的「新中國出版社」；屠義方等人主持的「改造出版社」；李辰冬等人主持的「中華文藝出版社」；林適存等人組織的「中國文學出版社」；吳裕民主持的「暢流出版社」；陳紀瀅主持的「文友出版社」；王藍主持的「紅藍出版社」；鍾雷主持的「華實出版社」；浦家麒主持的「遠東出版社」；劉宜守主持的「明華書局」；任卓宣主持的「帕米爾書店」等。

除了作家兼出版商的雙重身份外，作家兼文藝刊物主持人或文學媒體主編，也是當時的常態：例如：主持《文壇》的穆穆、主持的《亞洲文學》的王臨泰、主持《筆匯》的任卓宣、先後主持《中華文藝》的李辰冬／謝吟雪、主持《文學雜誌》的劉守宜；主編《文藝創作》的葛賢寧；主編《文藝月報》的虞君質；主編《幼獅文藝》的劉心皇；；主編《寶島文藝》的潘壘；主編《自由談》的姚朋；主編《暢流》的吳裕民、王琰如；主編《晨光》的吳愷

玄；主編《海風》的鄭修元；主編《群星》的尹雪曼；主編《半月文藝》的程大成；主編《野風》的師範；主編《現代詩》的紀弦；主編《藍星詩刊》的覃子豪、余光中；主編《今日新詩》的左曙萍、鍾雷、上官予；主編《創世紀詩刊》的瘂弦；《公論報》文藝周刊的何欣；《民族晚報》的孫陵；《新生報》的馮放民；《中央日報》的孫如陵與耿修業……等等〔註72〕。

　　從這些由「文協」成員為核心的文學出版與文化生產現象，可以看出當時國民黨以國家權力介入民間社會文藝發展後的重要現象，包括：以政治權力篩選單一政治傾向性的文學社群、而確保此文學社群分配資源時候的獨占性，之後的文學實際生產再經此單一性社群中的成員負責，並給予一定的彈性空間。

　　也就是說，「文協」社群在國民黨的政治力與政治經濟資源的輔助之下，迅速取代日治時代的臺灣文壇，成為當時主要的文壇新興勢力；而得以進入「文協」社群組織的成員，大多也是以隨國民黨政府遷台的文藝／文化知識份子為主。在文學實際生產過程中，文協社群的主要成員仍然可以保有彈性自主的生產主導權。應鳳凰指出：

> 當時想要出書的文學作家只有下面兩條路：一是參加國民黨主辦的文藝獎項，例如當時「中華文藝獎金委員會」每年舉辦的多次徵文，該會總是會定期結集出版。第二條路，就是作家自己成立出版社——很想出書又沒有別人幫你出版的情況下〔註73〕。

這種以會員個體為單位的彈性主導生產機制，造成作家兼出版商兼編輯多重身份集於一身的非專業分工現象。雖然與執政黨經由政治力分配文學權力獨占的體制性格，息息相關，但這種趨向於機構組織化、卻未能趨於專業分工導向的特殊體制，也顯示出文壇主流或精英成員獨占文學生產的場域權力位置。

　　另一個值得注意的反共文學生產現象，是臺灣地區體制性反共文學的質量生產，較海外地區更高度呈現的政治文學化傾向。

〔註72〕一般性綜合雜誌而內容繪特別注重文藝的有：趙友培主持的《中國語文》；錢江潮主編的《自由中國文摘》；呂天行主編的《自由青年》與《當代青年》；王宇清主編的《戰鬥青年》；史紫忱主編的《中國一周》；王文漪主編的《婦友》；李青來主編的《中華婦女》；狄介先主編的《中國勞工》；石叔明主編的《路工》；魏希文主編的《民間知識》等數十種。中國文藝協會：《文協十年》，頁34～35。

〔註73〕應鳳凰〈文學出版與文化生產機制〉，《文訊雜誌》188期（2001年6月），頁7。

　　海外地區則以香港為中心，在文學生產方面，較臺灣更具有傾向文學藝術自主性的特色。之所以會產生這樣的異質性，與兩地不同的文學體制有很大的關聯。

　　臺灣地區的體制性文學生產因「半官方」或「官方」的特殊性，與國民黨的建國意識形態必須具有政治意識形態或文化意識形態的相容性。但「文協」社群的海外組織，因置身於沒有建國歷史氛圍的海外華僑地區（香港、菲律賓、南洋群島、美洲等）──多數屬於西方國家的殖民地，深受英美生活與政治制度影響，對文學的藝術自主原則，有較高自覺，也獲得較好的質量平均性。

　　必須說明的是，海外的反共文學與臺灣的反共文學，仍有文學上的政治文類與文學的政治意識形態的區隔程度。政治文類指的是：創作者以個體單位為主，在公民社會中的文學體制中，發行有關政治內涵的文學類型。文學的政治意識形態則趨向於第三世界國家文學類型，而在建國初期，從傳統轉向現代化發展過程中，容易出現集體性的精神病癥；這個集體性精神病癥，以文學的政治化現象，最為明顯──以文學作為建國意識形態的實踐場域，使得審美性的藝術自主原則，往往雜相交融於一種預設性的政治立場或「主義」的意識形態。這使得文學創作往往被導向於總體的目的性與功能性的價值判準，而非個人獨立性為前提的審美價值判準。

　　臺灣的反共文學因直接處於國民黨右翼中國的建國實踐歷史，以及政治力介入而帶有特殊性質的現代文學發展體制，因之所表現出來的特點，既是政治文類，但又具有高度的文學的政治意識形態精神病癥。海外的反共文學，則比較可以視之為單純的政治文學類型。其中以香港地區最為重要。〔註74〕

〔註74〕這個觀點來自於對李文《當代中國自由文藝》中，對「海外自由文藝運動」的介紹內容，以及參照臺灣五○年代反共文學相關作品所整理的意見而來。香港重要作品包括文藝論述：東方既白《在文藝思想與文化政策中》。小說則包括：趙滋藩的《下半流社會》；格林《北平三年》；易文《恩人》；張愛玲《秧歌》、《赤地之戀》；耿榮《圍城記》……等。至於其他非反共的文藝作品，在文學的位階屬性與藝術原則，也多能相容於張誦聖對當時臺灣五○年代的主導文化下，所類歸的幾個重要的文學屬性：經過轉化的中國傳統審美價值、保守自限的世故妥協心態、都市新興媒體影響的中產品味（neo-traditionalist aesthetic value/confonmist world view，and middle-brow taste preference）。根據李文所提供的資料顯示，其中以傾向保守自限的世故妥協心態與中產品味的文學作品為多。李文：《當代中國自由文藝》（香港：亞洲出版社，1955 年），頁 15～92。

貳、社會控制

「文協」的半官方性質，對國民黨官方來說，一方面避免四○年代郭沫若在國民黨軍委會政治部第三廳與文工會時，左傾與左翼文人直接使用黨政資源的危害；一方面又可以避免「文運會」時期，官僚化所導致的效果不彰。透過黨政資源與文人政治合作的基礎，既可達到大陸來台文人的社會整合功效、避免共黨潛伏文人的滲透，又可間接主導民間社會的文化發展。組織的黨制化、以及透過組織平台吸納民間知識份子參與的合作關係，是國民黨對於當時文壇相當重要的控制技術。

因為「文協」的黨制組織化與合作關係的控制技術，使得文藝知識份子的創作個體或所屬的文藝社團被納入政治性操作，成為決定文藝知識份子階層的「作家」社會身份認同的前提。也就是說，預設以「黨制組織化」為前提的體制，可以將原本為創作個體性與所屬文藝傾向社團，轉化到以國民黨所認可的條件範圍，進而才能決定「作家」的社會身份。

國民黨提供「文協」社群的政治性與經濟性的文學資源，也使得「文協」的會員，不僅成為作家取得身份認同的社會化儀式象徵，更可以晉身為「指導社會大眾」的文壇精英階層，獲得「文協」舉辦的各種文藝研習輔導機構、各種定期文藝社會活動、倡導文藝創作及出版方面等文學活動的機會〔註75〕，甚至包括組織社群的連結而獲得的發表創作資源。這種基於互利基礎的合作或相容關係，也強化作家與（政黨）組織之間，共謀利益與權力的右翼保守性格。

五○年代國民黨的政治威權體制對於文學場域的社會控制，並不是訴諸激烈的全面國家化體制形式，而是以政治力介入社會體制運作的方式，獲得主導公民社會的社會意識基礎，進而建立與建國意識形態相容的「主導文化」，作為公民社會自由發展的社會意識基礎。

這個社會控制來自於以政黨實體為主的執政階層與文藝知識份子階層之間的合作關係：政黨階層訴諸政治意識形態或文化意識形態的相容性，以政治權力決定文學知識份子在體制的發展位置，而進入體制的文藝知識份子則因此得到發展或控制文學媒體的權力。這使得文學體制與文學場域的結構關係，在文學歷史的發展動能上，隱藏排擠與收編／協商兩種基礎特質。這種基礎特質與國民黨建國意識形態所預設發展的社會體質，具有密切關聯。

〔註75〕中國文藝協會：《文協十年》，頁 23～46。

參、複合式的文學社會體質

反共文學生產機制中，國民黨的文學性社會控制，使得國民黨得以延續（文化中華）民族國家命脈的「反共」正當性理由，並作爲規劃現代文學在社會體制發展的秩序。在這個過程中，「文協」的「黨制組織化」與「文獎會」的獎金制度，對「反共文學」的文學生產，起了重要作用。這兩個體制性施爲，涉及到兩種不同制度的運作技術與邏輯。

前者來自於組織的系統控制，是共產社會實施制度的基本技術；後者則依賴於資金援助的功利導向，是資本社會運作自由經濟原則的人性邏輯。這兩者透過體制，成爲「反共文學」生成背後的重要誘因，也構成「反共文學」的生產特殊性。

以埃斯卡皮的文學社會學作爲這個特殊性的對照理論說明。

埃斯卡皮注意到，西方現代社會的文學生產制度與資本主義經濟市場邏輯的緊密關係。這個緊密關係使得文學傳播過程中的發表行爲，創作被視之爲脫離作家的獨立作品，進而促成出版商的出現。出版商在文學生產功能中，控制篩選、生產、銷售三道程序，出版商可以根據想像的讀者群與文學品味進行篩選。

對於篩選的人爲過程，埃斯卡皮提出文人圈與大眾圈兩種系統。前者會出現互相限制的連環篩選，包括出版商篩選作品；限制書商的選擇；書商的篩選；限制讀者的選擇：一方面由書商反應行銷部門，一方面透過文學批評，被出版商的編審委員所吸納，限制出版商日後選擇範圍，造成文學參與者的封閉狹隘圈。後者雖不具文人發行圈連續挑選的封閉狹隘性，但讀者的回饋作用難以存在，作品的主動控制權，掌握在出版商與發行者。除導致文學形式的衰退與質變，也使得大眾圈的文化自由喪失殆盡。

文人圈的出版發行，形成高度依循文學藝術性自主原則的專業文學體制，使得文學被侷限在受過良好教育與審美能力的小眾；大眾圈的出版發行，則因過度以自由市場經濟爲導向，而演化爲「文化工業」，雖然因通俗而享有多數閱讀人口，但被排除在文人圈的主流之外。

蘇聯共產社會的現代文學制度，則透過黨的協調、官方文化機構、既有生活方式與群眾取得聯繫等干預管理技術，使得作家不受出版商或書商的仲介影響，但文學作品的獨立性，卻受限於意識型態，未能得到人性化的解決方法。

「文協」社群的「半官方」性質，以及其在文學生產的權力位置，顯示

國民黨政權在現代文學體制發展過程，採取融合蘇聯共產社會與西方資本社會的生產方式。國民黨政權保留了資本社會制度的市場機制運作，但透過共產社會制度的黨制組織化技術，篩選出與之政治或文化意識形態相容的文人圈，進行大眾圈的文學生產，並且以法律，監督、控管這兩個圈子文學生產，能持續生產與政權意識形態相容的內容。

這種融合兩種社會制度的文學體制特殊性，使得當時文學生產的生態發展，產生決定性的發展影響：文人圈以作家兼任出版商、發行人與文學評論者多重身份、或文人之間人際脈絡的非專業分工模式進行；大眾圈文學品味中的通俗性，必須相容於國民黨政權所認可的政治或文化意識形態，以及具有正面社會功能，才能被保留住；過程中，由上而下同化的主導性，也會影響報紙副刊，成為文學發展重要傳播媒介的原因。

這些發展影響，與國民黨政權在臺灣五〇年代發展現代文學過程中的複合式文學社會體質，習習相關。這種來自資本社會與共產社會的複合式文學生產體質的體制性，與《三民主義》思想中、民生主義所預設的經濟建國想像，有極密切的關係。

孫中山認為共產主義不適用於中國的原因，在於中國的經濟條件，尚未構成資產階級與無產階級之間貧富不均的對立矛盾。但為阻止西方資本主義，放任私人資本過度膨脹而導致的階級對立。他主張以國家資本主義的經濟發展模式，進行中國的經濟現代化改造。

孫中山所欲建立的國家資本主義經濟體系，並非是以國家資本取代民間的私人資本，而是依照民生需要的公共範圍，以國家資本設限私人資本的運作範圍。這種複合式資本主義的經濟體系設計，從建國的實踐邏輯來說，國家資本所完成的工業建設，可以提供私人資本的經濟發展基礎；在此發展基礎下，使得國家成為私人資本經濟發展的主體，既可推動私人資本經濟的發展、又可間接節制私人資本的過度膨脹。雖有其實踐邏輯的合理性，但從概念操作背後所預設的理念，則隱藏難解的矛盾。

以國家資本節制私人資本的概念，來自於社會性的平等理念，社會性的平等理念來自於社會主義的基本預設。不同於西方資本主義的自由經濟市場，透過個體交易的自由概念，作為資本流通市場的基本原則。其背後的價值預設，來自於個體性的自由。孫中山的複合式資本主義經濟體系，以國家節制私人，雖實踐了社會性平等理念，但必須在犧牲個體性的自由前提下，才能完成。

　　這個矛盾，也同樣出現在融合資本與共產社會制度的文學體制的特殊性：訴諸國家正當性，以政治性的文學社會控制，發展符合主政階層意識形態的文學。在理念上，是以犧牲個體，完成主政階層所預設的國家（民族）價值。因此，在實踐過程，是依據意識形態的互容性來保留有限的個體自由，對於不具互容性意識形態，則採取排他效應，而不是全面朝向基於個體自由的多元發展。

第三章　五〇年代三大文藝運動的文學社會關係

導言：反共文學體制、三大文藝運動與文學場域的發展生態

　　與文人建立合作關係的社會控制方式，使得國民黨官方可以透過「中國文藝協會」社群組織，在「官方主導——民間配合」的原則下，間接取得公民社會的「文化霸權」。反共文學則是當中最具政治意識形態意義的文類。官方政治實體與民間文學社群的合作模式，以及（執）政黨透過國家政權支配自由經濟市場與社會發展的「不均衡現代化」現象，造成臺灣五〇年代的現代文學體制發展，具有融合西方資本主義與社會主義兩種文學社會體制的特殊性。

　　這種文學體制的特殊性，使得文學生產與文化再製，既未發展出渭涇分明的文人圈與大眾圈，也未被完全納入國家體制之下。但影響五〇年代文學體制的發展必須以限制性爲前提，才能保有自主運作的原則。也就是說，文人圈可以根據藝術自主原則發展，大眾圈可以依循市場經濟原則運作，但兩者的文學與文化生產，都被限制在相容於國民黨建國意識形態的範圍內。以政治意識形態限制文學與文化的自由生產，成爲黨國體制對臺灣五〇年代文學場域發展的運作邏輯。

　　「文協」社群以維護或相容於國民黨政治與文化意識形態的文化資本，掌握（以文人圈爲主的）文壇的文學媒體資源，也因此是臺灣五〇年代文學場域中，具有支配權力的行動者。但支配權力的取得，來自於接受國民黨官

方指導的互利關係。因此，文學與政治在權力場域，形成文學從屬政治的關係。然而在階級關係的社會場域中，「文協」與國民黨之間意識形態的相容性，又具有平等的對應關係。三大文藝運動可以視爲是：「文協」社群與國民黨在文學場域中的共同行動。

三大文藝運動分別爲：一九五一年軍中文藝運動、一九五四年文化清潔運動、一九五六年戰鬥文藝運動。「文協」、「國民黨」都可以被視爲三大文藝運動的行動者，在文化資本與政治資本互爲照應的合作關係中，都佔有核心的權力場域位置，依循國民黨《三民主義》原則的建國藍圖，進行現代化社會的改造工作。

在這些計劃性的階段運動，持續顯現出將文學轉化爲政治行動綱領的意圖。雖然不是每一個運動都能成功或持續發揮作用力，但卻使得複合型文學體制中的「不均衡現代性」生態現象，分別被突顯出來：一、軍中文藝系統在國家體制的保護下，可以直接生產中國右翼民族主義意識形態的文藝作品；另一方面，與「文協」的良好互動，使得軍中作家可以個人身分在文壇從事創作，發揮持續性的剩餘影響力；二、強化文人圈創作者在文學體制的權力精英位置，將大眾圈創作者排擠到體制邊緣，兩者之間保持不對等的非平行關係；三、國家文藝政策背後所內蘊的建國想像與現代社會場域之間發展過程，兩者所面對的本質性矛盾。

三大文藝運動在反共文學體制中，所突顯「不均衡現代性」的生態現象，根本原因在於：國民黨訴諸儒家文化秩序的建國意識形態、以及援引美式資本主義作爲國家現代化技術之間的衝突。這個衝突使得國民黨政權高度依賴政治控制的技術，統合社會發展。

在文學場域方面，國民黨協助「文協」社群組織取得文化生產的支配權，因而間接取得公民社會的「文化霸權」，鞏固統治階級位置。但也暴露出以文化民族主義爲核心理念的建國意識形態，無法整合現代化過程中，社會場域與場域之間必然朝向分化發展的結構性發展。

第一節　一九五一年軍中文藝運動

中國三○年代，由左翼知識份子陣營所發起的「無產階級革命文學」文藝運動，將文學轉化爲政治行動綱領的效應，使得共產黨的社會主義的新中

國想像，被許多知識份子所接受——或投身於共產黨的革命事業，或成爲同路人。以國民黨爲中心或傾向國民黨的右翼知識份子陣營，雖然也發起「民族主義文藝運動」對抗，以及透過政治屬性相同的文學社群的運作，試圖取回領導權，但都未能如願。共產黨以文藝政策經營政治版圖、鞏固政權的歷史經驗，使得國民黨遷台後，除將文藝政策的執行，列入建國工程中，也開始重視文藝知識份子對政權的影響力量。

由於軍、公、教是國民黨黨制國家體系主要科層化階層組成人員，尤其是軍隊，具有直接鞏固政權的影響力。軍中的思想淨化教育，更是具有穩定時局的作用，因此成爲蔣經國掌理國防部總政治部時，所積極推動的一項工作。一九五一年的軍中文藝運動，就是其中一項。而軍中文藝運動的發動，除現實政治目的之外，運動本質與國民黨《三民主義》的建國意識形態，息息相關。

壹、政治目的

軍中文藝運動，正式始於一九五一年五月，國防部總政治部所發表的〈敬告文藝界人士書〉。此書號召社會知名文藝作家，支持政府「文藝到軍中去運動」的構想。除希望作家提供國軍官兵從事文藝創作的資源，以落實軍中文藝政策外，也希望藉由文藝的宣傳，建立「軍民一體」的社會氛圍。

在此正式宣言發布之前，總政治部也積極主辦作家與軍中文藝愛好者的座談會，透過報刊與廣播等媒體，散佈到社會。內容主題包括「軍中文藝克難運動」、「喚起官兵文藝思潮」、「展開軍中寫作競賽熱潮」、「怎樣教軍歌」、「如何推動軍中戲劇工作」、「軍中文藝的領導方式」等〔註1〕。

正式宣言發布以後，一九五二年六月的「軍中文化示範營」，提出「兵寫兵、兵唱兵、兵演兵、兵畫兵」的口號。一九五三年，文化示範營擴展到陸、海、空、聯勤、憲兵各司令部。一九五四年，推出《軍中文藝》月刊，邀請「文協」作家組團到軍中訪問，一九五六年，全面響應戰鬥文藝運

〔註1〕一九五一年元旦，國軍克難英雄聚會台北，總政治部邀請社會知名作家和軍中文藝工作者，在中山堂光復廳舉行「克難英雄訪問大會」，會中畫家、音樂家、小說家、劇作家、詩人等當場爲國軍克難英雄畫像、作歌、吟詩、寫文章，會後陸續發表了一百多篇文學作品，吳東權：《國軍文藝運動三十年》，收錄於《當代中國新文學大系：史料與索引》台北：天視出版社，1981年），頁444。

動……。軍中文藝運動的計劃性持續推動，最終目的，在於培養軍中系統的文藝作家。

軍中系統文藝作家的大量出現，有助於國民黨不必透過與文人合作的關係，而直接具有進行文化再製的能力。不僅對於「文化霸權」的鞏固，更有效力，還能主控民間社會的文化生活內容，以營造符合國民黨歷史與文化意識形態所需要的社會語境。

這個政治目的，點出軍中作爲臺灣五○年代文藝運動的第一波對象，並非只是消極地防止國府退台後可能潰散的軍心士氣，還指出國民黨以政治力介入文學公共空間，以行社會控制的積極性。

貳、革命歷史淵源

從國民黨在臺灣五○年代的歷史特殊性，以及積極投入文學公共空間的社會控制，兩者之間所形成的對應關係來看。前者指出國民黨因國共內戰，失去大陸地區政權，退台繼續從事反共建國的革命大業；後者則說明國民黨透過文藝政策，作爲鞏固在台政權的一個面向。失去大陸地區政權與暫退於台以延續大陸地區政權，同時指向國民黨在現實中，未能完成的革命建國的挫敗。

吳東權以文藝重整國軍心理建設之必要，作爲國軍文藝運動的主要推動目的，側面點出國民革命在國軍文藝運動的歷史關聯意義：

> 國民革命軍從北伐、抗戰到剿匪，奮戰數十年，其間戰勝了北洋軍閥，打敗了日本鬼子，卻敗在共產黨的手下，丟掉了大陸，撤守台澎，這一場敗仗，敗得心不甘、情不願，因爲國軍以絕對的優勢，卻未曾發揮戰力，竟完全失去鬥志，節節轉移，來到復興基地之後，痛定思痛，始覺大陸之敗，敗在民心士氣的崩潰，而民心士氣的崩潰，實是中了共產黨文藝政策的毒素，先總統 蔣公和嚴前總統都曾經坦承地指出：我們在大陸上與匪爭鬥的失敗，實在可以在文藝的領域中找到原因。國軍官兵，也從慘痛的經驗中體驗出了教訓，深感軍隊的精神武裝實在比什麼都重要，我們從文藝戰線上敗退下來，唯一的辦法就是要從頭培養戰志、鼓舞士氣，透過文藝的功能，來重建國民革命軍的精神武裝……。[註2]

[註2] 吳東權：《國軍文藝運動三十年》，收錄於《當代中國新文學大系：史料與索引》台北：天視出版社，1981年），頁443～444。

孫中山在滿清末年所提倡的國民革命，正是國民黨推翻滿清帝制、建立中華民國的歷史正當性的理論基礎。

滿清光緒年間，中國在西方列強帝國的經濟與武力侵略困境中，被迫從「天下之中」的文化獨尊的國家意識，轉移到世界列強所形成的國家型態，尋求民族生存。富國強兵與民族自強，普遍成爲晚清以來，中國知識份子的主要思考方向。在國體政治的革新層面上，中國從帝國政治體制轉型至現代民族國家政體，中間經歷了「變法」、「維新」到「革命」、「黨爭」四個階段。這四個階段突顯：中國知識份子對於決定中國未來政體制度命運上，積極參與權力鬥爭的意識運作。〔註3〕

首先是康有爲與梁啓超在「變法」與「維新」的失敗，證明滿清帝制以異族統治但繼承漢族文化的精神秩序正當性，終不能解決中國政治主權在「君主」與「民主」的兩難。這顯示君主立憲政體在中國，既要維護滿清異族在文化上取得政治主權的正當性、又必須支持因應新興國際格局──民族國家政制改革，所挑戰的權力分配的矛盾。因之，在列強侵略與強勢要求民族性國體的現實環境下，「革命」則成爲推翻帝制、建立現代民族國家最有效之手段。

建立民族國家的首要前提是推翻異族統治、建立民族主體政治。因此，孫中山以推翻滿清異族統治，作爲建立中華民國的前提，確實有他歷史判準的正確性。但是，滿清帝國繼承中華民族在傳統文化的精神秩序的正當性，又使孫中山的革命必須在推翻異族的同時，必須重新維繫滿清帝國在整合中國政治秩序的儒家文化傳統正當性。孫中山以基於（漢族爲主的）中華民族之上的國家主權與基於民主之上的人民主權兩項主義原則，作爲號召國民革命的正當性，初步解決了這兩個難題。

推翻滿清、建立民國之後，中國仍處於軍閥割據的局面，孫中山的民主共和理想未能實踐。有鑑於「無眞正革命之武力、絕不能掃除革命障礙」的革命挫折經驗下，一九二四年（民國十三年）一月二十日，中國國民黨召開第一次全國代表大會，決議創建一培養革命幹部的軍事學校，以繼續完成第一期的國民革命階段。同年二十四日，孫中山以大元帥名義發佈命令，任命蔣介石爲黃埔陸軍軍官學校校長，希望能創造革命的武力〔註4〕。

〔註 3〕劉小楓：《中國現代性社會緒論》（香港：牛津大學出版社，1996 年），頁 88～91。
〔註 4〕劉峙：《黃埔軍校與國民革命軍》（南京：獨立出版社，1947 年），頁 13。

蔣介石之所以成為孫中山革命事業的重要繼承人，與他透過黃埔軍隊所建立的國民革命軍實力有關〔註5〕。一九二八年（民國十七）年蔣介石以黃埔軍校的革命武力，討伐破壞共和制度的軍閥，陸續完成東征、北伐，初步一統中國，取得中國的執政權，結束孫中山在中華革命黨時期，所定下軍政、訓政、憲政革命建國程序的軍政時期。國民革命軍不僅是蔣介石繼孫中山之後，為國民政府取得合法政權的基礎，也成為國民政府在大陸地區執政的政治實力。

蔣介石初步取得中國的執政權後，宣佈進入訓政時期，由中國國民黨領導國民行使政權。後為抗日情勢所逼，本欲以武力消除中國共產黨不能，又亦以政治壓制其他小黨無效，不得不容納各黨共同抗日〔註6〕。一九四五年對日抗戰結束後，國民黨的南京政府與共產黨的延安政府，對峙局面正式公開化，談判破裂後，雙方展開激烈內戰：國民黨以三民主義建設現代新中國的歷史任務受挫；共產黨以戰爭形式的黨爭，爭取建設現代新中國的領導權。

之後，國府被迫計劃流亡臺灣，以臺灣作為未來復興民族國家大業之起點。這顯示蔣介石仍不願放棄，以三民主義完成建設新中國的國民革命理念〔註7〕。「反共」成為國民黨第三期國民革命的目標，也成為戰後國民黨在臺灣，實施政黨國家體制以鞏固政權的核心思維。

因此，軍中文藝運動以文藝重建國民革命精神的政治目的，與孫中山透過國民革命途徑，將帝制中國轉型為現代民族國家，到訴諸文化民族主義作為三民主義的核心概念，完成國民黨黨制國家的建構邏輯，顯現出一種結構性的歷史關聯。

再從孫中山具體架構國民黨發展方向的兩個關鍵邏輯：思想的精神指導（三民主義的正當性）與組織的技術運作（由上層負責指導到下層依實執行原則）來看〔註8〕，蔣經國為何在國防部總政治部任期，大力提倡軍中文藝運

〔註5〕 國民革命軍的組成相當複雜，除黃埔軍校所培育的勁旅隊伍，還包括其他或投效或合作或願意被編納的軍閥軍隊、地方性或私人團練組織（包括幫派、土匪……等）。同前註，頁14。

〔註6〕 張玉法：《近代中國民主政治發展史》（台北：東大圖書，1999年），頁352。

〔註7〕 從蔣介石在黃埔軍校的一些訓辭，可以得知孫中山《三民主義》與國民革命信仰，不僅是他領導國民黨的核心思想，也被視為重建新中國的重要方案。同前註，頁17～18。

〔註8〕 一九二四年孫中山在廣州舉行第一次全國代表大會，通過黨章、宣言及其他

動。這涉及國民黨如何看待主義信仰的傳播與知識份子之間的關係：共產黨的政治實力來自中國農村，後來竟在國民黨執政的城市地區，獲得爲數不少知識份子的認同。

國民黨的歷史解釋，普遍傾向共黨透過文藝爲政治服務的理論思想與文藝組織化所發揮的宣傳效力。這個解釋背後的邏輯運作指向：國共內戰的失利，不是三民主義不夠好，而是在組織技術上不夠嚴密〔註9〕。軍中文藝運動的提倡，顯示國府對於國共黨爭失利的補強心理。另一方面，透過軍中刻意的栽培，出身象徵黨國意志的國民革命軍的軍中作家，更能感同身受地將主義信仰宣傳於社會。

當然，軍中文藝運動的產生並不只是那樣的單純，運動背後所根據的核心思維，更深層地指向國民黨所採取「正統中國」的文化保守主義的右翼民族主義立場，以及以此回應五四啓蒙運動之後，對於左翼知識份子訴諸現代中國論述的文化對立抗爭面向。

國民黨政權在戰後臺灣所建立的「反共」體制，以及以「反共」作爲中國現代化執行者的正當性與合法性的歷史精神結構，軍中文藝運動背後所啓動的歷史文化精神機制，更深層地點出這個歷史脈絡的解釋意義。

重要議案，選舉中央執行與監察委員，完成了中國國民黨的改組工作，用意在於把之前國民黨透過改組組織，使其成爲更有力量的具體政黨，而可用此政黨力量改造國家，參與改組工作的主要負責人之一的胡漢民，指出此改組運動有幾項重大意義：一、把組織中華革命黨的精神更加顯露，去除腐敗份子，吸收新的青年學生；二、給予國民黨嚴密組織和注重民眾運動的新方針；三、從新確立三民主義在國民黨的絕對性，和以黨治國原則；四、它在國民黨的歷史上成爲「託孤」的紀念，因爲還沒有等到開第二次代表大會，孫先生就去世了，蔣永敬：《孫中山與中國革命》（台北：商務出版社，2000 年）頁 539～540；而孫中山對於蘇聯共黨的革命成功，以及其背後促成革命成功的黨內組織理論，始終保持興趣，並影響後來國民黨「聯俄容共」政策。這兩個架構國民黨發展的邏輯，也被運用在國府退台重建政權之中，蔣介石所建立的統馭政權，一方面架構在訴諸主義的思想正當性，以及以上層原則指導下層推動的漸進式組織管理概念（並非是上層嚴密控管下層的直接式組織管理概念）；一方面則透過國家暴力的機制控管，達到下層必須配合或服從上層的社會意識形態。

〔註 9〕「改組」的組織技術一直是國民黨黨內尋求改革的思維方法與重要技術。中國國民黨從一九一九年十月正式成立，到一九二四年一月完成改組，除實行三民主義、創立五權憲法宗旨不變外，內部結構不斷改變。張玉法：《近代中國民主政治發展史》（台北：東大圖書，1999 年），頁 146～147。

參、現代化中國想像

蔣經國所主導的軍中文藝運動，除了幫助軍隊成員找回國民黨員的革命精神，使得國軍能在第三期國民革命中，還能繼續反共重任的政治目的。軍中文藝運動的精神主軸，就歷史脈落來說，扣緊了國民革命的歷史深層意義。

在具體實踐過程中，軍中文藝運動強調的是「克難運動」。蔣經國具體指出，推行「克難運動」的目的在於重振軍中對國民黨領導革命建國的信心：

> 我們到臺灣以後，首先發動「克難運動」。「克難運動」是在復興崗發起的。一般人以為「克難運動」是克服物質上的困難。事實上，當年我們發起「克難運動」主要的是克服一種懷疑的、頹廢的、散漫的、等待的、依賴的心理。也就是說，『克難』的主要精神，是在於建立中心思想，在於建立中心的領導。所以當年發動『客難運動』，就是在受到很大的挫折以後來安定軍心，使得一般官兵建立起信心的，這是「克難運動」主要的任務與目的。〔註10〕

而「克難運動」背後所象徵的本質意義，更關乎國民革命的實踐精神，吳曼君指出：

> 自由中國的實踐克難運動，考其淵源，乃由革命實踐運動而來……總裁認為我國的國民革命，本有總理首創博大精深的主義為革命方針，又有先烈血和淚凝結的史蹟為革命的楷模，然而仍不免遭遇大陸之悲慘失敗……一言以蔽之，就是由於虛而不實、偽而不誠所致。……而去偽之道，唯有一切言行皆從實踐做起，而後乃能表達我們革命的決心，激勵民眾革命的熱情，以收群策群力眾志成城之效。於是總裁乃發起革命實踐運動，使我們相期於言必行，行必果，負起反共抗俄雪恥復國的責任，擔當第三期國民革命的使命。革命實踐運動的內容，計可分為三方面來說，在革命實踐的基本思想方面，一是要為民族生命而犧牲個人生命；二是為人民自由而貢獻個人自由；三是要為群眾生活而節制個人生活。〔註11〕

因此，在指向反省大陸失守的現實理由外，值得注意的是，軍中運動透過訴

〔註10〕茅家琦：《蔣經國的一生和他的思想演變》（台北：臺灣商務出版社，2003 年），頁 264。

〔註11〕吳曼君：《自由中國實踐克難運動》（台北：改造出版社，1953 年），頁 1。

諸個人主體精神以推動改變客觀環境的思維方式。這種思維方式與傳統儒家訴諸人本精神所型塑的世界觀，以及這個世界觀所啓動的的個人文化主體與結構性文化心理制約有關。

從儒家政治的特質來說，以個人道德主體的實踐，來成就客觀世界秩序的唯心思維，並據此推動傳統中國政治社會的運作。來自於儒家不僅提供一套以道德作爲想像秩序的世界觀，還同時依照血緣親疏原則進行分類，將此形式化爲社會禮法制度。因此，個體對於禮的實踐，不僅抽象地保證個人道德主體的象徵意義的完成，也同時可以具體地在儒家世界觀所投射與建構的社會秩序中，確立自己的位置。傳統儒家的政治思維是寓抽象於實際之中。

革命實踐運動以「實踐──革心」的雙向互證性，來作爲運動本質。顯示孫中山以來，國民黨所領導國民革命行動的思想基礎，在本質上並非是現代思想的產物，而是來自對於傳統中國舊世界觀的繼承。

就這個層面，「虛而不實、僞而不誠」的自我認知，所以成爲運動根本核心的原因，與儒家政治由內自省而外實踐的文化人格養成，密不可分。因此，促使投身運動的個體，可透過「虛而不實、僞而不誠」的反省指標，進入克難運動背後所預設的群性規範與秩序──民族生命、人民自由、群眾生活。

群性規範與秩序在運動中，往往被賦予比個體更高的理念價值與終極意義。個體因此得以共享理念價值與終極意義的想像快感，作爲排除個體本能衝動或取代壓抑本我的心理補償。除提供個體對於融入群性秩序的慾望心理驅動力外，個體在運動中所訴求理想意義的神聖性與美感經驗，也得以強化。在儒家文化性格中，這種以自我壓抑爲起點、到有限度解放所獲得的自由美感經驗，本身是以循序漸進的理性思維與自律美學作爲平衡機制。而絕對誠實原理的自我管理技術，則顯示運動本身所呈現儒家政治文化的唯心性格〔註12〕。

儒家政治文化的唯心歷史特徵，民國以來由「孫文學說」一脈相承，成爲國民革命實踐精神的原型。在「國者人之積，人者心之器，國家之治亂繫於社會之隆污，社會之隆污，繫於人心之振靡」前提下，孫中山強調「革命

〔註12〕劉紀蕙以法西斯衝動詮釋蔣介石在中國三○年代新生活運動的文化心理機制的運作，雖然點出兩者。相似的文化心理痕跡，但忽略主導此運動的蔣介石與知識份子們與中國傳統儒家文化之間所形成的論述關係。劉紀蕙：〈群的結合──三○年代的烏托邦想像〉，收錄於劉紀蕙《心的變異──現代性的精神形式》（台北：麥田出版社，2004 年），頁 201～231。

必先革心」的實踐邏輯，認為國民的精神建設是革命建國的基本；革命建國的成敗，繫於國民的心理〔註 13〕。蔣介石在此思想基礎上，以「力行哲學」作為黨員與國民具體實踐的補強論述，並明確訴諸〈大學〉、〈中庸〉之道作為「革命心法」，以「去偽存誠」為作革命可達於推己及人效應的解釋：

> 要做這些去偽崇實的工夫，就是根本上要能「革心」，也就是實踐，
> 即大學上所謂的「誠意」。……因此古人說：「天地之所以不息，國
> 之所以立，聖賢之德業所以可大可久，皆誠為之也。」現在我們革
> 命就是要從自己的心理。自己的精神革起來。……「所謂誠於中，
> 形於外」、「至誠而不動者，為之有也」。我們的革命幹部，能做到誠
> 的時候，不僅黨內一切同志，而且全國一切國民，統統可以受我們
> 感化，統統聽我們的命令，如此革命當然可以成功。〔註 14〕

事實上，以儒家文化道德唯心世界觀為主軸的革命精神實踐邏輯，在不同的歷史時空，都被反覆運用在國民黨改造黨員或對國民形塑的外化行動中。

從中國三○年代，以蔣介石權力意志為中心的「三民主義力行社」，積極提倡的民族文化復興運動、新生活運動，到五○年代戰後臺灣蔣經國所大力支持的軍中文藝運動，都可以窺探到：國民黨以繼承中國傳統文化與民族思想遺產的正當性，企圖以現代化形式改造中國所訴諸的「中體西用」思維方式。

首先先來看民族文化復興運動與新生活運動。

當時國民政府正面臨共黨與軍閥內憂與列強侵華的外患處境，「九一八事變」發生，中國前途岌岌可危。蔣介石適時復出，為負起救國建國重責，復興民族為當務之要。因此，採取黃埔軍系滕傑等人建議，倡導民族復興運動，以「三民主義力行社」為運動組織的最高權力機構，為「革命青年同志會」、「革命軍人同志會」為次及組織，「復興社」為三級組織。運動由蔣介石親自領導，組織運作採取極端秘密方式進行。〔註 15〕

力行社所熱衷推行的「民族運動」包括新生活運動、國民軍訓運動、勞

〔註 13〕 「夫心也者，萬事之本源也，滿清之顛覆者，此心成之也；民國之建設者，此心敗之也。夫革命黨之心理，於成功之始。」孫文〈自序〉，收錄於《孫文學說》（台北：中央文物供應社，1953 年），頁 4。

〔註 14〕 鄧元忠：〈恭錄 蔣委員長對立形社社員講述「革命的心法」〉《三民主義力行社史》（台北：實踐出版社，1984 年 8 月），頁 3。

〔註 15〕 在這裡可以看到「三民主義力行社」所呈現孫中山為二次革命所改組「中華革命黨」的運作機制與精神樣貌。干國勳：《三民主義力行社與民族復興運動》（作者自印，1986 年），頁 3。

動服務運動、國民經濟運動等四大國家改造運動。新生活運動被視為復興民族的中心活動。在這個運動裡，以宣揚中國儒家傳統文化道德，作為民族本質，為運動之核心。在形式上，則是借重義大利與德國復興民族的法西斯國家組織化，作為改造現代國民的手段，強調中國有了現代國民，才有可能成為現代民族國家。馮啓安指出：

> 凡是一個法西斯蒂一定相信自己的民族是一個最優秀的民族，認識自己民族過去的歷史是最光榮的歷史，自己的民族文化是最優秀的的文化。所以我們認識「格致誠正修齊治平」為我們民族最高的文化，忠孝仁愛信義和平——就是「禮義廉恥」，為我們固有的道德，智仁勇三者為我們民族傳統的精神，三民主義為我們民族革命的唯一原則，而歸納之於「誠」。因此我們要作革命黨員必先要以精誠來保持固有的道德和傳統的精神，才能復興民族最高的文化。

> 凡是法西斯蒂，其組織、其精神、其活動，一定統統要能軍事化。……換句話說，統統要服從、犧牲、嚴肅、正其、確實、敏捷、勤勞、秘密、質素樸實，共同一致，堅強勇敢，能為團隊、為黨為國來犧牲一切。

> 簡單地講，就是要使全國國民的生活能夠徹底軍事化，能夠養成勇敢迅速，刻苦耐勞，尤其是共同一致的習慣和本能，能隨時為國犧牲。……所謂軍事化，就是要整齊、清潔、簡單、樸素。也必須如此，才能合乎禮義廉恥，適於現代生存，配作一個現代的國民。〔註16〕

到了一九五一年戰後臺灣的軍中文藝運動，為繼續第三期國民革命「反共」歷史任務的訴求，要求領導國民革命的國軍，不只要以革命武力打擊共黨，還要配合「革命必先革心」的實踐邏輯。對於文藝知識份子的收編，也漸漸在由上而下的心理建設與宣傳強化教育外，展開以文藝政策取代直接訴諸主義的策略。文協社群在「政府主導、民間配合」原則下所建立的文學體制，成為宣揚反共文學的重要基礎。

值得注意的是，軍中文藝運動一秉民族文化復興運動與新生活運動的運作邏輯，以「克難」——符合現實處境的實踐形式，達到以民族文化本位作

〔註16〕馮啓宏：《法西斯主義與三○年代中國政治》（台北：國立政治大學歷史學系，1998年），頁214～215。

為精神本質的運動模式。在這個意義上，可以視為延續中國五四新文學發展以來，以民族主義為右翼革命文學精神。國民革命所一貫秉持的歷史精神、行動思維與黨國秩序使命，使得國民革命軍成為一個聯繫上層思想到下層作為的一個核心中介點。

這意味著國民黨政權以武力實踐《三民主義》建國理想的核心思想，將軍隊視為國民革命的主力，而納入以黨建國、以黨治國的歷史革命實踐進程中，並負責將黨國意志擴及到民間社會。

在革命實踐運動所規劃進行的三步驟與秩序建構中，可以清楚看到這種聯繫。吳曼君說明：

> 第一步先從軍隊著手。軍隊是有基本組織的，故易於觀摩與推行，將領行之於上，士兵效之於下，且導之以思想，輔之以政治，動之以責任，自易首先推行，收其成效。第二步推而及於黨政，公教人員有其機構與體系，前方軍隊創之於前，後方人員繼之於後，則社會之新的骨幹乃能形成。第三步再擴充於社會。由黨政軍之公教人員，擴大其影響於農工商學及家庭親友之間，蔚成實踐的新風氣，則整個社會均成為運動的範圍。〔註17〕

所以，軍隊是國府從事國民革命的基礎，推動軍中文藝運動理所當然地成為國府思想施為運作到社會的起點。軍中文藝作家的培訓，以及在蔣經國任期國防部總政治部主任與國防部部長時的支持與推動下，得到了成長的機會；文藝思想教育的模式，也因此成為軍中長期以來所重視的思想教育模式之一。〔註18〕

蔣經國對文藝的重視，使得軍中文藝在國民黨政權的黨國歷史邏輯脈絡，成為擴散黨國思想意志到社會各階層的重要傳播中介點。軍中文藝到社會去，雖然是革命實踐運動的一個思想施為體現，但也相對使得軍中文藝作家在「自由中國文壇」擁有體制內既定的發言位置。

再從革命實踐運動步驟背後所依據的原理來看。

孫、蔣國民黨一貫繼承「先立其本，以人格與精神樹信於國民」的傳統

〔註17〕 吳曼君：《自由中國實踐克難運動》，頁1～2。

〔註18〕 一九六五年蔣經國擔任國防部長時，所繼續推動的「國軍新文藝運動」的代表性談話，仍一貫延續保有這個意義與目的。相關言論可參閱：蔣經國：《蔣經國先生全集》第七冊（台北：行政院新聞局，1992年），頁131～206，238～252。

儒家人治精神理念下，使得國民黨政權在台的建國復國工程，奠立復興（以中國傳統文化爲前提下的）民族的基礎。軍中文藝運動雖然只是這個龐大、高度複雜的政治社會運作中，一個很小的環節，但是從國民黨革命實踐的黨國歷史核心背景切入，則會發現孫中山在中國現代啓蒙知識份子中，對於傳統知識份子提出「中體西用」的思想繼承者位置。這使得國民黨以革命激進形式，推翻滿清帝制，首次取得中國現代民族國家的合法改造權後，仍是建立在繼承傳統民族文化的保守性；以及國民黨透過革命武力取得的政權，也以革命政黨形式建立民族國家的特殊屬性，來確保帝制與儒家官僚相互結合的「廟堂（朝廷）」高層結構的領導位置。〔註19〕

　　軍中文藝運動與國民黨革命歷史之間的結構意義，突顯出國民黨政權主導運動的政治目的，具有可預期的效能性——以黨國意志培育的文藝作家群，直接執行文化建國性質的文藝政策。這使得「文協」社群在這個運動中，只是短暫輔助性質的行動者。國民黨政權與軍中文藝作家是主要的長期行動者。

第二節　一九五四年「文化清潔運動」

　　如果將一九五一年的「軍中文藝運動」，視爲國民黨政權主導、「文協」提供支援的一項文藝運動。一九五四年的「文化清潔運動」，則是「文協」所主導、國民黨政權以國家暴力機制爲輔助的文藝運動。嚴格來說，「文化清潔運動」爲期不長，但對於文學生態所造成的持續影響，卻是相當深遠。包括國民黨政權對於文學場域中文化再制的控管，持續提供利於主導文化的生成環境，使得國民黨與「文協」社群在文學場域中，擁有保障主流位置的優勢；國民黨接受美援後的積極現代化，奠定社會場域進行分化的基礎條件，但又以政治力滲透社會各個場域，整合社會秩序。「文協」社群以文藝運動的積極形式回應。政治力的介入，使得體制內的文人圈與大眾圈的文化生產者，形成迫害與被迫害的行動關係。

壹、「文協」社群的支持

　　「文化清潔運動」是「文協」核心成員對蔣介石一九五三年〈民生主義

〔註19〕相關論述可參閱：黃仁宇：《近代中國的出路》（台北：聯經出版社，1995年），頁94。

育樂兩篇補述〉的具體回應。之後，常務理事陳紀瀅即以「某文化人士」名義，於一九五四年七月二十六日《中央日報》、《新生報》正式提出。至八月七、八日，與王藍正式揭開運動序幕。九日時，全國各報共同發表〈自由中國各界爲推行文化清潔運動例行除三害宣言〉。宣言中，明白點出「赤色的毒」、「黃色的害」、「黑色的罪」，將會摧殘民族文化、斷送國家命脈，因此提出自清與對外清除的要求：

> 自由中國聖潔的文化陣營裡，有了這『三害』作祟，不僅文化界受辱蒙羞，其摧殘全國軍民的身心健康，離間海外僑胞與祖國的情感，敗壞國民道德，損傷社會風氣，貽害整個反共建國大業等事實……我們一向主張「言論自由」最力……但是，上述三害的所作所爲，早已越出言論自由範圍……我們不相信我們的法律與輿論怎能坐視它們享有：「造謠惑眾的自由」、「傷風敗俗的自由」、「污蠛誹謗的自由」、乃至「危害國家民族的自由」！
>
> 我們肯切希望政府：積極扶植正當報刊……
>
> 我們也竭誠期望：因一念之差誤入歧途的文化工作從業員，能當機立斷，改變作風，嚴肅寫作態度，自清出版行列，考量文化道德，以自身所受的國家的教養，趕快換上一枝善良的筆……
>
> ……我們要求國人一致對上述三害，口誅筆伐，撲滅掃蕩！我們要求每一位同胞拒絕三害作品……誓把剷除三害的重大責任堅決地擔在雙肩！與三害奮鬥到底！[註20]

政府在「撫順輿情」、「尊重法治」的考量下，下令處分含有「三害」毒素的報刊雜誌[註21]。當時內政部長對於政府取締少數不良刊物的「限制民間言論自由」舉動，特別提出合理的辯解聲明：

> 新聞雜誌是文化事業的前驅，也是社會教育的工具。乃近年以來，部分新聞雜誌，不惜以色情文字，充斥篇幅，甚至以繪聲繪影之筆調，作誨淫誨盜之渲染，傷風敗俗，莫此爲甚，並常捕風捉影，捏造事實，挑撥離間，造謠中傷，社會視聽爲之清亂，不惟一般青年心理蒙其毒害，國際人士海外僑胞無不受其惡意宣傳之影響，而共

〔註20〕中國文化協會編：《文協十年》（台北：中國文化協會，1960年），頁65。
〔註21〕相關資訊可參閱：劉心皇選編：《當代中國新文學大系：史料與索引》（台北：天視出版社，1981年），頁406～407。

產匪徒更利用此項資料以散播其宣傳毒素，爲害之烈……政府對於
言論自由向極重視，對於出版事業由爲愛護，此次取締少數不良刊
物，純爲整肅社會風氣，提高出版文化水準。〔註22〕

在這個聲明裡，突顯國民黨政權處理言論自由與三害的三個面向。一、「三
害」因非道德性成分，而被排除於民間的「言論自由」範圍；二、社會大眾
對「三害」無辨識能力，又易被誘惑，政府必須出面整肅；三、「三害」是共
產黨破壞臺灣正常社會秩序的宣傳毒素。

這也是「文協」之所以發動「文化清潔運動」的基本主張。雖然整個運
動爲期不久，但透過知識份子的社會性發言，以及維護社會道德秩序爲前提
的言論自由，賦予政府機關透過國家暴力干涉民間媒體經營的運動模式。除
此之外，更加強化社會場域中，官方爭奪控制公民社會自由言論發展的權力，
以及與知識份子合作關係中共享性文化資源的主流位置。〔註23〕

「文化清潔運動」的政治效應與運動目的，除了以道德原則訴諸社會秩
序優先公民自主能力的正當性，回應國民黨政權的公民社會領導權外，道德
原則作爲維護國家「反共」秩序的邏輯想像，反應出以文化爲本位的民族國
家原型，以及以道德爲本質的自由社會秩序。「文化道德」是「文化清潔運動」
所支持的價值理念，也是國民黨建國思想所一貫維護的歷史性民族資源。

「文化道德」是中國儒家建構政治社會秩序的核心觀念。儒家以主觀性
的「文化道德」原則、作爲開展客觀性社會秩序的預設前提。這個思維模式
本身即隱含對於「心的理知與道德功能」（the intellectual-moral function of the
mind）之思想力量優先性的強調。

林毓生認爲，所謂的「心的理知與道德功能」是一種信念，相信「心」
的特殊認知功能會導致所嚮往道德的功能。就儒家傳統而言，爲解決道德與
政治問題，特別傾向於基本思想或觀念的力量與優先性；並強調心的理知本
能爲掌握基本觀念的手段，以及掌握此種基本觀念後，就會產生解決道德與
政治問題的功能。

王毓生並指出，這種傾向以政治道德化與文化道德化的一元社會建構型

〔註22〕陳紀瀅：《文藝運動二十五年》，同前註，頁407～408。
〔註23〕查禁是國民黨政權一貫使用、控制民間言論自由發展的管理技術，目的在於
　　　　限制不利政權或不容於意識型態的言論民間的出版與發行自由。其中影響甚
　　　　鉅之一的是武俠小說文淚與大眾出版圈，林保淳、葉洪生：《臺灣武俠小說發
　　　　展史》（台北：學生書局，2005年），頁133～141。

態，最大的問題在於導致傳統社會規範與政治運作、以及傳統文化符號與價值之間的無能辨識，呈現「藉思想、文化以解決問題的方法」（the cultural-intellectualistic approach）的「五四綜合特徵」（The May Fourth Syndrome）。〔註24〕

　　以「文協」社群為主的知識份子主導「文化清潔運動」時，將掃除文化思想的「三害」，作為維繫民族國家生存的解決方式與行動理念，在本質上，也呈現儒家建立客觀秩序時的唯心思維。這是臺灣五○年代文藝運動與建國邏輯之間所共同呈現的歷史特徵。

　　因此，「文化清潔運動」既是以維護社會道德為目的，也是協助國民黨政權鞏固「反共」秩序的一項政治運作。反共建國秩序與社會道德價值之間所形成的對等現象，使得「三害」的認定來自政治道德化的主觀價值，並以此混淆「三害」生成的客觀社會現象。這個思維方式，讓「三害」充滿破壞反共建國秩序的想像性危機，而不是一種受到經濟原則所主導的文學生產現象。蔣介石《民生主義育樂兩篇補述》就曾針對這個問題，提出意見：

> 今日的文學問題是什麼呢？就是文學的商業化。工商城市的生活是靠收入的，文學作家的收入從哪裡來呢？他們的收入多半式來自書賈的，書賈為了把握文學作品的暢銷，只有迎合一般群眾的胃口，便阻礙了文學走上真摯和優美的道路。……共匪成了這一空際，對文藝運動下了很大的功夫，把階級的鬥爭思想和感情，藉文學、戲劇，灌輸到國民的心裡，於是一般國民不是受黃色的害，便是中赤色的毒，我們國民革命為建國而奮鬥已六十年，竟聽任這兩種毒素殘害我國民的心理健康，實在感到萬分慚愧。今日臺灣省在這方面有顯明的進步。民族主義的文學作品漸見抬頭，反共抗俄的台語劇使一般民眾受很大的感動……。

> 今日的社會是變動的社會，沒有現成的社會規型……今日的文學藝術卻是為了市場的銷路，不能不受銷路的支配。特別是娛樂方面，更要靠營業性的設備與出品來供應。一切弊病都從此發生，因為最大的銷場就是水準最低的群眾，因而文學藝術的品質只有日趨下

〔註24〕林毓生：《中國傳統的創造性轉化》（北京：三聯書局，1992 年 3 月），頁 125。蕭阿勤說明國民黨政權文化道德論述也引述張毓生的理論。蕭阿勤：《國民黨政權的文化與道德論述》（國立臺灣大學社會學研究所碩論，1991 年），頁 14。

流，一個民族要讓這日趨下流的東西來教育它的人民，除了日趨墮落以外，沒有別的道路。〔註25〕

「文協」根據蔣介石的指示提出宣言，主動發起「文化清潔運動」〔註26〕。在宣言裡，同樣以影響一般國民心理健康的思想文化毒瘤理由，要求政府清除，並提出政府扶植正當文化事業的期許。其他民間文化團體如自韓歸來反共義士、《自由中國》等九十三家雜誌社、「中國青年寫作協會」也相繼簽名支持。「作協」甚至公開表達「為了文藝、為了愛國家、愛民族；為了公理正義，我們始終不移的站在真理這一邊。我們一致擁護文化清潔運動，我們尤願這一運動做得徹底，做得持久，做得有切實效果。」〔註27〕

這個危機意識雖然可在中國四〇年代國共鬥爭中，共黨與左傾知識份子在文學政治動員的歷史經驗，找出彼此對應的原因。但真正值得注意的是，兩黨知識份子在爭奪建國權力過程所共同呈現的「五四綜合特徵」：藉由文化思想屬性達成民族國家的建立。

不同的是，共產黨的建國程序中，極力透過建立無產階級思想屬性的制度，來完成民族國家的社會基礎；對於文藝的控管，則採行將文藝作家與文藝生產直接納入國家社會體制的嚴控方式。而國民黨強調的是建立三民主義思想與五權憲法體制的民族國家，並訴諸威權與懷柔兩種技術進行民間思想管控：一是建立文學社群的權力網絡，以文學資源或具相容性的文化意識形態來柔性收編可合作或不反抗政權的文藝知識份子；一是以國家合法的暴力機制限制民間的言論自由，如立法查禁等。

在文學思潮轉化到政治行動綱領的中國三〇年代時期，國民黨陣營即以民族主義作為中國右翼革命文學的意識形態，但一直到了臺灣五〇年代，才有正式將文學場域納入建國工程的政治操作與具體實踐機會——除了反共政治意識形態，還結合儒家傳統道德文化意識形態。

進而透過政治原則主導文學場域的權力機制與文學生產，使得反共建國的政治目的，以及結合儒家傳統社會的道德文化意識與規範，成為國民黨政權主導民間文化社會發展的基本方向，也是確定民族國家本位的基本認知。

〔註25〕蔣中正：〈民生主義育樂兩篇補述〉《三民主義》（台北：中央文物供應社，1985年），頁381～382，358。
〔註26〕陳紀瀅：《文藝運動二十五年》，收錄於劉心皇選編：《當代中國新文學大系》，頁399。
〔註27〕同前註，頁402。

國民黨以國家政權介入臺灣五〇年代文學政治化的操作模式，以及對於文學價值理念的最大影響，就是將傳統儒家的「載道」文學觀，被轉換到納入建國程序後帶來的「當代社會政治效益」的價值評估。

因此，「文化清潔運動」結合社會道德與國家民族生存的政治性文學行動綱領，其所形成的運動模式，具有兩個思維邏輯的特徵。一是以政治意識形態決定思想文化的社會性病徵，一是以（政治意識形態）「正確」的思想文化解決問題。這兩個面向的發展，都強化文學發展中思想傳播性的價值觀，包括高度政治化或廣泛社會效應化兩個面向，而不是藝術性的美學價值。

對於「文化清潔運動」的共同行動者——主導的「文協」社群與大力支持的國民黨政權，一方面共同以文學思想的傳播效應的價值理念，預設「三害」的非道德性。一方面又以文學思想中的政治或文化意識形態的相合或相容性，形成文學場域中的權力互動關係。至於相合或相容於政治與文化意識形態的內容，則由統治政權的國民黨來決定。

就權力位階來說，「文協」社群既是「三害」的支配者，也是政治力的被支配者。政治力可以說是被納入建國程序的文學場域中，最具獨占性位置的權力機制。「文協」社群組織透過政治或文化意識形態的相合或相容所掌握的文學權力，成為影響的次要性權力機制，具有主導藝術自主原則發展的影響力。

但是「三害」的文學商業化行為，卻擾亂場域中原有的權力機制運作。「文化清潔運動」與「三害」文學商業化之間的對立，顯示「三害」在文學生產過程，只遵循自由經濟市場機制中的經濟原則，而不是政治與文化道德的原則。

另一方面，以經濟原則決定文學生產內容的商業化行為，使得自由經濟市場的獲利導向，優先於建國意識形態所需要的社會道德規範與文化思想傳播，也排除來自文學形式或內容的藝術自主原則檢驗。就權力機制運作來說，直接挑戰政治力在文學場域的獨占性，也牴觸政治或文化意識形態在文學發展的獨占性。

「文化清潔運動」顯示政權在文學場域的權力位置，正如宣言所強調，政府機關必須介入文學媒體的生存與文學生產，才能保障文學的「正當」發展。宣言的訴求，使得原本屬於民間的文學媒體與文學生產，被迫交由政府機關監督、查辦。不僅將更強化文學場域中政治原則的主導力量，也

間接使得政權階層可以政治意識形態或文化意識形態的相容性，決定文學媒體在公民社會的言論自由範圍。不過，這裡仍然出現一個問題：除了確保政治在權力機制的獨占性，文學生產的經濟原則爲什麼會被建國的政治原則所排擠？

文學的商業化與都市化或工業化文明的程度，息息相關，不管是都市化或工業化文明，都是現代化過程中的自然發展現象。對於企圖以政治力達成建國目的的國民黨政權而言，民族國家與社會的現代化發展，一直是積極努力的方向。文學商業化爲何不能被建國意識形態視爲現代化過程的一種正常現象？

貳、「不均衡現代化」

「場域」（field）是布赫迪厄（Bourdieu）社會理論的核心概念。

場域自主理論所以能夠成立，是建立在「現代社會是處於一個逐漸分化過程」的事實上。場域是行動者在各自處之位置、及其存在客觀關係之間，所組成的一個網路（network）或建構（configuration）。這些位置的客觀界定，根據位置的存在，與佔據位置的行動者或體制所擁有的不同類型的權力（或資本），以及與其他位置的客觀關係（支配關係、從屬關係、對應關係）〔註28〕。

在高度分化的社會裡，整個社會就是由這些相對自主的小社會所組成，這些客觀關係組成的空間，擁有其特定的、必然的，與其他場域不同的運作邏輯。例如文學場域、宗教場域、經濟場域……等，每個場域都有其各自運作的邏輯。但這些場域又不是各自完全獨立，與其他場域之間存有不同程度的互動。

布赫迪厄在《文化生產的場域》（The Field of Cultural Production）中，分析階級場域、權力場域與文學場域之間的關聯。就文學場域來說，文學的藝術性來自於自主性原則（the autonomous principle）。但文學場域往往受到權力場域的控制，特別是經濟或政治利益受到相關權力獨占時候，經濟或政治因素則成爲文學場域中的他律性原則（the heteronomous principle）。〔註29〕

〔註28〕Pierre Bourdieu" The Field of Cultural Production：Essays on Art and Literature"（Columbia University Press，1933），p.37～40。
〔註29〕Pierre Bourdieu " The Field of Cultural Production"，同前註，頁40～46。

　　「文化清潔運動」以維護文化道德意識的正當性，透過國民黨政權的支持，強化政治原則在文學場域中的獨占性權力位置。運動預期完成的效應，指向文學生產對經濟利益原則的排擠與去除，使文學生產能符合社會文化道德意識的正當性。文化道德是國民黨建國意識形態的主要政治運作邏輯，而文學商業化的現象，來自資本主義社會的自由經濟市場機制。

　　自由經濟市場機制得以運行的邏輯，來自於交易平等與自由市場這兩個基本概念。強調的是個體與個體之間，在契約觀念之下的平等位置，以及享有獨立於政治領域的國家、在經濟活動領域之社會的「自由放任」原則。這種奠基於「獨立經濟體系」品格所引發的社會結構秩序，會促使社會朝向一個由諸多關聯的生產、交易與消費行為構成的總合，並擁有自身的內在動力和不受外界影響的規律，從而獨立於政治或國家的型態發展〔註30〕。

　　但是國民黨政權的民族主義建國意識形態，以繼承中國傳統文化為建構民族國家的本質，使得儒家的道德政治文化意識成為凝聚民族意識的重要成分。民族意識、政治意識、文化意識與道德意識的相互結合，使得國民黨政權所提出的《三民主義》建國方案，在透過民權主義、民生主義改造中國政治現代化、經濟現代化的同時，是以民族主義保留「政治——道德——文化」三位一體的民族國家主體為前提。

　　這使得建立現代民族國家與現代化社會實體，變成同步進行。「政治——道德——文化」的民族國家主體，也同時成為維護社會秩序的價值主體。這會產生一個邏輯性的思維問題：民族國家的建立等於社會實體的建立，也就是說，社會實體必須置於民族國家的建國程序中發展，才能完成預期的民族國家。

　　因此，國民黨以繼承儒家傳統文化的民族國家意識，同時也保留了儒家以道德原則建立社會實體運作的基本思維原型。這正是林毓生所指出：「道德與思想的意圖（intention）可以直接有效地導致政治秩序的建立」〔註31〕。

　　這會產生二個問題：一、政治個體或群體的道德主體與權力意志，無法被有效區分，也缺乏明確的客觀性社會制衡力量（如法律權限）。社會實體雖然具有道德言論機制運作權力，但未能獲得充分的自主權去發展抗衡力量（如

〔註30〕　這個詮釋來自於洛克式「市民社會與國家」觀念，但國民黨的黨國國家理念則較傾向於黑格爾的架構。鄧正來：〈「市民社會與國家」觀念的歷史透視〉收錄於《市民社會》（台北：揚智出版社，2001），頁43～64。

〔註31〕　林毓生：《政治秩序與多元化社會》（台北：聯經出版社，1989年），頁40。

公民社會的自由輿論機制）；二、道德主體性與社會客觀性的被混淆，道德秩序等同於政治社會文化秩序。道德的主體服從原則，使得個體與社會關係之間，缺乏基於個體自由平等的契約理念，社會實體也因服從道德原則而變成政治秩序的一部份，社會性客觀問題往往被轉換到道德性議題，並以政治權力意志作為解決方法。

因此，國民黨建國意識形態的預設，是透過政治的控制力量，來整合社會社會實體發展，並訴諸道德的理性實踐與價值，來維護秩序邏輯的正當性。政治原則成為權力機制中最重要的邏輯原理與運作技術。這與文學商業化獨立於政治或國家之外的自由經濟市場的自主力量，以及背後承認自然個體擁有人身自由、私有財產的客觀理性、肯定人性追求私利的慾望本能，並不協調，甚至發生原則與權力技術運作之間結構性的牴觸矛盾。

「文化清潔運動」之所以視文學的商業化為社會病徵，而不是社會現象，突顯出（傳統儒家）文化政治道德意識形態與社會場域朝向分化自主發展的衝突。這個衝突顯示國民黨以「民族主義」的「革命」形式開啟民族國家的政治契機，以及發展國家現代化的政黨權力，但並未具有回應傳統文化意識與現代社會分化運作之間結構性矛盾的能力，反而以政治原則中的政權意志與國家權力，限制不同社會場域的自主發展。

從這個推演邏輯來看，國民黨政權在臺灣五○年代的反共建國工程所推動的社會現代化，並不是社會與歷史進化的自然產物，而是結合傳統文化意識在政治現代化過程中的國家權力產物。這使得臺灣的現代化社會發展型態，缺乏以個人為主體的自由公民社會思想基礎，取而代之的是，單一政黨主導民族國家的建國意識與政治現實所強化國家／民族與政黨價值理念同化的社會思想。

以國家民族主體壓抑個人主體發展的價值性思想，來自國民黨政權延伸孫中山《三民主義》思想對現代化社會實體建設的預設理念。

孫中山《三民主義》是國民黨領導革命建國的重要思想與理念基礎。「民族主義」提供民族國家的本質性需要與正當性；「民權主義」、「民生主義」分別在政治社會與經濟社會，提出民主共和與國家資本化的現代化體制形式。依照孫中山的構想，維繫民主共和制度運作的基礎權力，來自政黨，而不是個人；民生經濟必須依附於國家資本的運作，而不是基於自由經濟市場的原則。不管從「民族主義」、「民權主義」或「民生主義」，都指出國家政治力是完成現代化體制改革的重要技術。

孫中山認為，中國如果要解決民生問題，必須要先發達資本、振興實業。但中國無法依靠自己的力量做到，必須引進外國資本，並以國家管理防止私人資本膨脹的弊端。這個實踐前提是，中國必須從既有的傳統農業社會結構轉型到工商業社會。因此，孫中山提出平均地權的想法：將屬於地主階級的私人土地以非革命手段重新分配〔註32〕。

國民黨政權來台後的反共建國工程中，連帶一併改造臺灣經濟社會的現代化，基本上是根據孫中山這兩個技術性想法。一方面努力爭取美國經濟援助臺灣（以下簡稱美援），穩定國民黨政權在台基礎；一方面推動系列的土地改革政策，包括「三七五減租」、「土地國有」、「公地放領」到一九五三年「耕者有其田」，順利將臺灣農業社會「地主——佃農」的封建結構瓦解。

但是美援的介入，使得孫中山的構想在實踐上，並不是朝向擴充國營企業或經濟國家體制化的模式進行，而是透過指導主管美援組織的技術官僚，轉以推動以民營企業為主體的進口替代工業化政策〔註33〕。

這個政策性的影響，使得國民黨政權執行土地改革政策時，可以將國家收購地主釋出土地的固定農業生產價值資金，轉抵以國債、國營企業股票，或投資於政府所主導發展的民間產業，形成國民黨政權與臺灣本土資產階級利益的結合基礎；而佃農也因有自己的耕地更能提供農業生產效力，和平解決地主與佃農之間潛在性經濟分配不公的衝突。

民營企業發展雖然受限於政治力的控制〔註34〕，但開放民營企業經營模式所需要的自由市場機制與資本運作技術，仍在政治原則所主導的獨占性經濟的利益分配條件下，成為臺灣工業化社會實體發展的一部份。民間的私人資本開始有累積的機會，卻還未能有社會自主發展的環境，以及反向決定政策制定的力量〔註35〕。

〔註32〕 孫中山「平均地權」的想法，顯然是基於中國現實條件下，對於不同主義學派施為的一種可能性解決方案。孫中山：《三民主義》（台北：中央文物供應社，1985 年），頁 243。

〔註33〕 朱雲漢：〈寡佔經濟與威權政治體制〉，收錄於《解剖臺灣經濟——威權體制下的壟斷與剝削》（台北：前衛出版社，1992 年），頁 146～150。

〔註34〕 國民黨在對寡占性經濟利益進行政治分配時，基本上是將全國性寡占經濟分配給黨營及榮民事業系統，區域性寡占經濟分配給地方派系，至於用來酬庸少數親貴或本省籍世家者，則無一定原則。同前註，頁 149。

〔註35〕 朱雲漢：〈寡佔經濟與威權政治體制〉，收錄於《解剖臺灣經濟——威權體制下的壟斷與剝削》（台北：前衛出版社，1992 年），頁 152。

　　因此，國民黨所奠定的臺灣社會秩序基礎，除了以儒家文化道德政治的社會意識形態化，鞏固國民黨以政治原則控制社會場域自主發展的權力正當性。在積極主導現代化經濟的過程中，以政策導向與政經結合的控制技術，限制場域分化的自主發展，形成臺灣「不均衡現代化」的發展現象。前者具有傾向封閉的穩定作用；後者仍保留限制性的自主發展的變動能力。政治力是平衡後者破壞前者的最重要權力機制。

　　文學的商業化現象，顯示文化的生產模式，受到經濟利益的獨占性控制。「文化清潔運動」對文學商業化的抵制行動，顯示不能接受自由經濟市場機制的獲利原則。這會出現一個問題：文學生產的商業化現象，是文學場域與經濟場域的互動，最後由經濟原則取得優勢的結果，為什麼不被容許？運動所發起的抵制性意識形態，顯示政治道德原則在社會場域所佔的獨占性權力與思維方式。保守的、道德的文化價值觀，正是國民黨政權在臺灣社會的主導文化的重要基礎，也是鞏固政治權力的正當性根源。

　　這種以文學傳播價值的道德觀否認文學生產經濟行為的意識形態，來自文學的建國工程在臺灣「不均衡現代化」環境的發展結果。以政治道德抵制商業化的文學生產與消費形態，顯示以政治道德原則統整文學與經濟場域之間互動、鬥爭，以及不容許場域分化、互動、鬥爭的自由發展的意識形態。傳統儒家政治道德的文化意識形態與現代社會場域的分化發展之間，有著難以調和的矛盾。

　　這是因為儒家的政治社會實體是以道德秩序作為系統發展的基礎，現代社會卻是以分工技術作為場域發展的基礎。前者視道德原則為社會系統發展的共有功能（common function），以此作為內在統合（internal conhesion）、自我調節（self-regulation）的基礎，而朝向建立統合式的社會型態。後者恰好相反，每一個場域並不具有組成部分（parts）與要素（components）的根本作用，彼此之間存有衝突與競爭的緊張關係，道德無法在所有場域中發揮內在自我調節的作用，權力場域對其他場域所形成的宰制關係，才是關鍵。

　　這也說明國民黨政權在公民社會所建立的道德秩序，實際是來自政治權力控制公民道德與思想意圖的結果，而不是透過社會規範或文化價值的肯定而來。建國意識形態所運用的政治原理，之所以能獲得統合場域分化發展的社會認同基礎，與政黨建國意識形態限制社會場域自由發展的「不均衡現代化」現象，有很大關聯。

參、「三害」現象

「不均衡現代化」的社會發展現象，使得「三害」成為「文化清潔運動」首要抵制的社會病徵。這顯示「三害」在國民黨建國意識形態的社會發展是具有威脅性。「文協」社群之所以能與國民黨政權一樣，成為去除「三害」的共同行動者，除了對政權的正向回應外，「文協」與國民黨政權在文學場域所形成的權力互動，對大眾圈文學生產的控制，才是「文化清潔運動」的後續性政治效應的重點。

埃斯卡皮針對讀者群的文學身分的發行圈，指出「文人圈」與「大眾圈」的存在界限。「大眾圈」相對於「文人圈」，是專為文化素養較低的讀者群所服務的發行系統。「文人圈」中出版商連續挑選的特徵，以及讀者反饋的情況，都不存在，只有以標準化的機械生產程序來滿足讀者的需要。這使得生產的主動權掌握在發行者身上，而文化生產的工業化經營，雖容易導致作品的大量粗製濫造，但卻擁有比「文人圈」更寬廣的消費基礎〔註36〕。

埃斯卡皮從四種經濟手段的分析，試圖解決「文人圈」與「大眾圈」之間的社會障礙問題〔註37〕。埃斯卡皮的前提是各自肯定這兩種發行圈的文學階層屬性，但透過經濟消費的層面，逐漸消弭兩者所存在的界限。

「文協」提出的「文化清潔運動」，則恰好相反，利用文學運動所帶來的政治效能，讓政府機關「名正言順」地以公權力限制「大眾圈」的發行，使「文人圈」的發行可以直接進入「大眾圈」。被「文人圈」所排擠的「大眾圈」文化生產類型，則轉以非正常化的商業生產方式，繼續維持市場的消費供需；即使能以正常化的商業生產與市場消費運作，所生產的文學類型，也往往被排除在主流批評論述的理解模式之外，而造成體制的邊緣化情形。

另一方面，政府機關公權力的介入，使得原本以商業發行為主的「大眾圈」系統，被迫吸納「文人圈」過剩的文化生產。大眾的文化生產因此被擴大到「文人圈」的生產範圍之內，也進而被納入政權政治力的社會控制範圍內。「文協」的社群組織化技術，就是確保國民黨政權對文藝知識份子的社會控制的重要關鍵。

國民黨政權透過社群的組織化，與文化知識份子建立體制性的合作關係。文化知識份子必須先透過組織的體制性，才能得到文壇的作家身分與資

〔註36〕埃斯卡皮：《文學社會學》（台北：遠流出版社，1989年8月），頁60～72。
〔註37〕同前註，頁73。

源。這個合作關係使得「文人圈」的文化階層屬性，在「不均衡現代化」發展環境中，難以不受到政權的政治意志與文化意識形態的影響。而政治力的介入，雖然使得「文人圈」的發行直接進入「大眾圈」，具有帶動「大眾圈」文化生產素質向上提昇的作用，但並未真正解決埃斯卡皮所提出兩者界限的問題，只是更強化文化知識份子在文學場域結構中的精英階層與影響權力，以及文化知識份子階層在政治、社會權力的共犯結構。受到排擠的「大眾圈」消費文學的非正常化，顯示社會大眾階層自主性的被剝奪，以及文化知識份子與社會大眾在公民社會不平等的階層化發展。

這些潛在的文化屬性階層化的結構，指出「文化清潔運動」知識份子與「三害」文學消費群之間，存在著意識形態與權力位置的緊張關係。

「文化清潔運動」的宣言指出「三害」的存在，「不僅文化界受辱蒙羞，歧摧殘全國軍民的身心健康，離間海外僑胞與祖國的情感，敗壞國民道德，損害社會風氣，貽害整個反共復國等事實」。宣言並一一明確指出「三害」的迫害內容與真相，要求媒體的自律與政府公權力的制裁。

宣言中強烈的政治與道德立場，以「唯利是圖」否定媒體與文化從業者在市場的自由競爭機制，並以社會大眾缺乏認知判斷的自主能力，強力急呼政府機關維護社會道德秩序的重要性，而不是檢討媒體運作的社會性公平秩序。因此，運動所真正發揮的權力效應，是政府機關透過「查禁取締」的公權力，以維護社會道德的正當性，干預媒體的發行經營權，否認屬於公民社會的讀者群的消費權，同時也讓政治操作混淆文學消費與市場機制的自由運作。

影響最大的是屬於「文人圈」的中國三○年代文學作品，以及屬於「大眾圈」的通俗報刊與新聞雜誌。前者被列舉為與匪有關的「赤色的毒」；後者因色情的「黃色的害」與爆內幕的「黑色的罪」，而危害民族國家與社會秩序。

「赤色的毒」來自國民黨建國意識形態的「唯一性」、以及內戰失敗歷史的排擠效應。中國三○年代左傾與左翼文化知識份子，紛紛投入不同於國民黨意識形態的革命建國政治活動，透過文化宣傳發揮影響力，共產黨因而逐漸取得優勢。這個歷史經驗使得國民黨政權來台後，不敢輕忽對知識份子的控制問題。

斷絕一切與匪有關的文化思想來源，避免知識份子因左傾而認同共產黨的中國政權，這可以看到「文協」社群與國民黨政權，在維護民族國家政治意識形態的一致性。

　　但相對於會去閱讀「赤色的毒」的知識份子或社會大眾而言，開放思想文化的自由權並不等於民族國家政治意識形態的認同。這兩者之間也沒有邏輯性的必然關聯，同樣都是屬於自由人權的選擇範圍，但文化自由卻必須受到政治意識的限制。

　　「黃色的害」與「黑色的罪」也是如此。運動中所強調的道德正當性，都是來自政治操作混淆社會道德與言論自由發展的意識形態結果。色情戕害社會的健康發展、黑幕新聞製造社會黑暗面，顯示社會道德優先社會自由的發展面向。這個價值秩序與國民黨建國意識形態息息相關，使得道德文化的認同基礎，是通過政治，而不是文化或道德或宗教或社會認知等等其他基礎。這使得道德意識形態在社會發展，缺乏分辨或容納多元化價值的認知基礎。

　　另一方面，「文協」要求社會大眾認同政府制裁色情與黑幕新聞的泛道德意識形態，很容易模糊社會場域中文化階層與政治權力之間的結構關係，以及政治權力透過體制的不所無在。這指出一個關鍵性的問題：社會大眾不是具有判斷色情與黑幕新聞的意識自由者，也未被賦予能夠擁有這項權力的能力。「文化清潔運動」是其中一個較明確顯現的社會現象。

　　「文協」社群與國民黨政權在「文化清潔運動」中的共同行動，雖然不表示「文協」社群的知識份子都一定支持國民黨政權，但國民黨政權與「文協」社群組織在文學體制所建立的合作關係，卻會強化菁英知識份子決定社會發展樣貌的價值意識形態與階層結構。尤其是與政權關係越密切的知識份子，更是因此掌握更多實質性的發言權力與社會位置。相對的，異議型知識份子或非知識份子社會階層的意識形態，因缺乏「個體」為單位的自由價值理念或社會思想基礎的保障，就難以公平競爭方式分享既有的社會資源。

　　政治原則主導社會發展的意識形態，以及依循政治原則由上而下的社會權力分配結構，帶來主流菁英知識份子在民間社會的階層優勢、社會個體的矮化與其他社會階層的弱勢，同時也造成政治性介入的文化生產結構——與政權政治或文化意識形態相容的「文人圈」，過剩的文化生產得以進入「大眾圈」；但受到排擠的「大眾圈」的文化生產，卻必須被迫以非正常化方式維繫市場需要。

第三節 一九五六年「戰鬥文藝運動」

文學組織與政權在文藝運動中的合作關係，並不必然保證政治權力與文學權力之間的和諧。根據布赫迪厄的場域理論，文學場域在階層關係的社會場域中，會自動形成特有的支配位置；但在權力場域中又是處於被支配的地位。權力場域則是各種力量關係的空間，擁有足夠的資本量即可佔據支配的位置；但當其他行動者也具備足夠資本量，即可對支配者進行挑戰。「戰鬥文藝運動」顯示「文協」社群的組織體制的政治性文學權力，正日漸消退，取而代之的是，退而求其次的文學性社群的權力位置，以及非政治性的新興文學藝術觀。

一九五六年的「戰鬥文藝運動」，國民黨政權以文藝政策方式直接介入民間社會與文學場域，顯示政治力的強化傾向。同時，反共文學迅速式微與現代主義詩潮開始出現，突顯文學場域尋求層級化自主原則的反動。

壹、國家文藝政策化

戰鬥文藝的名號早在一九四九年後就被廣泛的使用，包括一九五五年文壇先行推動的戰鬥文藝創作〔註38〕。但明文定位「戰鬥文藝」的內涵意義、實施要項、具體執行方法，就要等到一九五六年國民黨中常會正式通過的「展開反共文藝戰鬥工作實施方案」。這是由蔣介石親自號召並正式對外宣佈，成為國家文藝的既定政策基礎。內涵意義包括有：一、宣揚三民主義，闡揚反共抗俄國策，以建立反共復國的心理基礎。二、揭發奸匪與俄寇勾結賣國之各種陰謀暴行，以激起全國人民同仇敵愾的心理。三、發揚中華民族傳統文化，以加強國民的愛國觀念。四、褒揚軍民英雄事蹟，以激勵冒險患難、犧牲奮鬥的精神。五、表揚忠貞打擊邪惡，以嚴肅戰時生活轉移社會風氣。〔註39〕

以文藝政策方式推動民間的戰鬥精神，除了阻止共產黨滲透臺灣社會，將民族文化與道德精神作為動員社會、持續反共的想像基礎，才是最終目的。這使得文藝的國家化發展，是以結合臺灣社會的道德意識形態與政治認同的建國想像為前提。這種社會政治化的思維運作，使得個體在原本是屬於公民

〔註38〕劉心皇選編：《當代中國新文學大系：史料與索引》，頁102。
〔註39〕同前註，頁103。

社會的意識型塑過程，一開始就被迫結合政治的權力意志，造成個體容易混同政治運作與道德價值之間的本質。政治的道德化是儒家傳統政治社會的重要特徵。

而爲確實推動「戰鬥文藝運動」，方案還提出六大目標、八點基本工作、八點文學方面的實施要項〔註40〕。內容除整合「軍中文藝運動」第三期國民革命「反共」任務、「文化清潔運動」維護國民心理健康目的外，更將發展重心放在民族傳統文化與文學的保存與再整理，以及民族道德文化、自由平等博愛理念的國民精神建設工程。

「戰鬥文藝運動」顯示國民黨政權對文學場域的介入，開始從民間的政治化文學行動綱領轉向體制性文化政策的執行〔註41〕。一九五七年「中華文藝獎金委員會」瓦解，國家行政體系的軍中文藝作家逐漸取代「文協」與政權之間的體制性文人合作關係，最後由國民黨軍政系統負責主導民間社會的文化改造運動〔註42〕。「文協」成爲國民黨文藝政策的外圍執行單位，五〇年代所累積的組織性文學權力，開始逐漸從政治屬性分化到訴諸文學屬性的媒體社群。

「戰鬥文藝運動」的歷史現象突顯出一個矛盾：國家文藝體制與自主性文學發展的同步進行。雖然「戰鬥文藝運動」未能帶來國家文學政策化的預期政治效應，但社會爭取自主運作與政治權力控制之間，仍持續一種抗衡性的發展狀態。這個現象指出國民黨建國意識形態與社會體制發展之間的微妙關係：一方面企圖以高度政治權力貫徹社會所有面向，一方面又不得不開放社會實體運作的彈性自由。

貳、複合式社會體系的衝突

文學場域中建國意識形態與社會實體在場域發展的抗衡性運作關係，顯

〔註40〕 六大目標、八點基本工作、八點文學方面實施要項可參閱：同前註，頁 105～107。

〔註41〕 鄭明娳也指出：蔣介石以保持中國固有文化內容爲論述的主要靈地，除強化本身所背負道統形象，中國傳統教忠教孝的思想訓練亦有利於鞏固國府的正面形象，也說明藉由政權力量企圖扭轉五四以降的左翼文藝潮流，重建官方文化威權性格。鄭明娳：〈當代文藝政策的發展、影響與檢討〉，收錄於《當代政治文學論》（台北：時報文化，1994年），頁28。

〔註42〕 根據鄭明娳的看法，六〇年代中期是國民黨文藝政策的第二高峰，文藝政策的推行不再透過中國文藝協會的前導，該協會已經成爲外圍執行單位的一環。同前註，頁33。

示國民黨訴諸文化民族主義建立現代化國家過程，所必須解決的傳統與現代之間的本質問題。這指出傳統儒家道德、政治、文化三位一體的世界觀，以及難以協調積極的現代化國家改造計劃。這使得臺灣的國家與社會主體發展朝向二個方向：一是繼承傳統儒家世界觀而透過革命改造方式的黨國體制的政治社會；一個是資本主義所對應的西方現代經濟社會型態。前者所對應的人我關係社會結構，仍停留在傳統農業社會型態以人倫秩序與家（宗）族權威規範，作為繫聯社會「高層──下層」二元結構的基礎，後者則是以因應資本主義社會市場規則與經濟自主的邏輯理性。

不同於儒家文化訴諸人之本位與人我互動情境式的溝通方式，它是建立在一種相對客觀而理性的原則，以抽象、普遍、形式化、規格化的方式型塑人際溝通的符碼，使得廣大群眾可以共享確定的規則。運用它們來表述或詮釋各種資訊，可以擺脫血緣親屬或傳統地域成員的緊密聯繫，而朝向更具有效能的人際運作方式發展。

因此，在這兩種不同文化型態所發展的社會主體性格，以及社會主體與個體之間的關係，多有不同。前者雖然保持人我之間的主體能動性，但被限制在單純血緣團體的家族性或地域性聚合，並且形成以（父權式）政治威權體制，作為繫聯個人與社會之間的秩序架構。威權成為個體與社會客體之間所繫聯的核心價值，政治領域則相對凌駕在其他領域之上，形成控掌社會主體發展的權力中心機制。後者則因相對客觀理性原則的建立，個體與社會客體的關係被導向一種不同於傳統農業社會的運轉模式。運轉模式背後所依據的高效能的成本計算的工具理性，使得社會領域朝向符合其最高效益的運作邏輯各自分化。社會客體就由這些各自擁有不同軸心原則的分裂領域所構成。

根據貝爾的分析：

> 技術／經濟體系的任務關係到生產組織和產品、服務的分配。它構成了社會的職業和階層系統，並涉及技術的工具化運用，……它的軸心原則是功能理性（functional rationality），而它的管制方式是經濟化（economizing）……這一體系本身事務化的世界，其中只見角色，不見人……屬於技術官僚（technocratic）的範疇。

> 政治，作為社會公道和權力的領域，它掌管強制力的合法使用，調節衝突（自自由主義社會則借助法治），以便維持社會傳統或憲法（有文字或無文字記載）所體現的公道觀念。政治的軸心原則是合法

性……政治的軸心結構是代議制度或參與制度，由幾個政黨或社會
團體分別反映社會不同方面的特殊利益，作為他們的代表機構或參
與決策工具……政治決策因而主要依靠的是談判協商或法律仲裁，
而非技術官僚的理性。文化……指的是象徵形式的領域……在文化
中始終有一種「回躍」（ri-corso），即不斷轉回到人類生存痛苦的老
問題上去。人們對問題的解答可能因時因地而異，他們採取的提問
方式也可能受到社會變遷的影響，或乾脆創造新的美學形式。但是
其中確實沒有一項清楚無誤的變遷「原則」（principle）……。現代
文化的特性就是及其自由地蒐檢世界文化倉庫，貪婪吞食任何一種
被抓到首的藝術形式。這種自由來自它的軸心原則，就是要不斷表
現並再造「自我」（self）。〔註43〕

以分裂為發展本質基礎的資本主義現代社會實體，相對於傳統儒家官僚
文化政治體系的黨國政治社會實體，社會控制的技術與社會價值的維繫，並
不是來自政治，而是場域運作所根據的軸心原則。資本主義在西方歷經兩百
年的發展，已形成它在經濟、政治、文化（狹窄定義上的文化，指由文學、
藝術、宗教和思想組成的負責詮釋人生意義的部門）三大領域間的根本對立
衝突，這三個領域相互獨立，分別圍繞自身的軸心原則，以不同的節奏交錯
運轉，甚至逆向摩擦，隨著後工業化社會的到來，這種價值觀念和品格構造
方面的衝突將更加突出，難以扼制。這是貝爾對美國當代資本主義文化總體
批評的理論基點。〔註44〕

貝爾依據分裂觀念所提出的文化矛盾，指出經濟、政治、文化三大領域
在價值觀念與結構運作之間的難以統合，但也說明經濟、政治、文化三大領
域在彼此衝突背後，因互相獨立而擁有的價值對等關係。這使得國民黨援引
資本主義的現代化技術作為國家社會的經濟實體發展時，雖然以建國意識形
態的理念價值預設，作為政治秩序整合其他社會領域衝突的正當性，但仍難
以避免來自西方民主形式與經濟結構所繫聯的社會價值，以及不同社會領域
之間所保有的價值對等關係。這些在政治控制之下的社會結構力量，所隱藏
的價值理念預設，並不是以服從或整合單一社會面向為前提。

〔註43〕 丹尼爾·貝爾（Deniel Bell）：《資本主義的文化矛盾》（台北：桂冠出版有限
　　　　公司，1994年），頁7～9。
〔註44〕 同前註，頁8。

　　臺灣五〇年文學體制發展也是如此，從政權所建立的體制性合作關係到提倡文藝的國家政策化過程，文藝運動的政治效能，雖然還沒有以完全剝奪民間社會的文學自由經濟行為為前提，但卻將民間社會的文化生產納入政治性的社會控制範圍。這使得文學基於政治（包含文化、道德）傳播效能的藝術價值理念，間接被強化成為場域藝術自主原則發展的重要面向。

　　因此，結合建國意識形態的不均衡現代化發展生態，使得文學場域的藝術自主原則，很容易傾向文學藝術性結合政治／文化／道德目的的實用性藝術價值觀念。文學的政治操作，使得文學被視為政治意識形態的宣傳工具，混淆文學本身的政治性表現；而以國家或民族概念限制文學的政治性或藝術性的開發，也使得個體性的、非實用性藝術價值觀念相對被壓抑。

　　「戰鬥文藝運動」顯示政治力在文學場域的強化，並不一定都是產生正向的作用力，建國意識形態與社會經濟實體發展之間的矛盾，讓不同理念價值的藝術自主原則，也可能在社會條件充足的時候，產生反作用力。因此，文藝政策趨向國家體制化的強度，反而會導致場域以潛藏的社會資本反抗被支配、或退而尋求層級化的自主原則（the autonomous principle of hierarchization）。

參、質的提昇

　　一九五三年發動、到一九五六年正式形成的「戰鬥文藝運動」，國民黨政權正式宣佈戰鬥文藝成為國家文藝政策方針，顯示政權的統治階層在文學場域的強化控制傾向。但文壇卻在同年發生具有相對回應意義的重要歷史事件：一是以紀弦為首、於《現代詩》上所發起的現代派信條，一是夏濟安創辦《文學雜誌》。夏濟安的《文學雜誌》到六〇年代中期以後，才漸漸顯現對現代小說發展的重要性，但開始在一九五六年奠下基礎。紀弦《現代詩》的現代派信條，則直接衝撞出臺灣現代主義詩歌運動的萌芽。

　　首先先來看紀弦「現代派」所發動的六大信條：

　　　一、我們是所有揚棄並發揚光大地包含了自波特萊爾以降一切新興
　　　　　詩派之精神與要素的現代派之一群。

　　　二、我們認為新詩乃橫的移植，而非縱的繼承。這是一個總的看法，
　　　　　一個基本的出發點，無論是理論的建立或創作的實踐。

　　　三、詩的新大陸之探險，詩的處女地之開拓，詩的新內容之表現，

　　　　新的形式之創造，新的工具之發現，新的手法之發明。

　　四、知性之強調。

　　五、追求詩的純粹性。

　　六、愛國反共，追求自由與民主。〔註45〕

　　紀弦的六大信條，除第六條顯示仍必須制約於國家文學政策發展的時代氛圍外，詩宗「波特萊爾」與「新詩是橫的移植，而非縱的繼承」的「全盤西化」詩史觀點，直接點出紀弦「現代派」對於西方現代主義文學藝術觀的繼承。這是現代主義思潮中，紀弦最受攻擊的地方。但撇開中西文化與民族立場等論爭的辯論，紀弦訴求西方現代主義詩知性精神與形式實驗的前衛性宣言，使他獲得五○年代現代派領袖的稱號。紀弦的現代派文學領袖定位，突顯一九五○年以來「文協」組織性的文學權力，逐漸從文學的政治屬性撤離到擁有（雜誌為主的）文學媒體的文學性社群。

　　「現代派」宣言正式提出：詩的藝術形式與知性精神的非實用性傾向的藝術價值觀，清楚標示《現代詩》的文學屬性，以及依照文學屬性所形成的社群單位。紀弦援引西方現代主義的前衛藝術實踐觀念，強調詩在語文形式與美感經驗等美學範圍的實驗精神，對於當時體制傾向實用性優先美學性的寫實主義文學價值觀來說，是一種反動，但並不徹底。

　　宣言要求詩是語文形式與美感經驗的獨立領域，強調詩的價值來自純粹藝術性的美學範圍。這個藝術價值觀背後強烈的文學個體意識，使得文學實踐不必通過群眾的認同基礎（小至讀者大至國家民族社會），而是以個體作為文學的表現主體。對於被納入革命建國意識形態範圍的文學領域來說，反共文學在政治力的支持下，成為臺灣五○年代文學發展的主流類型。

　　反共文學敘事大量挪用左翼傳統中的寫實主義文學成規，透過結合民族、國家意識形態所產生的政治性傳播功能，非藝術性與非個體性的文學價值觀，不斷在文學實踐過程中被強化。「現代派」在既有的文學體制下，以相同的文學屬性建立社群共識，成為「文協」政治屬性之外的新興文學勢力〔註46〕。新興文學勢力的抬頭，象徵文學場域的發展，在政治力的持續強化作用下，開始以詩領域的美學形式與內容精神追求，作為尋求層級化自主原則的範圍。

〔註45〕紀弦：〈現代派信調釋義〉，《現代派》第 13 期（1956 年 1 月），頁 4。

〔註46〕劉登翰等主編：《臺灣文學史》（福州：海峽文藝出版社，1993 年），頁 108～109。

　　「現代派」的文學宣言在這個意義上，可以被視爲以現代主義藝術形式實驗的前衛性，挑戰文學政治化的單一發展面向，而不是直接對抗體制的意識形態。「現代派」的「保守」發展，顯示臺灣現代詩在「不均衡現代化」發展生態中所受到的限制。這可以從「現代派」對於西方現代主義的選擇性吸收的文學主張來看。

　　西方現代主義的前衛精神，來自以人的個性的獨特性與高度創意，展開對資本主義社會高度發展的攻擊，透過現代文體的美學性質革命，尋求改變人類在社會結構中人性可能發生變化的歷史機會。這使得現代藝術一方面具有社會和認識論的根源，一方面又以藝術家的自我超越與解放爲實踐基礎。這兩個具有同時性意義存在的發展面向，使得現代主義的前衛藝術的社會意義，必須透過技術式的革命，才能表現個人意識與存在處境之間的精神結構與面貌。

　　現代主義和浪漫主義一樣，利用意識思想的再調整，以及對過去藝術表現的不滿情緒，從一個國家流傳到另一個國家，發展成西方文學傳統中的一個主流思想。現代主義中現代意識在語言結構與形式風格所呈現的文化與美學問題，使得現代主義藝術一開始就帶有社會性革命的美學批判意識、與相對應發展的現實社會基礎。〔註47〕

　　但「現代派」卻排除西方現代主義中藝術前衛實驗的社會批判意識，只是單純接受藝術形式與內容的創新革命。雖然這可以臺灣五○年代尚未進入高度資本主義工業化社會發展作解釋，但缺乏足夠的說服力。因爲文化思想的傳播，不一定要是在兩方足以對等的物質條件或環境下，才能夠發生接受的可能性。「現代派」的「詩的現代化」所認定的「現代」意涵，是技術形式的現代化層面，而不是指向精神結構的現代性意義〔註48〕。「現代派」在五○年代所發起的臺灣現代主義詩歌運動，就文學思想的傳播而言，並未牴觸體制內的建國意識形態。真正有所牴觸的是，西方現代主義文學價值觀所隱藏的個體意識。

　　事實上，這個部分也未讓「現代派」遭受政治力的壓抑，反而促使《創

〔註47〕馬・布雷德伯里（Bradbury Malcolm）編：《現代主義》（上海：上海外語出版社，1992 年），頁 3～33。

〔註48〕這個具有向上提昇的文學意識的轉變，一直到到六○年代之後的現代詩實踐才漸漸出現。洛夫的〈石室之死〉在這個觀察上，可以說是一個具有意義指標的代表性詩作。

世紀》詩刊在一九五年改組擴大版面後，繼「現代派」與「藍星」詩社，成為主導六〇年代現代主義詩歌運動的重要文學社群〔註49〕。這指出當時場域尚未累積足夠的社會資本，來對抗體制內原有的政治與文化意識型態的支配，只能退而求其次，尋求文學層級化後的自主原則發展。

就文學類型而言，透過現代主義的美學形式革命，瓦解詩歌在文學建國所需要直接面對的群眾基礎，促使文學成為以知識菁英為主的小眾文學，而達到文學的層級化。訴諸個體意識的文學表現，雖然得到層級化後的文學自主發展自由，但內容風格卻被侷限在純抒情傾向、或連結到中國古典傳統〔註50〕。

所以，現代主義詩歌運動背後所發展的文學價值觀，是以接受美學技術革命的前衛性開始，並沒有一併接受西方文學菁英階層在現代主義的反體制意識。這是因為通過既有文學體制所接受的結果，使得現代主義在文學場域的發展，難以在主張文學傳播效應的體制價值觀中，獲得持續深化的社會資源與基礎。其中所隱藏的個體意識，雖因文學的層級化得到發展的機會，但隨之帶來的美學性質技術的向上提昇，反而使得文學的傳播逐漸被侷限在以知識菁英階層為主的小眾圈子。

值得注意的是，抽離反體制的社會批判意識，現代主義文學在臺灣的內部發展傾向與傳統的溝通，以及推動傳統的現代化現象〔註51〕。這個面向不僅暗合於國民黨的建國意識形態，也提點出體制性限制的藝術自主原則，是以排斥社會批判意識作為臺灣現代主義發展為前提，進而影響現代主義文學在內容與精神面向的選擇性接受。

其中最重要的部分就是個體在城市性經驗的開發。城市的興起與運作，可以說是資本主義發展的一個重要基礎現象。城市中所激發或提供各種文明性的感官刺激與精神質變，轉化到文學藝術形式或內涵上的美學經驗表現，成為現代主義觀察現代性的一個重要思維面向。城市與現代主義的傳播有密切關聯。

臺灣現代主義之所以在一九五九年後取得發展優勢，也與當時對應的歷

〔註49〕劉登翰等編：《臺灣文學史》（福建：海峽文藝社，1993年），頁108～117。
〔註50〕陳啓佑：〈五十年代現代派中的古典〉，收錄於《臺灣現代詩史論——臺灣現代詩史研討會實錄》（台北：文訊雜誌社，1996年），頁123～145。
〔註51〕劉登翰等編：《臺灣文學史》，頁91～92。

史現實基礎息息相關。包括接受美援之後，以「現代」議題所觸碰的現代化社會結構轉型，以及以台北爲重心的都市計劃與重北輕南的經濟發展政策。台北可以說是戰後臺灣五〇年代中末期之後，集重要臺灣資源所打造、並得以與（以美國爲主）國際接軌後最重要的現代化都市。

　　從接續日治時代日本總督府對於台北城的近現代化殖民都市的開發成果，到接受美援計劃後的國際化都市定位的發展。台北一開始就不同於臺灣其他城市在現代化過程中、所經歷的小市鎮經濟社會文化結構的轉型過程。台北都市的世界性體質，以及臺灣國家化（中華民國在臺灣）過程對美國強烈依賴的國際政治經濟處境，使得台北的都市語境很輕易、或理所當然地繫聯以（美國爲主的）西方文化。而建國所需要的現代化技術，恰巧爲臺灣社會提供一個接納西方文化的平台基礎。另一方面，台北又是國民黨流亡政權的臨時首都。爲將失去實質家鄉的動亂經驗，從陌生地的疏離感轉化爲熟悉的安全感，「想像中國性」的投射，成爲戰後台北都市地理規劃的重點。

　　所以，戰後台北的都市生活空間、文化情境與發展原型，一方面以想像的中國性爲基點，一方面又漸漸移植（以美國爲主的）世界性。臺灣現代主義所投射「現代情境」的不穩定與不確定性，並不是單純從翻譯或轉化美國高度資本主義發展的都市內外樣貌。中西文化在建國工程中頻頻接軌的社會情境與競逐關係，以及國民黨政權在臺灣所造成「流亡」社會情境的現實，成爲臺灣接受輸入的重要社會心理基礎。

　　因此，台北城市不僅是外省族群分布最複雜、最密集的區域，更是戰後臺灣政治、經濟、文化發展的中心，以及主導戰後臺灣文學發展的文學地理中心。從五〇年代的中國文藝協會組織社群、到六〇年代現代主義思潮發展重鎮的台大外文系學院體制，都與台北城市有緊密的聯繫。

　　再從文類發展過程來看，相對詩而言，小說在五〇年代文類的主流位置，使得文學層級化的自主發展，並不像詩那麼擴展迅速，但也呈現相同徵狀。

　　夏濟安的《文學雜誌》除了提供現代小說的創作發表園地，內容還引介翻譯的西方現代小說與西方文學理論，以及現代文學與中國古典文學的論述與批評等類項。夏濟安在學院體制內所籌辦的純文學刊物，雖然在政治與文化意識形態上，與「現代派」一樣傾向保守性地繼承中國文學傳統的民族立場，但在文學的主體性——創作、評論者與創作、評論自身，除顯示小說價值觀仍是社會性強過美學性外，已經可以看到小說朝向專業化的傾向發展。

創刊號〈致讀者〉表示：

> 大陸淪陷後，我們的希望是要繼承中國文學的偉大傳統，從而發揚
> 光大之。我們雖然身處於動亂年代，我希望我們的文章並不「動亂」。
> 我們所提倡的是樸實、理智、冷靜的作風。我們不想逃避現實，我
> 們的信念是：一個認真的作者，一定反映他們的時代，表達他們時
> 代精神的人。〔註52〕

雖然《文學雜誌》在一九六○年八月，因夏濟安赴美而停刊，夏濟安離開後，他的學生陳若曦、王愈靜等，於五○年代末，在臺灣大學外文系成立了一個交友性組織「南北社」。一年後，該組織擴大改組，更名為「現代文學社」。此文學社團以台大外文系的學院體制為根基，接通臺灣現代文學與西方現代主義文學的聯繫，進而培養了不少優秀的現代派小說創作者。〔註53〕

紀弦「現代派」與夏濟安《文學雜誌》的文學現象，突顯出政治力推動軍中文藝政策的國家體系化過程中，以西方輸入的文學知識，作為民間社會主導文學發展的文化資本。但接納關係中的體制性共犯結構，使得西方文學知識體系對建國知識體系的競逐關係，既激烈又受到侷限。這說明現代主義的反動性為什麼不可能徹底，民間社會仍必須持續輸入不同的西方理論，來維護競逐關係的主導權。

之所以產生這種惡性競逐關係，與建國意識形態下的「不均衡現代化」社會體質發展息息相關——傳統文化道德的價值不斷被政治化，社會秩序的維護來自政治權力機制，而不是民主法治。現代民主法治意義則被架空在政治社會的外在形式秩序，難以深化到以（個體）人民為主的公民社會價值理念與捍衛性體制。這也造成政治意志滲透社會各個層面（包括媒體輿論、教育、文化、經濟……等各個領域所形成的公民社會主體），形成上（政治精英階層與次之的其他社會場域的知識菁英階層）——下（被統治的群眾階層）結構的社會權力分配。場域的層級化發展程度，成為決定知識菁英階層是否能挑戰政治菁英階層的關鍵。

《現代文學》與「現代派」的內在精神理路，弔詭地在文學形式的現代化創新理念，同時暗合了文化保守意識形態的民族立場。雖然可以透過抽象

〔註52〕 文學雜誌社：〈致讀者〉，《文學雜誌》創刊號（1956 年 9 月），頁 70。
〔註53〕 趙遐秋等編：《臺灣新文學思潮史綱》（台北：人間出版社，2002 年），頁 254 ～255。

化語言與高度技巧為主的現代主義思想，透過場域分工與文學的專業化，促使文學場域的發展獲得值得跳躍，但在體制的影響下，詩的現代化革命仍不免受到文化民族主義的制約。

第四章　文藝論述在三民主義建國意識形態中的收編、排擠與興起

導言：政治建國意識形態、文化知識體系與文學發展

　　文藝理論以論述的知識形式，將所訴諸的意識形態與形式審美標準，給予合理的正當性。位於主流的論述往往可以獨占體制的傳播效應，對於個人在形塑什麼是「文學」或決定「文學」創作方向的過程中，產生具決定性影響卻又不易覺察的支配力量。但是文藝理論通過體制發揮效力，並持續獲得傳播效應，除文藝理論所發動的政治效應或社會能動力因素外，論述背後所對應的知識系統在當代社會所佔有的文化層級，也是重要的檢視因素。事實上，這兩者在消長勢力所形成的複雜對抗、協商共謀關係，絕不是目前二元對立的文學史觀──如「現代／封建」、「進步／反動」、「政治宣傳／純文藝」、「嚴肅／通俗」、「寫實／非寫實」、「本土／非本土」、「商業／藝術」所能輕易架構。

　　文藝現象的複雜，顯示政治力與社會力的不斷交相作用。文藝論述逐漸朝向體制中心移動與或反向邊緣化，除了建國意識形態的「政治正確」，其與當代社會各種體制的主流公共輿論或知識系統是否達成共識，也同樣息息相關。國民黨以國族建構為中心的文學邏輯及其不受檢視的威權性，過度膨脹文學體制傳播所能回應的政治效應。這種政治力對於文學論述正當性的制約力量固然不容忽視；然而，隨著國民黨政權透過美援所提供的「中華民國在臺灣」的發展與建設機會，臺灣社會轉型所帶來的社會結構力，也為西方當代文藝論述的輸入與接受，提供了良好的社會環境。

　　輸入與接受西方現代主義的文學現象，除反對反共文學的政治化發展的單一面向，也開始展現場域中知識菁英以文化資本爭取主導權的**趨勢**。現代主義在六〇年代後，藉由台大外文系統的學院體制與並存於體制的菁英文化觀，獲得文學論述的主流位置。

　　事實上，現代主義萌生在五〇年代末期，並在反共文學體制內佔有重要的發聲位置。現代主義思潮不能只輕易簡化成不滿反共文學論述或是政治性迴避的對應策略，必須從反共建國意識形態的限制性體制現象，重新梳理不同文藝論述的此起彼落。

　　當代臺灣文學史觀（無論大陸派或本土派）過度強調反共文學的政治介入力量與國民黨單一性格，忽略不同文藝論述的知識體系在政治力與社會力的競逐關係，所形成體制性相互消長、牴觸與流動的複雜面向。值得注意的是，官方文藝論述在實踐過程中的體制性架空現象，取而代之的是選擇性的五四新文學傳統。左翼傳統的寫實主義文學成規與美學形式，透過體制性的選擇獲得了傳播效應。

　　選擇性延續大陸五四的現代傳統與堅持傳統中國古典文學立場，成為五〇年代以後民間文藝論述的主流。這些現象顯示官方與民間在文學建構與發展的互動上，並不是處於斷裂或對立的取代關係，而是複雜的轉換。論述背後想像文學應該是如何的同時，也間接輻射出五〇年代大陸來台知識份子，對於架構中國傳統文化、現代化中國與民族本位之間的不同思維方式。

　　這些文藝論述在體制內的消長、牴觸與排擠現象，以及適時面臨新興西方文學思想的挑戰，都不是歷史的偶然現象。除了反應文藝論述背後所對應的知識文化體系，在臺灣戰後「不均衡現代化」生態缺乏深層累積的困境外，也間接顯現以大陸來台知識份子為主的菁英階層，競逐體制性文化主導權的激烈過程。他們對於傳統、現代化、現代性議題之間不同面向的思考，其實都說明建國意識形態與社會分化後朝向開放性思想發展之間難以整合的間隙。

　　因此，不管是以現代主義思潮迴避政治壓力的消極解釋，或對反共政治威權的積極反動，都無法深入探究文藝論述在建國意識形態的體制性限制發展過程中，場域位階移動背後所象徵的文化知識權力關係。這些文化知識都各自在體制中，經歷了不同程度的收編、排擠、興起等流變效應。

第一節　反共文學體制的官方文藝論述

　　張道藩在國民黨政權的指示下，將大陸來台知識份子整合到以「文協」為主的社群組織下。政權在訴諸社群組織型態運作的體制中，得以與文學知識份子階層建立體制性的合作關係；知識份子透過接受政權的領導，獲得民間的文學發展主導權。民間與官方之間保有的體制性合作關係，使得文學發展不可避免地受到建國意識形態的影響。

　　國民黨失去大陸政權後，將臺灣視為反共復興基地，以「三民主義模範省」的定位展開國家建設。「三民主義」成為張道藩主導戰後臺灣五〇年代反共文學發展的最核心的政治性文學理念。但張道藩的三民主義文藝論述，並非是響應國府在台反共政策的文學產物，早在一九四二年七月就已經在《文化先鋒》創刊號所發表的〈我們所需要的文藝政策〉一文中窺見端倪。

　　張道藩透過「三民主義的文藝政策」與「拿（三民主義）文藝作為建國的推動力」兩大訴求，對抗毛澤東一九四二年〈在延安文藝座談會上的講話〉中的文學意見。張道藩的文藝思維一貫秉持「文化保守主義」的反五四姿態，卻弔詭地呈現「五四綜合特徵」（The May Fourth Syndrome）〔註1〕：因無能辨識傳統社會規範與政治運作、以及傳統文化符號與價值之間的差異，而導致傾向「藉思想、文化以解決問題的方法」（the culture-intellectualistic approach）。

　　張道藩相信主義的政治理論具有徹底改換人民思想與意識的行動效用，文藝本身雖是生活（社會）意識的表現，但文藝卻能夠透過「再現」的美感效果，引發讀者精神上的同情意識而轉為行動。因此，文藝以現實人物表現現實生活（社會）意識，政治意識作為生活（社會）意識的主要推動力，美感又作為生活意識再現於作品的同情。這三者的繫聯關係使得政治意識自然能透過文藝的美感經驗呈現，引發讀者的行動能力。

　　張道藩的文藝理論對文藝提出了二個基本的價值預設：文藝是體現生活的美感表現，不能獨立於政治；文藝必須接受政治思想的指導，才能發揮最大作用。張道藩的基本預設連結文藝救國的實用價值觀與國民黨的三民主義信仰，為國民黨推行文藝政策提出四項根據：「謀全國人民生存的全民性」、「事實解決問題方法」、「仁愛成為民生重心」、「國族至上」四種基本意識，成為文藝政策的根據。

〔註1〕林毓生：《中國傳統的創造性轉化》（北京：三聯書局，1992年），頁15。

　　張道藩在這四種主要意識的立論基礎上提出具體的「六不政策」與「五要政策」。「六不政策」包括：一、不專寫社會黑暗；二、不挑撥階級的仇恨；三、不帶悲觀的色彩；四、不表現浪漫的情調；五、不寫無意義的作品；六、不表現不正確的意識。「五要政策」，包括，一、要創造我們的民族文藝；二、要為最痛苦的平民而寫作；三、要民族的立場來寫作；四、要從理智裡產作品；五、要用現實的形式。〔註2〕

　　張道藩以國民黨的三民主義政治威權與真理信仰為文藝價值理念的論述基礎，在《三民主義文藝論》中臻至高峰。《三民主義文藝論》將三民主義文藝的本質內容，廣及到個人生活與全民族全人類的活動、心與物、現實與理想，並將重視道德與政治內涵的民族文化視為文藝表現的內在特質。

　　同樣的文藝論述型態，也表現在另一個反共理論大家王集叢的《三民主義文學論》——於一九四二年江西完稿〔註3〕。王集叢認為當時「左翼作家」所引導的中國文學路線，在國民黨政府放任文藝的政治態度下，受到共產黨與莫斯科的影響，被迫上「罪惡的邪路」。國民黨的疏失使得上海文壇被共產黨控制。共產黨透過文藝利器反對政府，欺騙青年，發展組織，造成反動勢力的抬頭。因此國府撤台後，更需要認清「反共抗俄」的現實任務，建立三民主義文藝政策的正確道路。〔註4〕

　　張道藩與王集叢文藝論述所依據「三民主義」知識體系的正當性，以及真理式「主義話語」的文藝言說形式，顯示論述的根本價值來自於建國意識形態，以及取得建設現代化中國的社會法權的政治目的。但是，這並不表示國民黨的官方文藝論述不具有決定文學自主發展原則的能力。官方論述所表明的實用價值藝術觀與可以互容的美學形式，仍能轉化為開放民間發展體制性藝術自主原則的基本預設前提。

〔註2〕張道藩：《三民主義文藝論》（台北：文藝創作出版社，1954年4月）頁1～10。
〔註3〕王集叢於一九五二年台北再版的《三民主義文學論》，其中大多以相當題名發表於《時代思潮》、《大路月刊》、《正氣月刊》、《三民主義研究通訊》等刊物，後來在一九四三年時編輯成書，為方便出版，分為兩冊印行：《三民主義文學論》時代思潮社出版；《怎樣建設三民主義文學》國民圖書出版社出版。王集叢《三民主義文學論》（台北：帕米爾書局，1952年8月）再版序言，頁1～13。
〔註4〕王集叢：《中國文藝問題》（台北：文壇社，1955年），頁1～2。

壹、三民主義文藝理論的文學政治想像

　　張道藩與王集叢的三民主義文藝理論是試圖透過「主義」的知識話語形式，以主義的眞理信仰爲文學與社會可以彼此互證的基礎，提出三民主義文學是中國文學發展的歷史動向。兩人不約而同指出三民主義的文藝思想價值，在於開發民族文學形式與民生史觀的現實主義內容。這兩個範疇的被提出，除了突顯中國五四以來右翼知識份子對於左翼新文學論述中文化符碼的轉化與挪用外，同樣呈現左右翼文學觀中，訴諸「主義」意識形態解決生活樣態與社會制度的現代化轉型的想像預設。

　　右翼文學觀試圖從（「三民主義」定義下的）中華民族的文化統合性，對抗左翼「大眾階級」背後所呈現的社會矛盾現實。右翼吸收左翼新文學傳統的寫實主義文學形式，但在內容的發展上，嚴禁左翼階級矛盾的社會現實批判立場。左翼在中國現代文學史上，雖然已經取得繼承五四新文學傳統與國族建構的「現代」屬性的合法詮釋定位，但仍必須正視右翼系統在一九四九年後，以國民黨官方文藝論述立場，獲得體制性的傳播效應，繼續在戰後臺灣影響臺灣文學的發展。

　　張道藩、王集叢透過理論的知識形式，將三民主義從政治建國的指導原則跨越到文學理論。兩人的政治意圖提點出內容優先形式的實用性藝術價值觀，以及依附文化本位的民族意識形態。

　　張道藩首先將文學表現人性的藝術價值觀，納入三民主義的建國思想體系。他提出三民主義具有承繼人性本質與民族適切特質的假設，將文藝視爲一個通往人生眞善美境界的實踐理路。三民主義的思想可以作爲文藝形式與內容的生活統合基礎，實踐民族主義、民權主義、民生主義所規劃的國民生活樣態，也就是表現宇宙人生的眞善美本質。他指出：

> 我們三民主義的民族主義……是反侵略與反極權的……。我們要喚
> 醒世人追求世界和平的熱忱……消滅人民與民族間一切矛盾與糾
> 紛，闡明一切分際與權限，而趨於合理的平衡……我們的民權主義，
> 實行全民政治，……表現各階級在政治上的平衡，表現人民與政府
> 間的平衡，表現自由與組織兩種力量的平衡，表現政治力量與道德
> 力量的平衡……我們的民生主義，基於仁愛……重在發揚人性，發
> 揮人力，鼓勵生產，培養人格，始能「己立立人，己達達人」，而達
> 互助合作的實踐。以民生史觀，來觀照人類的演變進化，表現個人

> 經濟生活與國家經濟活動的平衡，表現各階層經濟生活的平衡，表
> 現勞動者與勞心者的生活的平衡，表現心與物的平衡，表現人與自
> 然的平衡……肯定民生主義社會的一切平衡，而予以讚美、歌頌；
> 否定一切畸輕畸重的病態發展，及導致民生凋蔽的人為因素，而予
> 以諷刺。〔註5〕

　　張道藩以這個基礎提出寫實主義為主體的創作方法論，包括結合寫實與
浪漫技巧的民族主義文藝、古典寫實主義技巧為主的民權主義與民生主義文
藝〔註6〕，以及三民主義寫實主義立場決定文藝的通俗化發展面向。張道藩並
引用大量的中國古典文學、藝術的例證，說明內容決定形式的重要，強調文
藝通俗化與美感形式的並進觀點〔註7〕。張道藩的開放性文化保守主義態度，
以傳統民族文化基礎吸納現代經驗的文藝觀點，與《三民主義》融合文化民
族主義本位、西方現代化技術的建國意識形態，可以相互參照〔註8〕。

　　王集叢的《三民主義文學論》則是將三民主義意識形態的絕對性，直接
依附在「主義話語」形式的知識真理信仰，視國民黨為建設現代中國的唯一
合法正統。他直接點出政治建國意識形態與文藝之間的想像理路：

> 為了建設三民主義的新中國、新文化，我們正努力開展三民主義的
> 文化運動。這運動的主要目標之一，是三民主義的學術化，及是建
> 立三民主義的各種科學，藝術文學當然也在內。……基於三民主義
> 的民生史觀立場去認識生活，研究文學，說明文學，創作文學……
> 便可得到正確偉大的收穫……民生史觀的「民生」，……以之作文學
> 的基礎，即將更加豐富新文學的源泉；……所謂的「人民」、「社會」、
> 「國民」、「群眾」，都是多數，而且有組織的意義，集團的意義，社
> 會的意義，其與文學相結合，必使文學脫離個人主義的色彩，產生
> 有廣大群眾基礎的集團主義的新文學……所為中國「民族精神」……
> 我們的三民主義文學的形式創造，即要基於其內容，依據這個「精
> 神」來作藝術的努力……在這裡沒有「民族形式」的問題，更沒有
> 「中國化」的問題，因為三民主義是中國的，……基於民生史觀的

〔註5〕張道藩：《三民主義文藝論》（台北：文藝創作出版社，1954年），頁1～8。
〔註6〕同前註，頁36。
〔註7〕同前註，頁46，54～56。
〔註8〕同前註，頁66～67。

立場，去觀察生活，描寫中華民族的融合和爭取生存獨立的偉大鬥
爭，描寫中國人民的政治經濟生活以及國家的建設等等，其產生的
文學作品，決不會無價值；反之，與此相反的表現，那才會妨害文
學的價值。〔註9〕

在這裡，「中國的民族性」與「民生主義社會史觀」兩個論點，顯現王集
叢以政治邏輯定義文學內涵與理念的發展原則。前者從三民主義的「中國本
土」的民族主義觀點，指出文學的群體價值立場，並以此駁斥中國共產主義
的「舶來」身分；後者從革命之後完成民族國家的現代化民生經濟建設目的，
要求文學的實用傾向。這兩個面向投射出國民黨建國的「正統中國」身分認
同與現代化國家的想像實踐。

這兩個立場的知識理念都以孫中山的《三民主義》為基礎。《三民主義》
的「中國性」與「現代中國」想像，藉由「主義」的知識形式，變成動員知
識份子的政治行動綱領。「主義」的政黨意識形態被提升為建國信仰，知識份
子的政治個體被吸納到民族或國家主體意識中。

張道藩、王集叢將三民主義的意識形態，延伸為文學理論基礎，顯現右
翼文學系統的國家主體言說進路，強化文學書寫對國體建構與國家想像的發
展路線，以及國家或民族文學主體優先於個體的意識形態價值。文學與國家
之間的密切關係，從中國儒家「文以載道」的書寫傳統開始，到一九○二年
梁啟超推動「新小說」，群體意識的文學價值觀一直佔有中國文學的主流位
置，從古典到現代，莫不如此。

梁啟超以「欲新一國之民，不可不新一國之小說」強調小說與「群治」
之間的關係，到魯迅以降，「啟蒙」與「救國」成為中國精英知識份子發展現
代文學的重要使命。影響所及，一九四九年之後共產黨獲得大陸政權，以「中
華人民共和國」之名推動的「革命建國」文學；國民黨在臺灣，一秉毋忘在
莒精神念茲在茲的「反共復國文學」。這兩個以國家與民族為主體的文學類
型，代表左、右翼建國意識形態文學發展的歷史高峰。

劉再復在〈從獨白的時代到複調的時代——大陸文學四十年發展輪廓〉
一文中，論評五○年代到七○年的大陸文學：

從總體上說，正是一個獨白的時代……這種獨白，在政治觀念上是
馬克思主義政治意識型態的獨白；在文學觀念上是毛澤東《在延安

〔註9〕王集叢：《三民主義文學論》（台北：帕米爾書店，1952年），頁1〜61。

文藝座談會上的講話》和列寧的文學黨性原則的獨白；在創作方式
上則是「社會主義現實主義」（也稱「革命現實主義與革命浪漫主義
兩結合」方式）的獨白。一九四二年毛澤東《在延安文藝座談會上
的講話》批評政治與文學分離的二元論，確定文學服從政治並統一
於政治的一元論。這種一元論，就是政治話語主宰和壟斷文學話語
的一元霸權，它不僅把文學變成單一的獨白形式而且把文學變成政
治獨白的轉達形式。一九四九年後二、三十年間大陸文學最突出、
最基本的特徵，就是文學成為高度統一的政治獨白的表達和演繹，
政治意識型態成為文學創作的前提，馬克思主義對於社會的全盤性
解釋成為文學敘述的根據和架構。因此，這個時期的文學就形成一
個中心意識型態所覆蓋的封閉性系統。〔註10〕

　　與大陸較為不同的是，國民黨政權在臺灣的威權體制，對於文學理念與
創作相為印證的一元政治化控管，遠不如中共建國後的文藝鬥爭來得高壓激
烈。國民黨的策略是透過意識形態的相容性進行收編。這使得戰後臺灣的文
學發展，並未到達反共純粹化的無雜音，其他異於官方反共但獲得認可的文
藝創作，如抒發個人在歷經大時代動亂之痛的懷鄉思憂之作、有助於國民黨
「中國化」政策的各式歷史小說與演義傳奇、女性作家為主的瑣碎的家庭與
生活細節的抒情描述、具有正向人性意義的「純文藝」創作……等，仍佔有
極高的出版比例〔註11〕。這顯示反共文學雖然是戰後臺灣五〇年代的主流文
學類型，但整體文學發展還並不限於主義政治話語的文學獨白基調。

　　不過從文學的意識形態化觀點來看，張道藩、王集叢所代表的官方文藝
論述，透過主義話語領導文學話語的政治文學化路徑，卻是與共產黨如出一
轍：在政治觀念上是孫中山三民主義政治意識形態的獨白；在文學觀念上是
實踐孫中山《三民主義》民族、民權、民生主義和文學黨性原則的獨白；在
創作方式上則是依循「三民主義（尤以民生主義為中心）的寫實主義」，充分
顯示國民黨右翼對於左翼文學論述的高度轉化挪用。

　　但與共黨「革命建國」文學中理論架構創作生產效應現象相左的是，張

〔註10〕劉再復：《放逐諸神——文論提綱和文學史重評》（台北：風雲時代，1995 年），
　　　　頁 3～24。

〔註11〕薛茂松：〈五〇年代文藝作品書目初編〉，收錄在孫起明編：《文學的再出發—
　　　　—民國三十八年至四十九年的文學回顧專輯》（台北：文訊雜誌社，1984 年），
　　　　頁 209～318。

道藩、王集叢的三民主義文學論述，卻未能在反共文學體制的文學生產機制中，像民間文學論述那樣實際發揮影響的作用力？除了一九四九年後國民黨政權透過反共文學體制掌控文化的妥協、權宜形態，以及政治權力高度貫徹與社會體制的模糊有彈性等因素外，兩人在三民主義文藝論述中一貫保持的民族文化本位態度，使得三民主義政治話語未能充分轉進現代文學論述所認可的現代屬性。爲何孫中山的革命話語無法產生像馬克思主義文學論述那樣更具有「現代」屬性的革命文學話語？主要的原因來自於孫中山以儒家政治文化道統，作爲設計《三民主義》思想體系與實踐現代化中國改造工程的言說正當性。

孫中山的「三民主義」，雖然以「主義」話語標明現代知識論述的「現代」屬性，並透過國民革命的正當性推翻滿清，使得國民黨取得中國從帝制國家轉型爲現代民族國家的領導高層位置。但孫中山保留了中國傳統儒家的文化道統，作爲民族主義的根本認知基礎，而將歐洲啓蒙運動以來社會思想與社會制度，以選擇性的吸收方式轉化應用到適合現代化中國的改造計劃中。如民族主義強調民族平等觀念、民族自決要求中國在國際間的現代民族國家地位；民權主義中以民主共和的憲政取代帝王專制、以人民代議的政治選舉替換朝廷對地方官的指派與任命；民生主義以土地改革將中國的農業社會轉型爲現代經濟社會結構、以國家資本發展中國經濟產業……。

但是相對地，國民黨由上而下的一黨專政理念，卻在根本基礎上保留了傳統儒家對於中華帝國的文化精神與管理結構。如民族主義中的民族地位恢復，來自於中國的固有道德、民族智識的發揚，必須從大學的「格物、致知、誠意、正心、修身、齊家、治國、平天下」的政治哲學，重新正視已漸漸喪失的民族尊嚴；而民族能力的認知，則來自中國文明中所產生的各種發明（指南針、印刷術、火藥、茶葉、絲織品、拱門、吊橋等等）〔註12〕。又如五權憲法中行政、司法、立法、考試、監察五權既獨立又牽制的特質，以政府部門機關各自擁有權責規屬的「現代制度」樣貌，繫聯住中國過去龐大官僚體系在朝廷機制運作下所確立的行政管理效能……。

從這些觀察可以看出，「三民主義」雖然提供當時社會一個由「主義」所提供的「現代」知識論述，以及來自歐美新興知識學科的社會制度的改革資源。但事實上，「三民主義」本身所承載的根本性內在知識思維與結構，還是

〔註12〕孫中山：《三民主義》（台北：中央文物供應社，1985年），頁73～88。

來自中國傳統的文化思想資源。這與二十世紀初，中國知識界對於社會制度的論證性逐漸脫離傳統的文化思想資源、採納歐洲啓蒙運動以來社會思想的決定性變化之一的潮流趨勢，無法相應合，因此未能形成主導性的知識範型。

「三民主義」本身所依據的傳統文化思想資源與保守的（相較於馬克思主義以階級命題所開啓的社會世界觀）傳統儒家道統社會世界觀，使得孫中山以國民黨菁英階層爲核心所架構的國家主體，在思想理路是更多直接承襲傳統儒家文化之下的中國帝國秩序，未能創造性地轉換成更多的「現代」屬性，如吸納個體意識的自由主義思想或發展以個體爲基礎的公民社會。而孫中山集國家力量漸進式改造中國現代化的諸多方案，也因中國的處境複雜而未能有眞正完整實施的機會，國民黨只能一次一次再轉進「革命」手段以求徹底解決。

在這個過程中，從孫中山成功推翻滿清建立共和的革命事業，到後來共和政體被袁世凱復辟所破壞，孫中山改組國民黨爲中華革命黨的二次革命；進而等到蔣介石完成北伐，眞正爲國民黨取得中國完整的統治權後，也是現代中國的經歷形式統一的第一次，但又遇到日本侵華，展開民族對日八年抗戰；抗戰結束後，共產黨與國民黨繼續以內戰形式爭取現代中國的領導權，國民黨失敗，被迫轉到臺灣繼續對抗共黨，以完成「建國大業」。反共因之成爲第三期國民革命的歷史任務。

從國民黨依據孫中山革命理念的建國歷史裡，我們可以看到身爲中國二十世紀初現代知識份子的孫中山，在思索改造中國所提出的兩個程序性的進路：「革命——徹底的破壞」與「以徹底破壞之後所換取的建設」，顯然孫中山已經意識到革命並非是根本解決中國的方法，只是一種手段。但中國的歷史走向並未能讓孫中山提出的漸進式改造中國的方案，獲得實際應證的機會；即使到了臺灣之後，有了「建設三民主義的模範省臺灣」的機會，但卻也未能正視臺灣的歷史現實，仍沿襲中國革命建國思維。

國民黨以完成第三期國民革命的前提來治理臺灣，使得臺灣的國家化發展過程停留在「革命——徹底解決」的進程。而「革命」建國思維，不僅僅影響國民黨領導階層知識精英在戰後臺灣國家化過程中，未能正視臺灣本土的歷史，因之埋下未來國族認同分歧的危機。這種訴諸於「革命——徹底解決」、視現實困境爲革命障礙以予掃除，以其能獲得一次完全解決的迷思。

另一個影響所及層面則是：以三民主義建國意識形態整合戰後臺灣的國

家內部秩序發展的歷史迷失，除持續強化以文學轉化爲政治行動綱領的實用價值外，透過文學預演或取得建國政治意識形態的實踐正當性，也使得文學的政治美學論述往往易以「主義」話語形式藏覆單一黨國文學的政治效應。

貳、「主義」話語的黨國文學論述

劉小楓在《現代性社會理論緒論》中論述「主義」話語的言說形式，認爲「主義」話語可以作爲一種對於現代社會結構組成的觀照面向。主義是一種帶有價值論斷的社會化思想言論，以某種知識學（科學）論證來加強價值論斷的正當性，促成不同程度的社會化行爲。但並非任何思想話語都具有「主義」話語的性質，只有當某種個體提出的思想主張要求社會法權時，思想話語就會轉換爲「主義」話語。一但「主義」話語獲得社會法權，就形成意識形態。因此在言說形成的進路，必須區分三個不同層次的話語：個體言說、「主義」論述與意識形態，這三種層次的論說關係，就是一個知識社會學的課題〔註13〕。

對應到現代中國的發展歷史，各種「主義」話語的出現，不僅意味著中國現代知識份子對中國從封建帝制到民族國家的現代化轉型訴求，也同樣昭示他們對現代中國未來形構的想像藍圖。在各種「主義」話語與政治權力的現實鬥爭角力中，國民黨與共產黨成爲爭奪現代中國政權的兩大主流勢力。

國共黨爭的矛盾，象徵兩黨各自支持「主義」理想與信念所作的政治性與社會性動員的分裂。這顯示兩黨對於以單一政黨權力獨裁中國的政治利益處理，都不約而同地轉化到現代化中國形構的理念衝突。因此，不管是支持馬克思主義或三民主義的中國新興知識份子，面對跟前中國累積的知識論述競爭，都在政治現實漸次演變爲「選擇政黨建國」的政治權力鬥爭。但是從這個觀點切入中國現代知識份子在文藝與政治的關係，又不是如此表象單純。

文藝中的政治化現象（包括文藝政策與體制的形成）與政治中的文藝實踐（包括書寫與運動等各種形式的政治文藝活動），文藝與政治之間的各種互動關係，論述的正當性往往包含了更多中國現代知識份子以個體言說之姿、朝向主義話語的社會性動員與協商政黨意識形態的政治權力操作。政治文藝

〔註13〕劉小楓：《現代性社會理論緒論——現代性與現代中國》（香港：牛津大學出版社，1996年），頁183～184。

論述的（黨性）「主義」話語機制，尤其赤裸展現這種追隨政治權力意志或實踐政治理念的信仰基礎。

國民黨的三民主義之所以被表述為反共文藝體制的正當性思想價值根源，在推動的過程，本身即帶有作為支持政黨建國理念與服從統治的政治目的，而在推動的過程中，訴諸於政治與文藝之間的個體言說論述。

在這個觀察裡，三民主義文藝理論以及相關政治文藝論述的形成與提出，不僅可視為國民黨透過「文協」社群所作的知識性的社會與政治動員，更突顯國民黨建國意識形態所預設的「正統中國」的中華文化與民族本位立場。主義話語背後政治真理信仰的操作，普遍成為國民黨文藝知識份子反共信念的知識論述基礎。以建國意識形態發展文藝可以視為戰後臺灣文學體制的內在精神結構。這個過程意味著國民黨政權欲以知識論述維繫臺灣社會秩序與中國唯一政權的政治操作的一個切面。

因此，張道藩所主導的反共文藝體制與官方文藝論述，基本上代表了臺灣五○年代官方政權的統治理念與政治正確的實踐。張道藩在一九五七年後的失勢，並不能解釋為國民黨在文藝面向的社會操盤失敗，而是文藝政策開始以軍中系統為主要發展對象。另一方面，臺灣的民間社會力雖然在現代化結構的轉型過程中逐漸獲得累積，但還沒有到達可以直接衝撞政治力的能量。文藝政策的主導權只是從「文協」轉到軍中系統，顯示政治力的強化控制與妥協於社會發展的結果。

體制的基礎結構塑造出文藝與歷史條件、社會結構共同合謀的發展質性。建國意識形態對於體制內成員與作品的制約影響力，遠遠超過我們所能預期的範圍。反共文藝體制最大的特徵，不僅僅是從利益的共犯結構建立從上（黨國）而下（民間文藝團體）的動員方式，還從建國意識形態限制體制內文學藝術價值觀的美學獨立性與多元化發展，以及以文學作為政治真理實踐的知識論述爭取對象。

參、從「主義是從」到「領袖是從」的政治文學觀

張道藩與王集叢三民主義文藝理論以「三民主義」真理權威，取代個體意識言說，將文學納入國有化與黨性化的建國工程中，反應出以主義話語作為個人在文學話語的依據價值與想像世界觀。這與孫中山所設定「三民主義是（唯一）救國主義」的信仰與想像現代中國的憧憬，息息相關。

　　而三〇年代以來左翼文學觀以社會寫實的美學規範與價值觀，透過社會主義的階級矛盾的世界觀，企圖暴露統治階級與被統治階級之間不平等的「社會主義的現實主義」爲核心理念。左翼文學建國想像的現實批判性相較於右翼文學建國想像的先入性認知，更具有質疑社會現狀、挑戰執政階層社會控制的能力。

　　之後左翼系統以「絕對階級原則」與「絕對大眾原則」取得了中國現代文學創作原則的主流立場，在左翼革命文學理論與政治行動的刺激下，發動「民族主義文藝運動」。從固守民族主義的文化本位，到「絕對三民主義原則」的革命文學話語、與「絕對民生史觀原則」的先入式現代中國想像，三民主義思想一直是右翼文學論述的重要知識根據。

　　左、右翼文學系統的「主義是從」論述基礎，顯現「主義話語」進入國家主體書寫與國族文學想像系統後，所保證的文學政治化的言說正當性。個體意識的美學藝術價值觀，遭到左右翼革命文學話語所壓抑。左右翼革命文學話語所決定的現代屬性，分別成爲中國現代文學與戰後臺灣現代文學發展的重要歷史脈絡。

　　張道藩、王集叢以「主義話語」處理（三民主義）現代文學的同時，也投射出右翼系統的「現代」文學的屬性定位。兩人的文化保守主義態度點出右翼思維所認可的「現代」屬性，來自於文化的相對性，而不是轉化的可能性。

　　這可以從兩人明顯地停留在五四新文學運動時期、胡適所提倡「白話文形式」的文學革命層次，看出端倪。兩人都未能注意到白話文在中國古典白話與民間俚俗白話之外，還有被西方文學與歐化語法入侵而不同於中國系統的現代漢語語彙與詞感的白話系統。這使得張道藩、王集叢在文學論述中所觸及現代文學的「現代」屬性，只能依附在中國古典文學的漢語語彙、以及儒家「文以載道」文藝觀下的文學資產之中，尋找「現代白話」（通俗的大眾語言）的表述樣貌，並情緒性地排除五四運動以來中國知識份子在西方「啓蒙」精神中，所啓動的個人主體性追求與文學表現。張道藩指出：

> 孔子認爲詩有興觀群怨之效……同時認爲「言之無文，行之不遠」……孟子……主張爲文要「配義與道」……荀子認爲文章應該「正其名，當其辭，以務白其志義」……反對「好其實而不恤其文」……

......

由上所述，可知中國有卓識遠見的古人，都不滿意於綺麗淫巧的文藝形式。因為那些綺麗淫巧的文藝形式，不是空空洞洞沒有內容，便是過於拘忌束縛而損害了實質。是少數特權階級和知識份子所玩弄的把戲，與社會大眾風馬牛不相及。但是綺麗淫巧的文藝形式，大半是極端的個人主義的產物，在民主時代個人意識發達的今天，仍會包容其消極頹廢享樂自私的各種意識，藉通俗的語言作廣大的流行。我們為著今後中國文藝正常的發展，除反對這種文藝的內容外，同時也繼續反對這種新的綺麗淫巧的文藝形式。〔註14〕

張道藩援引儒家「文以載道」的傳統，排擠個體意識的美學藝術價值觀。這個傾向與儒家「代聖賢立言」的個人言說形式與價值理念，息息相關。國民黨與共產黨以「主義話語」的現代化知識形式，號召知識份子的信仰價值認同，顯示現代化知識形式，並不能完全等同或帶來文化社會心理結構的現代性。文學的建國意識形態化，極有可能因政治權力而阻礙文學現代性與個體性的開發，進而從「主義話語」轉向「領袖話語」的獨裁形式。王集叢之後的戰鬥文藝理論即呈現這樣的文化心理痕跡，更無視於文學的主體性：

......今我們根據三民主義的思想原則來建設三民主義文學，亦當努力去研究「古今中外」的文學，凡中國和世界文學的遺產，都應分別接受，這是毫無問題的。那麼，怎樣去接受呢？還是向國父學習吧！

......

中國民族有長期奮鬥的歷史，文學遺產非常豐富，其中有許多是有益於三民主義文學建設的；尤其是那些富有愛國思想民族熱情的文學作品，對於三民主義文學建設的用處更大……大家知道，中國問題之解決，必要國家獨立自由，三民主義之實行，必要中華民族徹底解放，三民主義是為國家民族服務的，當然要努力去宣傳愛國思想，傳達民族熱情，使一般國民負起復興民族的巨大責任。……

〔註14〕 張道藩：《三民主義文藝論》，頁51～55。張道藩雖然在文化的觀點傾向保守主義，但對西方文化是採取相對性開放的態度。王集叢則比張道藩更保守，更具黨性政治傾向。

但是，必須注意，我們的接受中國文學遺產之精華，是用來建設三民主義，因之接受中還當努力融化，使那些精華成為新的三民主義的文學知識，以建設三民主義文學……須知文學遺產究竟是歷史的，其本身並無正確的現代意義，這意義必要經過心的榮化和新的運用才能發生。……西洋文學遺產，也有許多精華可助我們建設三民主義文學。如寫實主義文學的正視現實的觀點，浪漫主義文學的熱情和理想表現，都有我們值得注意的地方。〔註15〕

因此，王集叢在響應蔣介石所主導的戰鬥文藝運動號召之下，又推出《戰鬥文藝論》的理論。不同於《三民主義文學論》的言說方式，《戰鬥文藝論》直接將「戰鬥」人生觀定義為表現民族精神、自由觀念的基本創作態度。預設「戰鬥」作為國家民族生存的唯一歷史語境，更嚴厲批判具有藝術性、個人性的非戰鬥、反戰鬥文學創作。如批評徐訏一例。他認為徐訏小說雖然具有高度藝術形式，但在內容的呈現上卻不夠「正確」：

在大家一致反共抗俄的今天，在自由中國大多數的文藝工作者都負起了反共抗俄的戰鬥任務而從事戰鬥文藝創作的今天，愛自由的徐訏在文藝工作中沒有積極負起戰鬥任務，實令人遺憾。但是沒有人說：徐訏的小說不反共抗俄，因此他不配稱為作家。徐訏寫了那麼多小說，有那麼多讀者，誰能否認他的作家地位？我承認徐訏小說描寫的技巧相當高，而其題材多非來自現實生活，內容奇特，著重心靈的描寫。據他自己表示示走的象徵主義的創作道路，時擇期創作方法，是接近浪漫主義的。有人指徐訏視鴛鴦蝴蝶派，接近黃色，我不同意此說。依上所說，我認為徐訏走的路是新文藝的道路，他有他的成就，也有他的地位。但是，說徐訏走的路就是文藝的正路，我們的文藝工作向此路前進，創造所謂的『純文藝』的成績，就可以消除使文藝工具化的逆流，就可以在文化方面贏得反共抗俄的勝利，這是非常危險的思想。」。〔註16〕

王集叢個人也不諱言自己積極站在官方發動戰鬥文藝運動的立場，並將此「偉大的」文藝運動，訴諸「先知先覺」的提倡與「自由中國的全體軍民和大陸的苦難同胞」的啟發。後者延續右翼系統在五四文學以來即相當關注

〔註15〕王集叢：《三民主義文學論》，頁149～152。
〔註16〕王集叢：《戰鬥文藝論》（台北：文壇出版社，1955年），頁19。

的「大眾原則」的革命論述；前者則在理論基礎建構上，更露骨地將「政治領袖」視爲「主義思想」的革命象徵。

以「大眾」之名爲原則的運動正當性，其實來自於五四文學以來（無論是浪漫主義或現實主義創作基調）都相當關注於大眾問題現象有關。一方面是因爲中國現代文學的左右翼發展，始終都與中國將以何種現代民族國家面貌的走向發生緊密結合的想像關係著。不管左翼或右翼，都是如此。在這兩套不同的政治意識形態作爲其所支持民族國家文學的正確指導原則之下，作爲中國民族國家集體想像成員的「大眾」，就格外重要，而作爲個體言說創作道路的現代主義流派，則相對被壓抑。

近似「歇斯底里」的民族國家情結所激起的「群體性」，其實與知識份子在中國長久以來傳統儒家文化所型塑、內化的社會人格結構有相當關係，這種具有根深蒂固的文化社會人格結構，往往也覆蓋以「民族的本質」，而使得對於民族國家的認同，容易導向一種以單一文化爲主體的想像共同體，並任由政黨與其訴諸的知識論述所操控；在文學敘述語言上，則容易傾向以絕對的道德原則打壓異己者。右翼的「反共」文學與左翼的「革命建國」文學，都可以看到這種純粹訴諸國家主體言說，以及產生集體性精神病徵式的文學實踐。〔註17〕

這個實踐進路顯示文學建國的政治想像，從文學的政治意識形態化開始出發，朝向文學主體服從政治權力意志的延變痕跡。不管是張道藩或是王集叢，都是以政治的民族文化立場，解決文學的美學範圍與發展方向。雖然論述本身不見得能達到體制性的傳播效應，但他們所代表的官方立場，卻具有政治意識形態篩檢民間論述的指標性功能。

第二節　反共文學體制的民間論述

官方文藝論述雖然宣示：三民主義文藝包括所有光明與美好的文藝，但訴諸政治的民族本位與保守文化主義立場，卻難以開發出更有啓發性的現代文學論述空間。這本身與國民黨在五四新文學傳統中的尷尬位置有關，雖然這個尷尬位置以預設體制內文學創作的有限性自由爲前提，但保留下來的選

〔註17〕關於左翼文學系統訴諸國家主體的文學實踐，以及對於語言與藝術內容的辯證，可以參閱：劉再復：《放逐諸神──文論提綱和文學史重評》，頁193。

擇性五四新文學傳統，卻也開啓不挑戰右翼政治觀點、具備「現代」屬性文學論述的開發與思索可能。

這些體制內所出現的論述形式與內涵演進的過程折射出：國府在戰後臺灣社會所架構「反共」論述背後所演繹的思維邏輯，以及文藝一方面服從於政治的他律原則的限制、一方面又另尋自主原則的發展的體制性格。

壹、「五四」新文學啓蒙傳統與先行的文學革命

一九一九年的五月四日，出於學生愛國運動的「五四」運動，最早只是單純抗議中國在巴黎和會所受到不平待遇的「事件」，後來卻演變成要求全面性改革的文化運動。「五四」青年在他們的師輩以及先人的努力下，以高度熱情與具體行動，成為中國第一批不為傳統拘束、更具有現代意識與品質的新知識份子象徵。

從最初以學生身份要求社會各階層人士正視中國面臨民族國家存亡的危機意識，到訴諸以「覺醒者」的新知識份子姿態，對中國傳統儒家以（血緣的自然法則）宗法權威塑造的「封建性」的舊有世界觀，要求進行改革。具體行動也從檢討中國長期以來「自身造就的蒙昧」的落後主因，轉到積極主導民族「文化啓蒙」所需的社會法權。

在這個結合救民族、救國家的愛國情緒的「五四新文化運動」，主要的文化改革基調，建立在以新思想反抗儒家文化與社會形態的傳統威權秩序。五四啓蒙知識份子提出「科學」與「民主」兩大思想範疇，作為回應中國該如何走向現代化的起點。「五四」也成為中國知識份子追求社會實踐最具原初象徵意義的文化符碼。

「五四」現象在中國歷史，因此演變成一場場跨世代的、漫長的、交錯著歷史記憶與當下現實（正確的說應該是復反過去以證明當下）、既革命又去革命的文化改革現象。

在這一運動時期，新興知識份子不僅提出全盤西化的觀念對抗中國舊傳統勢力，同時也顯示知識份子對個人人權與民族獨立觀念迅速地覺醒。通過從思想和行動團結群眾的方法，加速中國循「民族國家」（nation-stste）制度型態達到統一，並直接或間接影響當今中國的政治局勢。這個歷史性的轉折，影響知識份子在「五四運動」之後的社會行為模式：從文學啓蒙訴求思想革命的實際效能失敗，到五卅慘案後，左翼知識份子轉入社會革命行動。西化

在三○年代之後的重點，從西方古典自由主義轉變為社會主義。〔註18〕

從歷史效應來看，這個轉變導致三○年代知識份子以文學傳播的社會革命動能，作為文學美學形式與內容的基本命題；實踐革命文學全面取代文學革命。這個轉變促使左右翼文學將革命話語視為理論與創作的前提。革命文學觀背後所投射的巨大的新中國想像遠景，成為形塑文學的政治美學基礎。文學所承載的是現代民族國家運動中想像共同體的「政治先行者」意義，而不是單純早期文學革命中所訴諸的「文化啟蒙」媒介。

文學革命不同於革命文學所要求的「進步」的政治性，它只是知識份子以文學語言的革新，提出個人對於當代政治與社會層面必須有所改良的一種思想性媒介的警訊。這也是古代傳統知識份子實踐政治或社會改革的方法。這種訴諸語言力量改變現狀的思維方式與實踐動能，來自於傳統知識份子掌握文言文與儒家經典傳承的階層位置。

文人階層透過對知識與書寫語言的壟斷，與未能受到教育的「小人」區隔開來，再經由通過科舉考試，晉升到帝王專制體系的大夫階層。士大夫階層介於統治者（君王）與被統治者（小人）之間，具有中介性質。這使得他們既是統治者，也是被統治者。語言的知識形式保障他們在這兩種身份之間的權力位置，既協調體制內的專制君主，也同時抗拒小人階層的完全奴化。不同於古代傳統知識份子的是，五四知識份子挑戰的是：知識份子在中國儒家文化系統所享有的特權地位。〔註19〕

首先發難的是一九一七年胡適的〈文學改良芻議〉。

胡適的〈文學改良芻議〉並不是完全否定中國傳統文學，而是區分文言與白話兩種系統前提下所提出的文學改良意見。包括：須言之有物、不模仿古人、須講求文法、不作無病之呻吟、務去爛調套語、不用典、不講對仗、不避俗字俗語〔註20〕。繼胡適之後，陳獨秀的〈文學革命論〉，以更積極的態度，將胡適的提問更向前推去。〔註21〕

〔註18〕 周策縱：〈五四運動的背景漢歷史意義〉，收錄在周策縱主編：《五四和中國》（台北：時報文化，1987年），頁38。

〔註19〕 舒衡哲（Vera Schwarcz）：《中國啟蒙運動——知識份子與五四遺產》（台北：桂冠出版社，2000年），頁80。

〔註20〕 胡適：〈文學改良芻議〉，收錄在胡適：《胡適文存》第一集（台北：遠東圖書公司，1953年），頁5。

〔註21〕 陳獨秀：〈文學革命論〉，同前註，頁18。

　　陳獨秀的文學意見隱約顯現：階級文學、大眾文學、寫實主義等命題的「革命」文學觀念傾向，與胡適訴諸語文歷史進化觀念所主張白話文學的出發點，產生了歧出。胡適的〈歷史的文學觀念〉認為每一個時代都有屬於自己的時代文學，白話文學是古今歷代文學變遷中早已隱含的趨勢。〔註22〕

　　胡適的文學觀點具有濃厚實證性格與經驗性質，後來發表的〈建設的文學革命論〉也是如此。除延續過去文言系統是「死的文字」、白話系統才是「活的文字」的判斷外，不同於過去文人位於古典文言系統所吸取的民間白話生命力的主體性。胡適毅然在之前「八不主義」對文言系統的消極破壞基礎上，更進一步主張以民間白話系統作為創作語言的本位基礎，並且訴諸「國語的文學，文學的國語」作為以白話文來建設新文學的基調，為後來「五四」新文學走向建構民族國家文學路徑，提供了重要的發展基礎。

　　但顯然地，胡適所提出的「國語的文學，文學的國語」，是希望能藉著白話系統取代中國古典文言系統，但這個白話系統未曾超出中國古典白話範圍〔註23〕。胡適承襲杜威實用主義的性格，使得他的「文學革命」仍停留在（傳統中國的）「白話」的書寫語言形式的「工具」革新層面，在文學語言形式轉換的預設基礎，仍位於保守的「文化民族主義者」。胡適本人的詩歌創作即提供一個很好的證明。他的革命停留在保存古典詩詞形式下的「口語白話」轉換，而不是更深層意識到：以白話作為開發新文學在「現代」語言形式與本質的創造性〔註24〕。但胡適作為第一個開啓白話文形式的文學革命者，以及「五四」之後，激發以白話文學作為知識份子對大眾啓蒙的媒介形式的歷史意義，卻是毫無疑問。

　　至於眞正在五四「啓蒙」精神之下觸及到文學內涵的文學觀，則是周作人的「人的文學」。周作人以「個人主義的人間本位主義」為人道主義的解釋範疇，並將此設定為國民心理的啓發工程。雖然「個人主義」的創作個體，

〔註22〕胡適：〈歷史的文學觀〉，同前註，頁36。
〔註23〕胡適：《建設的文學革命論》（台北：遠流出版社，1986年），頁64。
〔註24〕胡適在《嘗試集》中對於白話詩歌實驗創作的失敗，明白顯現出文學創作天份的不足，（雖然胡適自己也曾在〈文學革命運動〉一文自我說明：「……胡適在美洲做的白話詩還不過是刷洗過的文言詩；這是因為它還不能拋棄那五言七言的格式，故不能盡量表現白話的長處。錢玄同指出這種缺點來，胡適方才放手去做那長短無定的白話詩」）但就作為文學革命的建設來說，卻有首開先例之勇氣風範，如沈尹默、周作人、劉復等人也加入白話詩的試驗。胡適：〈文學革命運動〉《胡適文選》（台北：遠流，1988年），頁210。

隱約碰觸到文學話語的個體性，但將「個人主義」設定在「人間本位」上，則又是以群體價值理念優先於個體。也就是說，個體創作以人類群體關懷的人道主義爲前提，不可避免地點出：在承認文學個體性之前，必須以個體與群體之間密不可分關係爲文學經驗內容。周作人指出：

> ……第一，人在人類中，正如森林中的一株樹木。森林盛了，各樹也都茂盛了。但要森林盛，卻非靠各樹各自茂盛不可。第二，個人愛人類，就只爲人類中有了我，與我相關的緣故。墨子說兼愛的理由，因爲「己亦在人中」，便是最透徹的話。〔註25〕

周作人強調「人的文學」，與當時反抗儒家傳統禮教制度限制個體自由的「非人性」思想訴求，有密切關係。但值得注意的是，周作人批判傳統文學作的同時，仍難以避免西方「理性」視角與中國儒家文化人格情結之間的矛盾性。這使得他在西方啓蒙思想與「理性」精神下，不得不將這些「非人的文學」一一分門別類：色情狂的淫書類、迷信的鬼神書類（封神傳、西遊記等）、神仙書類（綠野仙蹤等）、妖怪書類（聊齋誌異、子不語等）、奴隸書類（甲種主題是皇帝狀元宰相，乙種主題是神聖的父與夫）、強盜書類（水滸傳、七俠五義、施公案等）、才子佳人書類（三笑姻緣等）、下等諧謔書類（笑林廣記等）、黑幕類、以上各種思想和合結晶的舊戲。他認爲「這幾類全是妨礙人性的生長，破壞人類的平和的東西，統應該排斥」，但又辯解「這宗著作，在民族心理研究上，原都極有價值，在文藝批評上，也有幾種可以容許」。

這樣的情緒反應周作人在個體創作的道德本位，以及試圖以訴諸人類普同價值作爲民族自尊心的防衛機制。這個的矛盾使得他無法將傳統文學中的藝術形式、表現內容與「現代意識」的理解性批判，作進一步的區隔。

周作人的「人的文學」最後仍是需要回歸到「當以人的道德爲本」的文學社會性脈絡，作爲解放個體自由的「人」的文學話語前提。這說明周作人的「人的文學」觀點，仍然無法提供當時一個超越群體性價值的個體性文學話語與審美心理基礎──雖然他已經觸碰到西方啓蒙精神中大寫的「人」的理性精神，所開創個體自由的文學命題。

〔註25〕周作人：〈人的文學〉，收錄在周作人：《周作人先生文集──藝術與生活》（台北：里仁出版社，1982年）頁1～10。

貳、體制性五四文學傳統

　　胡適在「五四運動」中提倡白話文學革命的先聲者歷史定位，來自「進化的歷史觀念」所演繹「傳統」範圍的白話文形式改革，但他的改革仍是屬於「保守文化民族主義」性格的產物。正如胡所自剖：「我覺得這些討論文學的文章，雖然有許多是很不配保存的，卻可以代表一種運動的一個時代，也許有一種歷史的趣味。」〔註26〕

　　胡適在五四運動中所先行的白話文學革命，成為戰後臺灣國民黨官方詮釋「五四」傳統的重要文化資本。胡適之於五四之所以比羅家倫更被國府所重視，主要的原因是胡適在國民黨官方建構五四歷史記憶的過程中，更符合國民黨政權的文化建國論述。

　　胡適提倡白話文作為新文學語文基礎的文學革命先行者的歷史地位〔註27〕，使得國府官方論述得以截斷五四新知識份子在三〇年代普遍左傾、加入共產黨、選擇共產主義建國，以及國民黨在國共戰爭失去領導權而被迫逃亡臺灣的傷痛歷史，而將五四運動的本質與其中複雜的歷史現象窄化到單純的白話文學運動；另一方面，胡適一生「從未清楚自覺的基本矛盾」〔註28〕，對於國民黨政權在民族文化本位的「現代中國」想像，在論述架構上，正巧產生了一種裡應外合的適切性——既不會觸碰到國民黨政權的「正統中國」知識正當性，又以「五四」自由主義者的知識份子身分，保障戰後臺灣投入反共復國工程所堅持的「現代形式」的品質。

　　雖然白話文的普遍應用，是「五四運動」最卓越的成就之一，但文學革命只是其中多方面大進展的一個面向而已。在戰後臺灣的官方紀念五四論述中，卻幾乎被擴大成為「五四新文化運動」的主軸。這樣的見解，與胡適對五四運動的歷史認知有很大的關聯。胡適承認「五四」的學生活動與新文化運動二者之間有密切關係，但不認為「五四運動」一詞應該包括新文化運動在內〔註29〕，因為新文化運動是獨立存在的。根據周策縱的看法：

　　　　基本上，胡適認為「五四運動」是一種學生愛國運動，但他強調

〔註26〕　胡適：《胡適文存》第一集序例，頁1。
〔註27〕　李瑞騰：〈晚清：五四「白話文」理論的源頭〉，收錄在淡江大學中文系編：《五四精神的解咒與重塑》（台北：學生書局，1992年3月），頁1～16。
〔註28〕　林毓生：《政治秩序與多元社會》（台北：聯經出版社，1989年），頁3～74，221～234。
〔註29〕　胡適：〈文學革命運動〉《胡適文選》，頁215～216。

當時文化活動的重要性，而不強調那種社會的和政治的活動。他採納中山先生的看法，認爲「五四」的學生活動與當時的文學思想運動有密切的關係。中山先生對新思想運動的估價高於其他活動，而胡適特別注意新文學運動，尤其是白話問題。由於胡適及其它持相同見解者發表的英文著作，使不少西方人得到一種印象，以爲這次新文化運動可叫做「中國的文藝復興」（The Chinese Renaissance）〔註30〕。

「中國文藝復興運動」一直是胡適對文學革命以來、包括後來推波助瀾的「五四新文化運動」的歷史評價與定位〔註31〕。胡適一貫秉持的「文學的歷史進化」觀點，關照白話文在「中國文藝復興運動」中的「復興」（Renaissance）意義。按照胡適自己的說法：「就是再生，等於一個人害病死了再重新更生。更生運動再生運動。〔註32〕」胡適的觀點主要是認爲：作爲上層文學所書寫的工具文言文，已經無法再產生新的語文，作爲下層文學所使用的口語白話文，卻因爲民間豐富的生活而充滿生命力。因此，這些來自「老祖宗」的語言資產，透過「漢字寫白話」，使得各地方的方言可以被接納。這也是白話之所以能成爲國語的基礎。以漢字作爲白話的標準工具，正是國府在戰後臺灣推行國語政策的基礎。

胡適以白話文取代文言文的文體革命的「中國文藝復興運動」的詮釋系統，成爲戰後臺灣體制內主要的官方五四論述內容，切斷了「五四運動」在三〇年代之後轉入政治社會活動的左翼革命文學史。而以傳統民間白話文作爲五四新文學的語言工具，也忽略白話文在五四運動之後，被知識份子視爲對大眾思想文化啓蒙的媒介意義。

從「文化啓蒙」到「革命話語」正是客觀理解「五四」新知識份子，以文化、文學場域作爲其投身救國志業的歷史性延變的重要切面。胡適對於「五四運動」的學生愛國運動的理解、以及「五四新文化運動」的「中國文藝復興運動」定義，截斷愛國的「五四」政治運動與因「五四運動」興起的文化啓蒙運動之間的複雜聯繫，也迴避後來五四與中國共產黨、社會主義之間的緊密互動，只保留「五四」的學生愛國精神。

〔註30〕 周策縱：〈五四運動的定義〉，收錄在周策縱主編：《五四與中國》，頁19～20。
〔註31〕 胡適：〈中國文藝復興運動〉《胡適演講集》（台北：遠流，1988年），頁178。
〔註32〕 胡適：〈中國文藝復興運動〉《胡適演講集》，頁178。

　　胡適對「五四」的歷史態度傾向於保守，且頗能符合國民黨領導階層基於國家民族立場之下所做的評價。如孫中山排除「啓蒙」的反傳統精神，肯定「五四」運動中，學生訴諸「新思想」作爲改革中國的愛國進路，並以之納入對黨員們證實「三民主義」思想締造新中國的歷史正確性〔註33〕。到了蔣介石則更進一步，在五四的「科學」與「民主」訴求，加入「倫理」來強化民族本位的主體性，並藉此排除五四「全盤西化」的歷史意義與深層影響，將五四對「科學」與「民主」的國體改革意識，轉化到官方選擇性接受的歷史詮釋。

　　胡適在戰後臺灣國民黨官方五四記憶的歷史保存者身分，以及建構五四歷史的重要地位，顯示「五四」自由主義傳統的愛國主義與「五四新文化運動」的「文藝復興」，是國民黨選擇性繼承五四現代化傳統的思想基礎。這兩個思想基礎與「反共」思維的文藝建設之間，是否具有知識邏輯的繫連？而轉換爲「反共」建國的文藝資本同時，胡適的白話文革命歷史意義爲什麼不能承擔文學的現實走向？

　　首先來看「五四運動」被切割爲學生的愛國主義與中國的文藝復興運動後，對右翼新文學史觀的影響。這個歷史論述的架構可以輕易將「五四」新文學的「文化啓蒙」與左翼文學所累積的社會主義文藝論述，透過學生的愛國行動架空。在「愛國（國民黨中國）」邏輯前提之下，排除左翼新文學內容的社會主義理論，使社會主義被視爲共產黨奪權的政治工具，而不是中國新文學的重要傳統。但若以「白話文運動」的文學革命爲五四新文學的歷史內涵，維護中國傳統文化爲民族主義立場的右翼革命文學觀，則成爲這個系統脈絡的主導者。中國左右翼政治建國的歷史斷裂，使得五四新文學傳統的建構，裂斷成中國的傳統現代化與西方社會主義現代性兩種文化系譜。

　　再來，胡適以「文藝復興」爲其「文學革命」的歷史解釋角度，來自胡適一貫秉持的歷史進化觀點。在胡適的論述中，強調白話文之所以可被視爲新文學語言工具的正當性，來自於中國民間系統，是中國語言歷史進化的必然現象，並不具斷裂性。這個歷史觀點上說明「復興」所寄寓文學傳承性的轉化。但胡適的言說進路，忽略「文學革命」意識與訴求中，伴隨中國知識份子對於國家險境的民族危機意識現實。事實上，這才是「文學革命」在五四運動之後行之既遠的主因。

〔註33〕舒衡哲（Vera Schwarcs）:《中國啓蒙運動》（台北：桂冠，2000年），頁303。

　　而在「白話文運動」之後，白話文的普及，以至於白話文的文學實踐過程，胡適個人雖然注意到與他試驗白話詩同時，周作人以直譯方式所產生的「國語歐化」的語文現象〔註34〕，但仍未能意識到：「國語歐化」所產生的文學效應與隱藏性語體的「革命性」，其實大過於訴諸傳統白話文——下層文學的語彙累積。胡適所提倡的白話文是來自古老傳統中國的漢語資源與思想產物，而不具語文的精神性結構改變的革命性。

　　因此，胡的文學革命，在設限於傳統中國前提的進化歷史觀的語言範圍，也因此輕易迴避（或根本未能察覺）晚清民初文人在植入型現代化過程中，關於漢語形式與思想所遇到的現代性裂痕：來自傳統／現代與中／西的雙重衝突。換個角度說，胡所認知的白話文語體是難以進一步提供五四新知識份子所渴望的革新視野與更新的思維。

　　也就是說，雖然胡適也注意到外國「高級」文學進入中國的事實，但他是站在一個借西方文學改革中國傳統文學的位置上，本身就參雜民族自卑心理，使之傾向中國傳統文學的西化而得到進步。不過胡適意也識到只是透過否認民族傳統的文化主體的西化，是沒有辦法走的更遠。胡適的矛盾可想而知：

> 所以我們可以說，中國戲劇的變遷，實在戴著無數外國文學美術的勢力。只可惜這千餘年來和中國戲台接觸的文學美術都是一些很幼稚的文學美術，故中國戲劇所受到外來的好處雖然一定不少，但受到的惡劣影響也一定很多。現在中國戲具有西洋的戲劇可做直接比較參考的材料，若能有人虛心研究，取人之長，補我之短；掃除舊日的種種「遺形物」，採用西洋最近百年以來繼續發達的新觀念，新方法，新形式，如此方才可使中國戲具有改良進步的希望〔註35〕。

　　但是，胡這種帶有文化保守性格的文學歷史進化觀，相較於他一九二九年提出著名的「全盤西化」主張，似乎又產生了極大的矛盾。這個矛盾顯示出他在五四時期所形成的關於中國傳統與西化的觀點，終其一生並無基本的改進。這個基本矛盾正是林毓生所指出的：胡適一方面致力於對中國傳統的

〔註34〕胡適：〈文學革命運動〉《胡適文選》，頁211。
〔註35〕胡適：〈文學進化觀念〉，同前註，頁183。

漸進改革，一方面卻對中國傳統做整體性的反抗；一方面又試圖以杜威實驗主義的思想價值試圖改革中國文化〔註36〕。

因此，胡適的科學改革主義成為復興固有文明的「現代化」手段。但因為胡適本身所受到傳統思想模式的影響，又使他再推論中國傳統罪孽是來自於中國人的心靈結構，這又使他傾向對中國傳統文化作整體性的攻擊，必須藉著全盤西化才能得救〔註37〕。這也側面說明，胡適的文化民族主義者的認知，為何促使他晚年的文化論調如此傾向於讓「古老的中國文化重復活力」。胡適的文化調論為國民黨文化道統論述，注入了一種「再生」的希望與光明。

胡適的民族文化主義者與全盤西化之間的矛盾，在國民黨建構的五四官方論述並未發生衝突，反而更加鞏固國民黨的建國知識論述。國民黨在《三民主義》中民族主義所繼承的儒家文化道統立場，以及在民權主義與民生主義所引進的現代化形式，是戰後臺灣進入「反共建國」的國家化重要基礎。胡適在整體反抗所最後推論出的全盤西化（實際是杜威化）結論，會因為文化性格的保守與全盤西化在「量」的不可能，使得胡適所提出的全盤西化的知識效應，不會在體制中轉化出更多的行動資源。

換句話說，他的全盤西化論並不會鬆動國民黨政權的民族文化本位與知識論述架構，反倒是他所企圖復興民族固有文化的科學改革主義，正可大剌剌地被視為國民黨官方對於五四現代化中「科學」命題的狹隘性吸納。而胡適受到杜威實驗主義影響的科學改革主義，也僅僅是作為一種工具性意義存在，並非指向西方啟蒙精神之後所開啟、足以對抗上帝之人的理性價值觀。

復興固有文化所延引的「現代化」形式改革進路，可以視為「中體西用」思維模式的延變。國民黨的建國意識形態也是以保留民族文化精神結構，進行國家的現代化改革。正如林毓生所說「應該如何（what ought to be）與事實如何（what is）之間的混淆，在胡適的晚年逐漸成為他思想上的信念（intellectual commitment）與文化民族主義之間衝突的『化解』。國民黨透過胡適所建立的選擇性五四傳統，以及依附在五四傳統的文藝論述與自由主義的文化資產，都具有一種處於現代與傳統之間不徹底的現代性。

經由建國意識形態所選擇性的五四傳統，以及建構過程所依附的「不徹

〔註36〕林毓生：〈五四時代的激烈反傳統思想與中國自由主義的前途〉，收錄在周策縱主編：《五四與中國》，頁349。

〔註37〕同前註，頁349～358。

底的現代性」的文化性格，同樣也透過胡適對「人的文學」與「自由的文學」的意見，進入體制，成為戰後臺灣發展文學價值觀重要資源。

　　胡適的「人的文學」主要是延續周作人的文學觀點：「人的文學，不是一種非人的文學；要構得上人味兒的文學。要有點兒人氣，要有點人格，要有點人味兒的，人的文學。文學裡面每個人是人，人的文學〔註38〕。」胡所強調的「人」，在語意的脈絡很模糊，但從周作人的文學觀點推測，胡的基調仍是站在反對傳統禮教對人性束縛的不合理上。

　　「人」是必須享有個體自由，在這裡隱然已經觸及到中國五四自由主義者所強調「個體價值」與「自主性」等命題，也具有以解放傳統社會與文化束縛，來獲得個人獨立自由的現實背景。但西方十九世紀末自由主義進入中國，並不是依據個體價值對於個人獨立與自由的基礎，而是一開始就依存在國家民族救亡圖存的語境中。個體的自覺被視為中國振作之前提。來自救亡圖存意識的文化思想傳播動機，一直影響五四文化啟蒙與民族主義之間的緊密結合，這使得中國的啟蒙與西方的啟蒙產生極大的差異性。

　　西方的啟蒙來自於擺脫人在中古世紀基督教崇拜中自身造就的蒙昧，使得人能意識到自身所蘊藏的理解力，以客觀與理性建構新的世界觀。啟蒙所帶來的認知力量與遵從自我的理解勇氣，透過人的本位肯定個體與世界的價值。但是中國的啟蒙，卻是在愛國情緒的激盪下，以個體的自覺力量成為解救民族國家困境的前提。個體的啟蒙在這個意義上便被視為成就民族國家的手段，而非最終目的。五四自由主義知識份子在中國所開啟的「啟蒙運動」，並沒有為中國更具現代性意義的「個體性言說」舖下長遠發展的基礎。

　　到了戰後臺灣，國民黨政權在美援重建計劃所驅動的現代社會型態與現代制度，從傳統社會到現代社會的結構性轉型，都不是五四時期知識份子所處於的前現代時期所能比擬。因此，作為五四文化思想遺產的「人的文學」，很難提供戰後臺灣現代文學論述與文學創作更新的觀點。但在主導文化的框架中，從人性所提煉、具「正面意義」的藝術價值，卻成為體制內發展文學藝術自主原則的重要面向。

　　再來看胡適對「自由的文學」意見：「我們希望要有自由的文學。文學不能由政府輔導，更不能由政府指導。」胡適一秉五四自由主義知識份子態度，

〔註38〕　胡適：〈中國文藝復興運動〉《胡適文選》，頁191。

對國府的文藝政策發言，顯示出他相當肯定創作者的個體自由的認知態度〔註39〕。但胡適的問題是，他從未在現實環境與理念基礎的落差上，開展肯定個體價值的自由論述，而是放在他過去所寫下的文學歷史上：

> 我們的民眾，作家——文藝作家，應該完全感覺到我們是海闊天空，完全自由；我們的材料，種種都是自由的。祇有完全自由的方向，才可以繼續我們四十多年來所提倡的新文藝。這個傳統，我們所認爲的自由，提倡文體的革命，提倡文學的革命，四十年來，我們所希望的，是完全有一個自由的創作文學。〔註40〕

胡適以回到過去光榮已證實現在的歷史詮釋進路，使得他的自由主義立場難以造成個人創作自由與政府文藝政策之間的對話可能。弔詭的是，胡適的詮釋進路取得國民黨官方的支持，成爲民間立場的體制性論述主流。雖然難以提供更具有現代當下意義的文學詮釋，包括反應或解決五四新文學以來，民族國家文學主體與個人文學主體之間所持續的緊張創作關係，以及五四啓蒙論述被侷限在國家民族話語的發展脈絡與歷史現實等問題。

其中最值得關注的現象，包括：過程中所忽略訴諸個體價值的理性精神與自由意義，如何能轉向要求國家給予法治的制度性保障，而不會在愛國主義的歷史背景中被否決棄論；而對於戰後臺灣反共文學體制之間所共謀的政治權力運作與知識論述，該如何反向證明戰後臺灣在現代民族國家的建構過程，應該是走向公民社會爲主體的國家體制，而非訴諸民族（／民族文化）主義作爲國家要求犧牲個體的正當性。

因此，從被官方保留體制發展權的選擇性五四文學傳統來看，雖然較傾向於文化意識形態的共謀性，而不是政治意識形態的等同轉化。這個差別使得民間的文藝論述相較於官方政治立場，雖然可以保留更多訴諸個體意志與人性自由的藝術價值理念的發展空間，但從文學場域的發展邏輯來看，選擇性五四文學傳統與官方政治意識形態產生衝突時，即使不具有直接挑戰的力量，也極有可能透過文學的層級化，提供接受新興知識的論述平台與體制發展位置。

〔註39〕胡適：〈中國文藝復興・人的文學・自由的文學〉，收錄於《當代中國新文學大系：文學論評集》（台北：天視出版社，1981 年 2 月），頁 1～16。
〔註40〕同前註，頁 1。

參、西方現代主義

五四新文學傳統所奠基的現代文學性格中，自由主義文學觀的「人的文學」與「自由的文學」、在戰後臺灣，雖然沒有直接開出個體性的文學言說，但是在愛國主義所認可的國家民族文學信念之下，左翼文學論述與實踐所強化寫實（現實）主義的審美傾向、藝術形式與文學成規，卻普遍被右翼文學創作所沿用，並跨越國府遷台的歷史斷層，在反共文學中大量的被保留下來。透過文學體制的深化作用，成為戰後臺灣現代文學的重要發展面向。

隨著五四遺產的文學政治化現象中所帶來：寫實主義的美學形式、人性文學的「人類群體」與愛國主義「民族國家」的「非個體性」審美價值觀，在反共題材的大量書寫與所能承載的藝術語言形式中，往往與現實的客觀內容，有著緊密的貼合性。雖然國府在戰後臺灣的國家化過程中，來自於美國華府的認同與各項援助，也已逐漸形成穩定的規模，但在國民黨政權保守、敏感的政治氛圍中，寫實主義尚不能有覓尋更新題材的空間。

因此，反共文學論述中政治話語的陳腔濫調與主義至上信念，很難回應當下臺灣社會的現況，而反共的迫切政治性與歷史現實，更隨著台海的穩定，以及漸漸步入工商業經濟型態的轉形期社會的現實性所取代。但進入體制，仍然具有轉化成政治禁忌與文化符碼的力量，持續滲透於臺灣社會意識。〔註41〕

雖然國民黨政權對臺灣社會的政治控制未有鬆手現象，但經濟社會方面，卻因為美援計劃而導向資本主義現代社會型態發展，使得臺灣現代社會體質潛伏著黨國政治力與現代社會領域分化自主的角力結構。

在文學體制的發展上，現代主義中文學藝術的強烈自主精神，以及對應於城市文明所產生的現代性想像世界觀，正好提供了一個極適合當時文學社會環境的發展空間。一方面解決了寫實主義只能訴諸客觀創作題材的有限性問題，並提供了一種新的文學想像視野與思維。另一方面，創作者內心世界主觀性與文學藝術性的結合，不僅僅側面迴避國民黨持續加強的政治社會力控制，同時也顯示臺灣場域分化背後的社會結構力，已經初步產生並承認國家政治邏輯之

〔註41〕這個衝突從七○年代鄉土文學論戰中，中國民族主義色彩的左翼鄉土文學與臺灣本土意識的鄉土文學，從共同合作對抗國民黨右翼中國的官方論述，到進入八○年代之後，逐漸演化文學政治上的統獨之爭，可以看出文學在體制中所形成的預期政治效應與解釋層面，都與體制中文學價值觀所暨存的道德原則與國族文學建構之間的密切關聯性。

外的個人化文學藝術自主領域，以及個人文學藝術化的美學價值。

　　就臺灣現代主義出現的文學社會性意義來說，除了意味反共文學主流訴諸現實主義與人性表現之外，也有朝向非現實秩序的創作可能性，理論實踐背後所肯定的個體文學觀，也回應五四自由主義所肯定的人的價值。不僅僅使得文學藝術創作者有了更自由的解放向度，並在美學革命實踐過程中，因體制的接受而得到社會空間的傳播效應。但是現代主義中訴諸的個體性言說的實踐精神，卻往往被轉換到國家與民族邏輯下，以「無根」或「自我放逐」的批判作為個體意識的定位，並未能提供太多現代主義文學價值觀在體制深化的社會性基礎。

　　值得繼續追問的是，現代主義文學從接合五四新文學傳統中自由主義的「人的文學」與「自由文學」的價值觀、到轉介至反共文學體制發展的契機是如何產生？這也側面說明國民黨反共意識形態、五四新文學運動自由主義、現代主義之間並不完全是一種反動，而是具有結構性競逐的共謀關係。

　　這個現象與國民黨在五四新文學發展的尷尬位置有關。

　　五四新文學伴隨五四運動展開之後，共產黨左翼文學取得主導權、並奠立日後五四新文學傳統的主流發展勢力之後，開始在校園與青年學生之間，開始發揮極大的影響效力。此時正值國民黨組織與黨員均久已呈現疲憊狀態，這使得孫中山意識到共產黨與青年學生作為當時繼續中國革命的兩股新興社會勢力。因此為了將這兩股新興社會勢力納入國民黨的中國革命事業，孫中山做出了「聯俄容共」的決定。

　　但是，蔣介石接掌國民黨之後，轉由壓抑黨內的左傾勢力，並展開清黨之舉，同時也開始對自由主義一翼頗具戒心。之後，基於五四新文學與共產黨坐大之間的密切關聯性，國民黨對五四思想與五四新文學一直存有一種潛在的敵意。

　　國共內戰失敗後，胡適、殷海光因政治反共立場而隨國民黨遷台，成為臺灣的五四自由主義思想重要繼承者。國民黨來台之後為了鞏固政權堅與爭取美國的支持，以堅持反共的民主自由立場為號召，與五四自由主義知識份子進行合作。

　　在國民黨的支持下，雷震創辦《自由中國》〔註42〕，但《自由中國》與

〔註42〕《自由中國》創刊目的，原本就是為了抵抗共產極權的專制，希望發起「自由中國運動」來宣揚自由與民主的價值，並促使中華民國成為自由的中國。胡適：〈「自由中國」的宗旨〉，《自由中國》創刊號（1949 11 月 20 日），頁 2。

國民黨官方在政治思想上，充滿了緊張與矛盾──國民黨的目的只是希望得到知識份子的認同、進而穩固在臺政權，然而《自由中國》卻一心堅持民主自由信念與制度的建立。因此，《自由中國》便轉向為批評時政，希望能重新推動中國五四運動的民主觀念。但由於雙方期待落差太大，以致於雷震與臺灣本土勢力合作，呼籲籌組「反對黨」，而遭到逮捕。《自由中國》也於一九六○年九月四日遭到停刊命運。殷海光對於自由民主制度的主張，也相對受到國民黨官方的壓制。

值得留意的另一個現象：《自由中國》雖是政論性質刊物，但是自一九五三年由聶華苓主編文藝欄之後，文藝欄風格從反共文學趨於多元化與藝術性要求，現代主義訴諸個體價值的文藝觀開始受到重視，並與《自由中國》自由主義精神相互呼應〔註43〕。《自由中國》文藝欄從配合反共文學的宣傳到重視文藝（與作家）獲得獨立自主的認知的過程，雖然可以看作是對國民黨文藝政策的反動，但這之中卻顯示文學與思想開始呈現場域分化的現象。

值得再留意的是，於一九五七年（十一月五日）創刊的《文星》雜誌現象。《文星》雜誌是開啟五○年代、六○年代臺灣知識文化運動的重要文化媒體，由當時以年青一輩為主的知識份子所發起，冀望能夠再次推動另一次屬於中國文化的「文藝復興」〔註44〕。這是《文星》第一階段的知識文化運動，以「現代文學運動」為主軸。

《文星》與《自由中國》一樣秉持自由主義精神，但最初以文藝性質為主。除承繼思想啟蒙的五四精神以外，爭取個體的言論自由，也是當時《文星》的重要訴求。言論自由象徵個體要求政府重視個體的獨立自主精神，從價值訴求來說，五四知識份子「救亡圖存」憂患意識的「集體」傾向，到了《文星》時期，在承繼五四「憂患意識」的知識份子認知之下，已經開始出現「個體」的意識傾向。

〔註43〕 侯作珍：《自由主義傳統與臺灣現代主義的崛起》，（中國文化大學中國文學研究所博士論文，2002 年），頁 99～106。

〔註44〕 文星三個階段：第一階段由創刊到四十八期，以文學與藝術為重心──尤其是西方的；第二期由四十九期李敖等新青年介入，以思想論戰為重心，全面攻詰傳統，提倡現代化、西化、並接續引發大論戰；第三階段則自五十八期始，重視以「邏輯分析」技術探討現實的社會政治問題。無非（許荻）：《文星‧問題‧人物》（台北：龍門出版社，1966 年），頁 61。

第三節　官方與民間文藝論述之間的流變現象

　　以張道藩、王集叢爲代表的官方文學論述之中，以「主義」框架文學的言說方式，將「主義」的政治意識形態限制文學創作範疇，並不是右翼文學論述所特有，左翼文學論述也同樣有這種現象。

　　結合民族國家建構進程所發展的現代文學樣貌，儒家對於傳統知識份子所深化的「文以載道」文化集體書寫性格，在民族救亡圖存的歷史現實，持續延展「憂國憂民」的文學傳統。轉形期知識份子以來自儒家世界觀形塑歷史文化主體的唯心意識，以及缺乏置身客觀對立面的歷史條件，只能透過想像的現代化社會遠景，經歷所謂的「現代」洗禮。因此，訴諸思想文化改造民族國家生死存亡之際的危機意識，正是這個時期的知識份子所能理解、有限性選擇的社會實踐方式。

　　這使得新文學——不管是文學論述或文學實踐的文學話語，普遍被架構在民族國家的群體性之中。以「主義」話語進入文學論述的正當性，也往往來自文學的社會性，而非個體性。作爲標明生活樣態與社會制度的現代變遷、社會思想轉型的「主義」話語，其實也是一種豐富文學論述想像與實踐空間的進路。

　　但問題是，一九四九年之後兩岸政治上主義話語的一元化傾向，透過政治運作進入文學體制，更加強化新文學以來民族國家文學話語在文學創作或文學論述的獨斷性。以新文學作爲建構民族國家方案或想像共同體的先行者時，「主義」話語往往更多時候是以訴諸群體性（包括國家、社會、人類等等）福祉正當性的知識真理權威，要求個體進行公約化的集體呈現，不管是建設現代化新中國的三民主義或訴諸社會階級解放的新中國的共產主義，都有此現象。

　　這除了說明「主義」話語在政治現實的強度，往往也決定「主義文學論述」的命運。事實上，我們必須正視，文學創作的言說方式與過程本身，就奠基在一種很純粹的個體性自由。這種訴諸個人主體性的能動力量，可以超越「主義」，甚至大於「主義」，卻不能在戰後臺灣來自胡適五四自由主義傳統的文化資產與文學論述，找到更多新的觀點與啓發，將文學的主體性從民族國家巨大的魅影解放出來。五○年代中末期陸續輸入臺灣社會的西方現代主義理論，則提供了這個方向的動力。

　　另一方面，我們也不能忽視，文學創作主體所蘊含的爆發力，本身即具有一種來自於可以與之相呼應或取得認同的社會樣態與結構中，才能被檢驗

出其效力或是價值的潛能。這個爆發力潛能的現實意味著文學權力的取得，不僅僅來自於政治勢力，社會結構力所顯示的開放空間，也同樣具有影響體制走向的作用力。文藝論述之間複雜的交替流變現象，除說明文學類型與相對性文學價值的興衰史外，更多時候提供我們對於文學論述在文學體制背後所訴諸知識體系的位階移動，嘗試檢索或復原美學價值或社會效能指標的建立過程與依據原則。

壹、任卓宣國家主義的排擠

胡適在戰後臺灣被國民黨官方所保留的五四自由主義的文化與文學論述，成為繼承五四現代化的重要資產。但「人的文學」與「自由文學」所觸及到的「個體自由」命題，仍在所難免與主義文學話語所念茲在茲的「國家主體至上」的信念產生衝突。

這個衝突，在胡適於中國文藝協會發表〈中國文藝復興、人的文學、自由的文學〉講演後，任卓宣馬上發表〈論人的文學和自由的文學〉一文，指證胡適「個人立場的不正確」。而在此之前，任卓宣與《自由中國》雜誌之間關於「自由主義與民族主義」的諸多筆戰，顯示（大陸籍為主的）五四自由主義思想繼承者與國民黨右翼民族文化保守主義者，對於「個體自由」與「民族國家」之間優先秩序的緊張關係〔註45〕。

任卓宣抨擊胡適「人的文學」與「自由的文學」，主要還是將文學的主體性以國家民族話語去蓋括，並以三民主義作為國家民族話語的「唯一具體指涉概念」。以此承認在國家民族之下的「人的文學」，涵蓋了「民族文學」、「平民（／國民）文學」、「社會文學」，進而推論「三民主義文學」就是「人的文學」。胡適基於個人理念的「人的文學」，其實只是三民主義文學民族理念「人的文學」的一個小範疇。任卓宣說：

> 但是說人的文學，內容簡單而貧乏。說三民主義的文學，就是說民族的文學、國民的文學、平民的文學、社會的文學，內容便複雜而豐富了。人不僅與非人相對而言，而且在民族中，成為國民和平民，屬於社會大眾的。所以我們與其說人的文學，就不如說三民主義的文學之為好。三民主義的文學可以包括人的文學，人的文學則不能

〔註45〕所有筆戰文章收錄在：任卓宣主編：《個人與國家》（台北：帕米爾書局，1957年）。

　　包括三民主義文學⋯⋯所以人文主義和個人主義都不及三民主義

　　好。〔註46〕

　　同樣在這種「國家高於個人」的邏輯推演之下，「個人的自由」來自於「國家的自由」，並爲國家法權所保障，離開了國家，個人的自由無所依歸。身爲國家法定代理者的政府，對於人民的自由權更該有所積極作爲，包括制定文藝政策輔導作家。任卓宣認爲個人應該贊成的原因是，定義在「國家主體」之下的個人主體，早就因爲國家自由而享有個人自由，所以個人自由需要國家的指導才不至於偏頗：

　　但是自由的文學是不是說「政府對於文藝應該完全取一個放任的態

　　度」，而「不能由政府來輔導，更不能由政府來指導」呢？胡適以「是」

　　爲答，我們則以「不是」爲答。很明白，自由的文學祇應反對政府

　　壓迫作家，不應反對政府輔導作家。原來輔導與壓迫不同。輔導是

　　輔助和指導，爲幫助之意，並無害於自由，反益於自由。壓迫則與

　　自由相反，是有害於自由的。必須知道，自由不僅是政府不干涉之

　　意。以政府不干涉爲言，祇有自由在消極方面的意思。但是自由還

　　有其積極的方面。這就是說，它必須有所作爲，有所發揮，有所成

　　就。自由並不是無爲。這就需要一種能力了。所以「人權宣言」第

　　四條說：「自由視一個人對於不妨害他人的事都可以做的能力。」這

　　能力就有待於政府底輔導。〔註47〕

　　任卓宣對胡適的攻擊，來自國家主義意識形態對個人主體意識的壓抑。任卓宣的國家主義，拒絕接受國家定義之外的獨立個體，也強力排擠民間的自由論述。他所代表的官方立場走到最後，就只剩下訴諸政治眞理權威的「三民主義」話語。除了顯示國民黨政權的政治控管力量並未減弱外，任卓宣與中國文化協會之間的緊張關係，也顯示國民黨政權與「中國文化協會」之間，以體制性合作關係協調文學發展的內部矛盾。

　　也就是說，任卓宣介入文學論述的自由發展，顯示官方對文學場域主要是以國家／民族優先於個人的價值、以及可以隨時介入的政治權力邏輯來運作。而張道藩所負責成立的「中國文化協會」，在本質上則是屬於具有政治立

〔註46〕任卓宣：〈論人的文學和自由的文學〉，收錄在劉心皇主編：《當代中國新文學大系：文學論評集》（台北：天視出版社，1980 年）頁 20。

〔註47〕同前註，頁 21。

場傾向的文學性組織社群,對於國民黨的文藝政策,往往採取支持態度。當然,任卓宣的國家主義也並不是五○年代反共文學體制下唯一的論述聲音。

任卓宣的發難,顯示官方對民間論述自由的不滿,並不像中共是以暴烈的政治性文藝批鬥解決,而是以知識論述形式展開的輿論筆戰進行。雖然任卓宣之前對《自由中國》雜誌有過激烈的攻擊言論,但兩者所堅持的真理反而各自顯現其中,提供第三者自由判斷。很可惜胡適並未對任卓宣做任何回應,這也意味著,五四自由主義傳統的「人的文學」、「自由文學」,雖然取得民間言論的體制發言與傳播機制,但也從未能積極爭取文學發展獨立於官方政治權力邏輯的機會。

雖然胡適的文化民族主義保守性格,並不能直接發展出更具有開展性的文學論述,但胡適在戰後臺灣官方所選擇的五四文學傳統中,最珍貴的部分,就是在體制的發展空間,保留住五四自由主義對於個體的肯定,以及「人的文學」與「自由的文學」等藝術自主價值觀。這對於後續的民間立場的文學論述發展,具有一定的影響。

國民黨政權的在台建國工程,包覆在反共命題中關於種種「現代中國」想像與「正統中國」邏輯,使得五○年代的戰後臺灣的文學發展,始終籠罩在國民黨政權的右翼中國的民族文學中。任卓宣對胡適的批判,點出國民黨政治意識形態傾向:國家自由高過個人自由;個人是不能挑戰國家權威。個人主體必須放置在國家主體之中,抽離了國家,個體無法成立。

貳、現代主義未完成的「不徹底現代性」

現代主義對反共文學的反動,並不是直接攻擊,而是間接轉向爭取文學層級化後藝術自主原則的主導與詮釋權。「現代派」、「創世紀」、「藍星」三大詩社,紛紛投入具有「現代主義」傾向的文學運動,連續引發三次論戰──一九五六年到一九五八年底的現代派論戰、一九五九七月到十一月的象徵派論戰、一九五九年底到一九六○年五月的新詩論戰。〔註48〕

這三次論戰不管是來自現代詩陣營內部意見的歧出,或來自外部意見的質疑,體制內建國──復國意識形態與主導文化對輸入西方現代主義的牽

〔註48〕蕭蕭:〈五○年代新詩論戰述評〉,收錄在文訊雜誌社主編:《臺灣現代詩史論──臺灣現代詩史研討會實錄》(台北:文訊雜誌社,1996年3月),頁118。

制，促使六〇年代現代詩的前衛性走向體制性妥協的抗衡路線，而不是帶有社會革命性質的體制性反動。

現代派論爭的重點大致有三個方向：詩的現代化、詩的本質、詩的定位。

詩的現代化是現代詩陣營的共識，但對現代化的程度卻有不同。現代化在臺灣五〇年代，並不是指涉以都市為指標的資本社會的物質與精神文明程度，而是文化語境的「西化」程度。紀弦在理論的「橫的移植」的全盤西化程度，成為現代派論爭中最受抨擊的地方。覃子豪針對紀弦提出詩的「縱的繼承」問題，指出民族文化的特殊性，同時也強調詩的抒情本質。

紀弦則訴諸知性的詩想的堅持，拒絕接受覃子豪的觀點。覃子豪並不是排斥西洋詩的理性，而是認為詩的審美情趣秩序，應該是情感優先於理性〔註49〕。詩的主知與抒情本質路線，成為紀弦「現代派」與覃子豪「藍星詩社」之間的藝術理念認知的對立面。但因為紀弦在詩實踐中所保留的傳統抒情主義，也因而延伸出現代詩如何處理傳統與現代之間以民族定位為前提，所提出中西文化兼容並包的基本議題〔註50〕。這個發展定位與「藍星詩社」的「自由創作」路線，共同促成「現代派」成員轉與「藍星詩社」合流，使得覃子豪與「藍星詩社」迅速擴大詩壇勢力，取代紀弦「現代派」。「藍星詩社」在五〇年代末期，也持續發揮理論與創作的深化影響力，共同抵擋體制內更保守的傳統文化勢力，形成第二波象徵詩派論爭與第三波新詩論爭。

象徵詩派的論爭除門外漢發表一篇〈也談臺灣新詩〉外，參與論爭的只有覃子豪與蘇雪林兩人。蘇雪林的論爭重點以反對現代詩的晦澀形式與內容為主，在貴古賤今的傳統文化意識前提，批判中國的象徵詩派創始者李金髮，並隱射象徵詩在臺灣的發展是末流的末流〔註51〕。覃子豪則以象徵詩體的技巧理論與五四新詩發展史，強調象徵詩體的綜合創造性。〔註52〕

覃子豪經過象徵詩派的論爭後，開始將論述的象徵詩派的技巧理論，一

〔註49〕蕭蕭：〈五〇年代新詩論戰述評〉，收錄在文訊雜誌社主編：《臺灣現代詩史論——臺灣現代詩史研討會實錄》（台北：文訊雜誌社，1996 年 3 月），頁 116。

〔註50〕黃用：〈從現代主義到新現代主義〉，《藍星詩選天鵝星座號》（1957 年 10 月）、羅門：〈論詩的理性與抒情〉，《藍星詩選天鵝星座號》（1957 年 10 月）、紀弦〈多餘的困惑及其他——答黃用文〉《現代詩》（1958 年 3 月）等。

〔註51〕蘇雪林：〈新詩壇象徵詩派創始者李金髮〉，《自由青年》（1959 年 7 月 1 日）、〈為象徵詩體的爭論敬告覃子豪〉，《自由青年》（1959 年 8 月 16 日）。

〔註52〕覃子豪：〈論象徵派與中國新詩兼致蘇雪林先生〉，《自由青年》（1959 年 8 月 1 日）、〈簡論馬拉美、徐志摩、李金髮及其他〉，《自由青年》（1959 年 9 月 1 日）。

一在實踐創作中演練、印證。覃子豪對象徵詩理論的藝術實踐，雖然有助於深化現代主義文學觀在體制的傳播效應，但覃子豪的文化民族本位立場，卻在「縱的繼承」史觀建構意識，強化臺灣現代詩與中國五四新詩歷史的聯繫。詩的民族定位的美學形式，成為五○年代現代詩的重要發展向度。

　　但眞正促成現代主義美學形式價值理念獲得社會傳播效應的論爭，是言曦在《中央日報》副刊所引起的新詩論爭〔註53〕。參加反擊與論爭的文學刊物除《藍星》外，還包括《創世紀》、《現代詩》、《文學雜誌》、《現代文學》、《劇場》、《筆匯》、《文星》等。在這場論爭中，零星、個人式的保守傳統文化勢力不敵現代詩陣營的西方知識論述形式。現代詩陣營的知識論述優勢，穩住現代詩派在體制發展的重要位置，以及持續輸入與現代主義同質屬性的文學觀的發展基礎。

　　一九五九年十月「創世紀」擴大改版，同時宣佈放棄「新民族詩型」的現代理念，轉爲提倡「超現實主義」，以開發詩的世界性、超現實性、純粹性爲主要訴求。「創世紀」吸收「現代派」與「藍星」的一些成員，成爲六○年代現代主義詩歌運動的中堅力量。〔註54〕

　　「創世紀」繼現代主義後輸入超現實主義，在西方文藝思潮的歷史進程上，是一種時空的錯置。但從體制內建國意識形態與文學發展的關聯性來說，卻呈現歷史邏輯的必然性。首先是紀弦與覃子豪之間，詩發展的藝術自主原則的詮釋權論爭中，兩人在文化民族主義性格所共同啓動的純粹藝術形式革命，成爲臺灣現代詩發展的重要實踐理路。從西方現代主義的輸入，到臺灣的中國五四現代化新詩傳統的建立，臺灣現代主義一開始就切斷、站在資本主義對立面的社會革命意識，只保留純粹藝術形式的「現代化」。

　　受限於政治意識形態所影響的「不徹底現代性」文學生態，雖然使得場域不再受到政治原則的單一控制，而開始獲得主導藝術自主原則的機會，但是場域的社會力尚未取得足以對抗政治控制的能量。與建國民族文化意識型態相容的文學發展導向，較容易取得體制的主流位置。這使得臺灣現代主義截斷美學形式與文學意識所結合的社會革命性，同時朝向體制性平衡的方向

〔註53〕 言曦：〈新詩閒話〉，《中央日報》副刊，1959 年 11 月 20 日～23 日。
〔註54〕 加入的詩人有葉泥、葉珊（楊牧）、商禽、碧果、白荻、彩羽、黃用、楚戈、辛郁、鄭愁予、葉維廉等人。劉登翰等編：《臺灣文學史》（福建：海峽文藝社，1993 年），頁 117。

發展：帶有現代意識的美學形式革命與右翼中國民族意識的文學想像。

這個發展方向使得「藍星」詩社取得現代詩主導位置後，並沒有馬上觸碰到中國文化主體經歷現代化物質條件後、所面臨精神結構發生改變的難題，反而以美學形式的「現代化」技巧，作為建立中國古典詩語境的新詩傳統的技術條件。同時，現代詩陣營在新詩論爭中，透過比保守文化勢力更具「現代」意義與知識形式的西方文學理論，達到社會傳播效應，順利取代傳統古典詩在政治力之下所保固的文化優勢。

「藍星」詩社傾向個人的、古典抒情的風格表現，以及接續中國五四新詩傳統的「縱的繼承」歷史定位，都相當程度地回應當時宰制文化體制的建國意識形態。規範西方現代主義美學形式革命的現代意識，被轉換到個人對國族想像的文化符碼、或台北都市文化語境的開發上。繼「藍星」之後的「創世紀」，在這個理路上，又更向前邁進。

一九五九年「創世紀」擴大改版，放棄「新民族詩型」主張，轉向「超現實主義」藝術形式的文學實踐。一九六一年，「創世紀」的洛夫與「藍星」的余光中之間的論爭，不只是呈現現代詩內部陣營「同源導向」的分歧，而是隱約指涉：以個人文學主體或中國文化主體作為主導文學場域發展的價值性原則問題。

「創世紀」的「超現實主義」路線，雖然使得個體的現代精神樣態成為主要書寫對象，加速個體性私祕話語的藝術形式在文學公共空間的正當性，但體制性建國意識型態也相對影響文學個體，必須先被收編到中國文化主體，才能維護場域發展的主導位置。這使得「超現實主義」的文學主體的個體意識，被相對限制在現代性精神意識與中國民族想像之間的文化語境。〔註55〕

文學場域在分化發展的層級化作用，雖然避免政治在場域運作的獨占邏輯與勢力，但根植體制的文學建國意識型態仍持續產生制衡力量。隨著社會

〔註55〕洛夫一九五九年開始創作、至一九六五年最後修訂出版的長詩〈石室之死〉（收錄於洛夫《石室之死亡：洛夫詩集》台北：創世紀，1965 年）。洛夫〈石室之死〉可以看出個體意識與承載民族國家的個人話語之間的藝術困境，也就是說，現代主義詩歌試圖從藝術形式的意義實踐來解放個體的自由，但語言形式的實踐同時也必須取得體制主流價值的認可，才可以具有實踐效力。這顯示洛夫創作實踐的文學話語，仍須擺盪於訴諸想像國族的民族文學內涵與以詩語徹底解放個人的主體性之間。

條件的強化，民間立場的論述逐漸取代官方，獲得體制性的發展位置。而民間立場不同論述的流變過程，顯現文學建國意識型態在選擇性的五四新文學傳統與西方文學理論之間的協商關係，是決定體制內藝術自主原則發展的重要關鍵。

選擇性的五四新文學傳統雖不能提供更具有前瞻意義的文學論述，但對於輸入的西方文學理論，卻提供一個體制相容性的接受平台與發展空間。體制所相容的西方文學理論的輸入，在文學層級化與文學發展關係中，雖然鬆動《三民主義》政治黨性的民族／國家／領袖主體，但並未能深化個體優先群體的文學價值理念，只是達到藝術形式革命取代文學反共革命、國族想像轉化政治黨性的質的提昇。

而主導場域藝術自主原則發展的論述知識競爭中，最能獲得體制傳播效應的主義言說形式，也從政治性轉向文學性的知識主體發展。選擇性的輸入，成爲維護體制性文學建國意識形態與政治主導勢力的重要機制，文化主體仍是影響體制性文學發展的重要關鍵。

「不均衡現代性」生態的文學社會性發展，使得傳統與現代之間的文化意識與社會關係，因政治權力的體制介入力量，往往必須被迫以知識論述的競爭優勢，才能取得體制發展的社會法權，而不是取得穩固的社會基礎。

第五章　反共敘事的道德原則、民族國家自我型塑與現代性自我

導言：反共復國意識形態、道德原則的建立與民族國家想像

　　中國三〇年代到四〇年代的革命文學發展，將文學／美學的實踐轉到帶有政治意圖的文學行動綱領，形成右翼民族主義文學與左翼無產階級文學的對峙〔註1〕。右翼或右傾文人在這段期間所發起的二次民族主義文學運動，都未能取得中國文壇的領導權，直到一九四九年之後國民黨政權來台，結合以反共為前提的（右翼）中國中心的威權體制，斷然取代日治時期臺灣新文學的發展位置。

　　透過建立體制與體制內的文化機制，國民黨政權所相容的政治／文化意識形態，成為主導戰後臺灣文學發展的重要價值原則。這些價值原則以政治建國目的為中心，相互含納在民族國家的現代性發展進程中，成為「反共」文學復國意識形態的正當性基礎。

　　這些價值原則以中國傳統儒家文化的道德原則作為核心基礎，向外含納西方文明的價值原則，成為右翼中國民族國家所需要的民族自我認同的現代性基礎。就現代性的「外延性」（extensionality）與「意向性」（intentionality）特徵來說，前者表現在要求國家政治主體自由的民族國家型態；後者則以壓抑個體的多元化自由為發展面向。紀登斯對現代性的一般考察，指出：現代

〔註1〕司馬長風：《中國新文學史》（台北：駱駝出版社，1987年8月）頁20～21（第四編第十八章）。

性大略等同於工業化世界。工業主義是蘊含於生產過程中物質力和機械的廣泛應用所體現初的社會關係，是現代性的一個制度軸。現代性的第二個維度是資本主義，意指包含競爭性的產品市場與勞動力的商品化過程的商品生產體系。上述兩個維度在分析上均可以監控制度（the institution of surveillance）區分開，後者是與現代社會生活出現相聯繫的組織化權力大量增長的基礎。現代性產生明顯不同的社會形式，其中最顯著的權力大量增長的基礎。現代性產生明顯不同的社會形式，其中最顯著的就是民族──國家。因此，作為現代性所產生的一種社會形式的民族國家（nation state），是以民族為基本構成要素的國家樣式，除具有特定形式的領土性（territoriality）與監控能力、對暴力手段的有效控制與實行壟斷的特質外，民族自我認同則是以凝聚民族意識的方式，為國家取得上述特質的一種結構性精神力量。〔註2〕

　　所以，在這種認同方式中，民族自我認同的內涵，將是決定個體與國家之間是否能建立信任關係的關鍵。因此，國民黨政權與共產黨政權相互爭取建立中國民族國家的唯一領導權時，從三○年代革命文學左右翼的對立，就可以看出兩邊陣營所支持的民族國家想像共同體，已經產生實質性的裂痕。

　　右翼民族主義革命文學以「三民主義」的政治民族意識、歷史文化的共同記憶為構成民族國家的主要元素；左翼無產階級革命文學則因接受馬克思主義的文藝理論，而視無產階級的社會意識為追求進步的現代性力量，以批判傳統封建勢力壓迫的中國社會現實，作為解放個體與自我自由的革命前提。右翼的民族主義革命文學發展始終未能取得中國文壇的主要領導權，直到國民黨政權來台建國後，截斷日治時代臺灣新文學傳統發展，以接續第三期國民革命的「反共」任務，成為五○年代臺灣文學主流。

　　因此，反共文學不管從左右翼革命文學歷史或反共復國文學意識形態來說，這個文學類型背後所隱藏的文學價值觀點，都難以用政治宣傳產物一語概括。反共文學在「反共」命題之下，正是在這個意義上對應出中國右翼三民主義建國──反共復國文學立場與民族國家想像，在民族文化傳統性與西方文明現代性接軌過程中，透過寫實主義的美學形式，從文學價值觀的選擇性接受面向，轉化到政治民族自我認同的正當性基礎，對體制內訴諸文化民族主義邏輯的文學建國意識形態來說，仍存有正面對應與反省的效果與意義。

───────────────

〔註2〕安東尼‧紀登斯（Anthony Giddens）《現代性自我認同》（北京：三聯書店，
　　　1998 年），頁 16〜17。

第一節　反共小說中的國民黨正當性論述

　　寫實主義（realism）在西方的流變相當複雜，至三十年代蘇聯官方根據正統馬克思主義理論，發展出社會寫實主義（socialism realism），爲中國左翼知識份子所吸收〔註3〕；五〇年代臺灣的反共小說則大量挪用或轉化左翼文學的寫實主義技巧，並以此爲基本的美學表現形式。社會寫實主義與西方十八、九世紀發展的寫實主義傳統不一樣，著重點完全在於「政治」。

　　魯卡克（George Lukacs）認爲社會寫實主義是要嚴格區別主觀的僞造（falsifica-tion of subjectivity）與客觀辨證論的改正（the rectification of the subjective-objective）之間的不同。他指出：

> 現代派（modernist）作家把必然是主觀的經驗當做眞實，因而扭曲
> 了整個現實形像（Virginia Woolf 是這類作家的極端例子）。寫實主
> 義者，以其批評地位的客觀，把有意義的、尤其是現代的經驗放在
> 更大的上下文（context）中，而只給它在更大的客觀整體內應得的
> 部分重要性。〔註4〕

因此，對社會寫實主義來說，「絕對眞實」（absolute reality）是一種符合政治理想的社會主義的眞實，並經由唯物辯證過程（the process of dialectic）所發現的。柴德芮夫（A.A.Zhdanov）在一九三四年首區全蘇維埃作家大會（All Soviet Congress of Writers）就宣佈說作家描寫生命時「不只是要把它當做『客觀的眞實』（objective reality），而且……要把它放在革命發展的過程中。」；戈基（Maxim Gorky）則認爲「其目的不只是批評性描寫過去，而且主要地勢在鞏固目前的革命成果以及促進社會主義將來崇高目標的認識」。〔註5〕

　　反共小說在政治意圖上，不僅將「反共」的「客觀眞實」（objective reality）納爲國民黨第三期革命過程，同時也將「反共」的革命意涵視爲眞理性質的「絕對眞實」（absolute reality）。這使得反共小說所重視的反共現實描寫，在描寫開始就已經預設反共正當性的眞理眞實。不同於左翼革命文學以美學視野所開啓而歸於馬克思主義眞理的社會眞實、歷史發展眞相，反共小說是將馬克思主義在政治社會層面的眞理替換爲文化層面的普世性價值眞理。

〔註3〕司馬長風：《中國新文學史》，頁 15（第四編第十八章）。
〔註4〕魯卡克（George Lukacs）：〈當代寫實主義的意義〉（The Meaning of Contemporary Realism, 1957；trans.1962），收錄於顏元叔主編：《寫實主義》（台北：黎明文化，1973 年），頁 91。
〔註5〕同前註，頁 92。

　　反共小說從文化層面所突顯的普世性價值觀，除具有反應文學的主義建國──反共復國意識形態的核心政治精神意涵外，也說明國民黨建國黨性與反共文學之間可能隱藏的內在性文化結構。作為五○年代延續右翼中國革命建國──復國進程、具有國族文學意涵的反共文學，在這個意義來說，所呈現的是一種關涉文化想像的文學建國──復國工程。

　　透過文學想像所夾帶的文化價值觀，反共小說在控訴共產黨的不當暴行時，也同時滲透國民黨建構新中國所吸納的基礎文化。這些基礎文化與國民黨建國意識形態的現代傳統，具有緊密的互動關係，同時也指出右翼中國文學建國所需要的知識理路與審美精神。

　　從反共小說來說，作為敘事觀點所挪用的社會寫實主義技巧，主要表現在敘述國民黨黨員人物的政治形象與所繫聯的中國命運上。幾乎所有反共小說所出現的國民黨員都是正派人物，而這些正派人物大都可以歸納具有三種基本人格特質傾向：人道精神、善良本性、道德教養。他們在小說所呈現的言行舉止都是從這三種人格特質延伸出來。因此，這三個基本人格特質可以說是投射國民黨形象的內在精神基礎，同時也是構成國民黨可知（knowledgeable）的政治價值基礎。

　　也就是說，人格特質不僅是作家在塑造小說人物的身體形象的重要依據，還透過此人格特質所聯結的道德評價來確保國民黨或非議共產黨的政治價值基礎。所以，小說人物的身體形象不只是表現於外在的言行舉止，也包含行動意向，是反共小說對國民黨或共產黨政治性評價的公式化的隱喻（metaphor）敘述方式。

　　透過身體形象的道德價值判斷的隱喻敘事方式，小說人物的可見形象（image）與不可見意義相互聯結起來，兩者產生彼此滲透的作用力，促使小說的世界觀以一種具有分類效果的邏輯進行，因而形成固定不變的形象喻說。

　　從反共小說創作中的讀者、作者關係來說明，小說人物的身體形象對讀者來說，不僅僅作為小說人物行動的實際基礎功能存在，還隱含作者鮮明政黨立場背後的價值批判。這些價值批判一致指向歷史現實中，共產黨如何禍國殃民、國民黨如何救國救民。因此，小說人物的身體形象在小說中，既展示人物的政治身分，也同時投射出作者從政黨立場所吸納的內在性國家民族想像，以及政黨背後更深層的文化角度的普世價值，並用來認知、建構共產黨奪權建國在（右翼）中國歷史發展進程的理解模式。

透過小說人物的政治形象的認識方式，並試圖以此作爲反共小說所建構的政黨性的民族國家文學意義，而發現反共小說的世界觀，在國民黨神聖化、共產黨妖魔化二元對立的一致性外，還涉及到文學價值觀與深層社會文化意識如何互動納受的問題。這個現象反映反共小說的社會文化性美學價值，來自於國民黨政權建立民族國家現代傳統的基礎條件，以及潛在於國民黨建國歷史進程中的互容性發展原則。這些文化價值體系包含傳統性的中國儒家政治文化與選擇性吸納的西方現代文明，對於型塑右翼中國的現代民族自我認同與現代社會的公民意志傾向，具有重要的決定性關鍵。

壹、「人性」價值世界觀

「人性」是人之所以爲人、而不同於禽獸動物的認知標準。「人性化」是反共小說中國民黨員所有意向轉爲行動的具體表現特徵，也是反共小說作家普遍塑造國民黨員形象背後所慣用的想像方式。小說中的國民黨員所呈現的人性，完全超越人類的自然、生物身體本能，而成爲小說進行政治道德判斷的書寫基礎。

國民黨員形象所投射的人性意含，使得國民黨在小說中，不只作爲建設中國民族國家唯一執政政黨的表象符號（repre-sentation），還暗示國民黨右翼中國對於建設未來新中國的社會象徵。也就是說，人性化的身體想像方式並不能單純包含於反共小說所預設政治宣傳效應的功利目的中，而是關係到國民黨右翼中國文學對民族國家的一種存在隱喻的想像操作。而反共小說的作家也因而普遍透過人性化的身體想像，使得國民黨員的身體，以及親近、認同國民黨的非黨員，成爲「反共」政治秩序與保證建立新中國社會的根本。

這些右翼與右傾人士在小說中，並不是以直接的身體經驗呈現，而是讓自己的身體行動，間接透過命運安排與意志選擇，朝向生命正確之路。人性的試煉在反共情節的推動上發揮極大的功能性，人性問題一方面使得左翼與左傾人士非人性的殘酷無情，毫無保留地暴露眼前；另一方面也提供小說人物墜入共產黨萬劫不復之路的兩個解釋原由：「善之無辜」與「惡之必然」。

因此，政黨立場的選擇在小說中，經由文學價值觀的預設，可以規避掉不同政黨建構民族國家所預設的建國政治與社會思想議題，而透過主觀的分類秩序與世界觀，從文學意識形態上提供選擇政黨的獨斷性。透過反共小說從人性認知的觀點所轉化的文學政治情緒或訴求，在這個過程中，即使帶有

人性觀點的普世價值判斷,已經是一種經過主觀政治立場所轉化的文學價值觀,而不是人性認知價值判斷的客觀性。

也就是說,反共小說的右翼與右傾人士的身體行動往往被這種預設性的人性立場所分類,並具此提供道德的價值判斷。而反共小說透過這個世界觀,不僅僅是宣揚國民黨政黨政治與民族主義立場的目的,還包含提供政治預設性的人性美學想像方式與意義價值。這是建國文學所獨具的社會性美學價值,也是建國文學與操作民族主義想像之間最危險的存有關係。

一般而言,政黨身分的選擇與政治立場的認同,是反共小說所提供的公式化指標。但政治選擇或政黨認同的過程,不僅僅是個人的命運,也象徵家國的命運。例如王藍《長夜》中的康懇、《藍與黑》中的張醒亞。

《長夜》是敘述者「我」觀看康懇與畢家姊妹乃馨的革命愛情故事。我和康懇是從高中就渴望參與救國工作的熱血青年。當我正猶豫要參加抗日除奸組織或到大後方升學時;康已經是國民黨「三民主義青年團」的成員。乃馨則加入共產黨的「民族解放先鋒隊」。康後來受到日本軍拘捕,遭受酷刑;共產黨員趙豪東利用此機會欺騙乃馨,但被趙拋棄的前情人彭愛蓮不忍乃馨一再受欺騙,揭發共產黨真面具,但後來為趙所槍殺身亡。而康始終如一的政治立場與對乃馨的真情,讓乃馨才真正覺悟:共產黨利用年輕學子的純真,透過大量文學、藝術、話劇等宣傳手段抹黑國民黨、美化共產黨抗日功績。康最後獲得釋放,也與乃馨成為革命的情感伴侶。

《藍與黑》是張醒亞和唐琪的革命愛情故事。唐琪是個時髦、新派女性,十五歲成為孤兒,活潑開朗、敢愛敢恨,和張醒亞曾相知相愛,考入北平德國人辦的護士學校,後從事反共活動,為戰地護士。張醒亞,父親是國民黨的革命青年,戰死沙場,為姑母扶養長大後,成為政治系學生,堅信民主政治。在學校和鄭美莊、最低領袖形成反共三角聯盟。同學們戲稱這三人:最低領袖因理論而反共、張醒亞因事實而反共、鄭美莊因張醒亞而反共。經過許多波折,鄭美莊離開張醒亞,張醒亞和唐琪卻因各自投入革命事業而得到再度重逢機會,兩人堅真的愛情象徵反共決心與必然成功。

不管是康懇或是張醒亞,他們最大的共同點就是:善良、愛國、並正確選擇國民黨的革命陣營。他們之所以如此確定自己的政治立場,並不是因為盲目,而是深知共產黨利用人性情感的功利行事作風,以及只求目的不擇手段的態度。他們在重重國難的大環境中,既必須嚴防共產黨種種利用人性弱

點的圈套，又必須正視個人所肩負國家民族興亡之責的命運，投身於國民黨右翼中國革命的報國行列，成爲唯一的正確選擇，最後也因此而獲得愛情。

在這些小說的情節設計中，「人性」往往成爲小說人物被分類到正義一方（國民黨）或邪惡一方（共產黨）的準則。人性認同成爲小說人物在「反共」秩序與世界價值觀發展過程的首要基礎與相應存在條件。通過以人性作爲分類準則的政治身體隱喻想像，反共小說所呈現的國共政黨，不再只是政治立場的對立，而被轉化爲人類通性與民族國家存在之間的問題。前者指涉中國人在建構民族國家時所需要共同面對的生存基本態度；後者則指涉中國人選擇國民黨三民主義、揚棄共產黨馬克思主義的正確民族國家之路。這些指涉不僅構成反共小說對共產黨政權的嚴肅指控，反共分類秩序背後所提供的人性價值觀，也因此成爲接受反共小說世界觀的重要基礎。

反共小說的世界觀之所以奠基在人性認同的想像起點，並以人性作爲小說人物的身體行動背後的意向指標，以及決定進入預定分類秩序的文學意識，是國民黨建國——復國文學所獨具的特殊性。之所以特殊的原因，絕非是文學（或政治文學）所一直關懷與積極處理的人性問題，而是經由政黨的建國——復國意識形態之後，從吸納文學中的人性價值觀轉換到政治立場批判的想像方式。這顯示人性價值觀點在國民黨的建國——復國意識形態中，不僅具有聯繫意義，而且還可以理所當然地被沿用轉化到非關文學本身的政治性功能，並且作爲小說中預設世界觀的發展基礎。

從這個觀點來看，人性價值觀在國民黨的建國——復國意識形態中，不僅僅是文學對於人的存有議題的處理面向，而是文學建國——復國工程中深層政治文化結構所相涉的含納面向。這也說明反共小說在體制發展過程中的人性價值觀，因爲文學政治化的發展邏輯而同時含括文學與政治的層面影響。前者可以從文學歷史的發展角度觀察：反共小說透過體制性的選擇五四新文學傳統、從二〇年代中國五四自由主義人性文學價值觀所延伸的影響關係；後者則可以顯示國民黨建國意識形態與儒家文化傳統性的緊密互動，並假設反共小說世界觀的社會美學價值，奠基於儒家人性觀與中國傳統政治文化意識之間的文化想像關係。

這兩個層面之間指涉的思想性會通，來自國民黨建國意識形態從儒家文化歷史資源所轉化的文化民族主義的民族國家型態，以及透過民族文化傳統性、條件性地吸納西方現代性的特質。

從孔子以恢復周文化作爲重建亂世秩序的回應之道來看，孔子是試圖重新透過傳統文化的再定位，建立當世之人的生存價值系統。在這個價值重建的過程，孔子提出「仁」作爲防止禮樂淪爲僵化形式的創造性傳統轉化基礎，從「仁」所指涉的人之性與人之道，將天子根據天命觀所制定的禮樂，成爲滿全人性的基本要求。人性可以說是儒家立說的核心觀念﹝註6﹞。孔子與儒家在此所顯現的文化保守性格，表現在維護周制社會與文化的封建階級性，以及訴諸普遍人性的正當價值。

由人性立論所開展的政治文化思維，使得儒家傳統構思政治或社會實體運作的「人」的概念，朝向基於血緣親疏等差格局思維的群體總合。但天子根據天命觀的統治思維，以及不是天子都能有德的歷史事實，又使得儒家不得不承認天子受命於天是有個別的差異性。﹝註7﹞

對於以進德修養作爲基本要求的儒家知識份子來說，這個現象在儒家知識份子與帝王統治階層之間，使得儒家知識份子同時具有以個體人格自由反抗統治權力，以及服膺群體效應價值取向的雙重文化政治性格。這種來自民族性悠久歷史所養成的文化政治性格，即使是五四新文化的啓蒙知識份子都受到相當影響。五四自由主義的人性文學觀更是如此。

因此，五四自由主義文學所提出的人性與自由概念，並不能完全視爲接嫁於西方近代自由主義傳統的思維產物，必須先梳理西方近代自由主義的歷史發展與思想核心，才能進一步探討：五四自由主義政治與中國傳統性的關係，以及反共小說從體制內接受選擇性的五四自由主義人性文學價值觀後、所延變的政治美學原則軌跡。

西方自由主義的政治傳統淵源已久，從十六世紀基督教逐漸喪失世俗的主導權以來，議會制度的發展與社會階級相繼而應生的政治責任與意識，使得西方世界逐漸發展世俗化的公民社會組織型態。近代自由主義相信「法律下的自由」（freedom under law）是人類共享的生存環境以及普遍意志，而仰賴於政府官員對獨立組成的公意（public opinion）機構的遵從，延伸至現代自由主義篤信有法律才有自由、政府官員必須接受公眾輿論的社會監督的信念。近代自由主義的思維方式構成西方政治特有的「假定」（assumptions），雖

﹝註6﹞ 傅佩榮：〈天人合德論——對古典儒家人性論最高理想之詮釋〉，收錄於臺大哲學系主編《中國人性論》（台北：東大圖書，1990年），頁124。
﹝註7﹞ 同前註，頁136。

然中間經歷絕對國家（state absolutism）、絕對王權（royal absolutism）的歷史危機，但仍成為教會政治權威之後的俗世替代品，成為西方文明的指導原則。〔註8〕

　　從法理知識的推演史來看，西方近代早期自由主義中的社群概念，從盧梭《社會契約論》提出以理性解決「普遍意志」（general will）與「個別意志」（paticular will）的衝突，到康德克服盧梭「普遍意志」與「個別意志」間不自然僵化界線，以及極權一元論（totalitarian monism）帶來的困難與失望，進而以一種和西方近代文明擴大需要所相容的道德形式與共識，將「普遍意志」表現出來。

　　從歷史的發展史來看，西方近代自由主義的發展經歷了中產階級、農民階級、都市無產階級三個階段的演化，相對也分別帶來西方憲政主義復興的俗世基礎、保守主義從內部傳統勢力對抗啟蒙運動都市力量的均衡發展、以及革命社會主義與國際性的無產階級團結希望。西方近代自由主義的發展歷程，激發三大階級的政治意識與參與自覺，而三大階級也各自在特屬的社會階級位置與階級屬性的傳統資源上，透過團結世俗社群而形成的有效性普遍意志。

　　西方「國家——社會」二元體系的運作，就理論上來說，不同階級參與政治的意願，以及相互爭取的階級利益，應該是可以透過議會制度的自由協商原則展開妥協，進而具有朝向社會體系發展的強化作用發展。但事實上，不同社會階級之間的矛盾、衝突與抗衡，卻更可能在單一階級獲利的本位思維上堅持己見，而促使社會體系的分化。這個事實也因此導致西方近代因不同階級立場而出現的三大政治意識形態——自由主義、保守主義、社會主義，在發展的過程去尋求更具有世俗功能的國家力量的保護，使得民族／國族主義（nationism）更加鞏固國家體系的運作，甚至導致極權獨裁制度的出現。〔註9〕

　　這說明：西方近代自由主義政治傳統發展的法治精神與普遍意志原則，都隱含一種人與社會之間所應該存在的合理關係的理性思維預設。這使得西方近代自由主義的人性觀點，傾向於理性的知識結構，而非情感聯繫。早期

〔註8〕菲特列・華特金斯（Frederick Watkins）著，李豐斌譯：《西方政治傳統——近代自由主義之發展》（台北：聯經出版社，1999年），頁2～4。
〔註9〕同前註，頁85～246。

發展、來自基督教博愛精神的「人道主義」，雖足以提供信念式的倫理基礎，但未能在政治制度發揮重要影響，真正成為群眾效忠中心的是近代的主權國家（sovereign state），但造成的影響是：開明國家（如法國、英國）既存政治結構更形穩固，反動保守國家（如德國、奧國）既有體系的崩潰。〔註10〕

中國近代自由主義並不像西方近代自由主義般，可以擁有充分試驗發展的悠久歷史與足以相應的希臘羅馬文化與基督教文明傳統，而是在接受的同時，夾雜著民族／國家救亡圖存的現實危機，以及之中難以避免輸入「現代」西方與堅持「傳統」中國的知識效能評估競爭。前者使得中國自由主義發展普遍接受國族主義至上的自由主義，而相對忽略西方在「國家——社會」二元論歷史發展下、強調個人權力與責任的自由主義傳統；後者使得中國早期自由主義限於從孔制、禮教、文言文等舊制度、舊文化解放出來，並繼續延變為接受全盤西化的思想革命化方案，放棄知識份子對建立個人責任、制度性規範政治權力的法治自由社會的漸進式實踐進路。

中國近代自由主義之所以選擇投向國族主義，固然與救亡圖存現實與革命建國的雙重性歷史發展影響，有密不可分的關係。值得注意的是，一九三○年代中國近代自由主義內部嚴重分化的現象：蔣廷黻、錢端升、羅隆基、丁江文擁護新式獨裁以獲得全體自由的轉向；胡適雖堅持代議制的民主憲政，但事實上，胡適的政治實踐，始終未能深化個別意志與普遍意志之間合理社群關係的信念探討，而只專注於人格自由的命題。〔註11〕

這使得胡適從「人格」角度思索「自由」——不管是個體自由或個體與群體之間自由問題，都被侷限在主觀的生命倫理關係，而難以開展到客觀社會秩序的責任倫理關係。胡適的自由主義與西方傳統相異甚遠，而更傾向中國儒家文化本位的人格自由傳統。

人格自由傳統的重要，不僅僅是提供中國傳統知識份子滿足主體存在的知識教養與文化信仰，也同時被含納在訴諸家庭倫理秩序所擴展的社會體系下。前者使得中國傳統知識份子普遍接受道德統一的感性生命發展模式，將概念分析的理性生命降為輔助道德知識的次要存在功能，並提供知識份子階層與統治階層之間權力緊張關係的紓解作用；後者則指涉出人性概念在中國儒家文化傳統的發展過程，即隱藏道德倫理的價值預設特性。

〔註10〕 菲特列・華特金斯（Frederick Watkins）著，李豐斌譯：《西方政治傳統——近代自由主義之發展》（台北：聯經出版社，1999年），頁197～198、206。
〔註11〕 周昌龍：《超越西潮》（台北：臺灣學生書局，2001年），頁24。

　　這個預設特質與西方自由主義人性觀點，不管是來自基督教文明的人道主義或是啓蒙運動的理性個人主義，都不具有任何可互相對等平行的同質性〔註12〕。最具有五四自由主義人性文學觀代表性的「人的文學」，從詮釋人道主義的概念混淆到「回到人的道德爲本」的終極價值判準，都可以看到傳統性對於西方文學觀的吸納，仍有一定程度的影響性。

　　胡適作爲國民黨在臺灣五〇年代延續中國五四自由主義傳統主流，以及溯源五四新文學傳統的重要歷史象徵意義，除了胡適反對共產黨極權與支持國民黨政權的政治立場因素外，胡適自由主義思想核心的人格自由與國民黨建國意識形態之間在呼應傳統性的適切性，胡適對於「人的文學」觀念的認同，也因此作爲五四新文學遺產而獲得留在體制發展的機會。

　　但要注意的是，經由體制所吸納的「人的文學」觀念，僅僅是作爲國民黨在選擇性原則之下的五四新文學遺產，並不能視爲五四新文學傳統的全部遺產。二〇年代沸沸揚揚的「人的文學」價值觀，在反共小說的世界觀中仍保留住持續被左翼系統所轉化發展的痕跡，只是這個痕跡不可避免地經過右翼系統的價值批判。

　　更值得思考的是，反共小說如何透過體制性五四自由主義傳統，將「人的文學」從人性的文學觀轉換成單一選擇政治自由的價值理念標準。這顯示二〇年代「人的文學」中的「人」的價值，與國民黨建國意識形態的文化思維結構，必然有足以相互承接轉化的互通性。

　　周作人訴諸以人類共通自然人性的人道主義作爲「人」的價值，卻未能觸及西方處理個體與社群均衡發展的二元主義思維架構與歷史傳統〔註13〕，而以道德作爲「人性」價值的判準，正是儒家對於個體生命如何開展社會與政治文化的基本預設與實踐理路。以道德倫理規範個體與群體之間關係的思維架構，在本質上是不同於西方的「法律下的自由」。

　　但這也說明：反共小說以分明可見的政治身體連結五四自由主義人性文學價值理念的政治立場批判，之所以能構成一個不相矛盾的完整世界觀，在於以預設性的倫理人性觀作爲政治自由命題的選擇方式與思維模式，仍有一定文化接受層面的合理性。這個合理性反應出國民黨建國意識形態是在民族文化傳統性的選擇架構基礎——而不是西方現代性傳統，納合不具排斥性的五四自由主義文學傳統與政治傳統。

〔註12〕菲特列‧華特金斯：《西方政治傳統——近代自由主義之發展》，頁95～97。
〔註13〕菲特列‧華特金斯：《西方政治傳統——近代自由主義之發展》，頁98。

貳、「擬宗教」（quasi-religious）價值世界觀

反共小說以可見的人性化與非人性化的政治性的身體意象，來聯結選擇政治立場的自由意志判準。人性化與非人性化的對立，以及兩者之間不可能邏輯相容的排斥性，指出反共的人性世界觀處於一種難以妥協的二元分裂狀態。之所以難以妥協，是因為反共小說對於人性與非人性之間的道德預設。但特別的是，反共小說並不是從儒家「性善」觀點的人性主流論出發，而是從此處與基督教文明中的「猶太──基督教」（Judaeo-Christian）的天啟思想，將人性道德中的善惡二元對抗，轉化到選擇政黨政治與國族立場的世界觀中，並以信仰作為終極的解決之道。以信仰──而非選擇作為終極解決之道，本身即是一種「擬宗教」的意識形態，儒家文化意識形態、以至於孫中山承繼儒家思想遺產的三民主義，都有這樣的傾向。

在儒家性善的主流觀點中，儒家相信人性具有向善的本質潛能，並在「二人為仁」的處境中，可以滿全兩個主體之間的適切關係。因此，具有向善的動力是人性所本有。經過個人在個體生命與社會秩序不斷創造轉化的實踐意志與行動，最後終可達到「天人合德」。「天人合德」是儒家人性論的最高理想，具有「外聖──內王」的雙向互證性。前者以人群社會的共同福祉來印證天人合德；後者以個人生命的絕對要求來體現天人合德。〔註14〕

依照孟子對人性的預設，只要是人都應該有向善的心性本能，但孟子也承認：並不是每個人都能成善的事實。孟子從實踐仁義禮智的人格價值生命理路，來強化自然生命向善的潛能。荀子對人性的預設，則是從反面的生物本能的客觀層面提出性惡觀點，認為透過教化可以避免人趨向生物本能反應，而能以禮作為生命行為準則。荀子認為禮與仁義相需相成，人透過所制定出的禮，可以與萬物建立適當關係，因而與萬物相容為一。不管是孟子從性善或荀子從性惡的論證觀點出發，最後都以體現儒家天人合德的理念，作為實踐人性的最高境界。

在儒家的人性觀點裡，人無論是從心性自覺的主觀實踐理路或人為教化的客觀實踐理路，天人合德秩序的達成，並未強調任何一種客觀性的超越抽象力量，而是主張以人為本的主觀實踐力量。不管藉由強化人性向善本能或抑止生理驅惡本能的進路，背後都是基於人性來自於天理的預設，因此人只

〔註14〕傅佩榮：〈天人合德論──對古典儒家人物論最高理想之詮釋〉，收錄於台大哲學系主編：《中國人性論》，頁 126～127、148。

要致力於道德實踐，就能從此延伸出超越力量，與天理合同。訴諸人的主體性的道德行為，而非具有客體性的超自然力量，使得儒家並未發展成宗教系統，而只是一種具有「擬宗教」意識形態的文化思想。因此，儒家從性善與性惡觀點所提出的兩種思維模式，並不適用於反共小說中以善惡二元對立隱喻政黨本質的思想型態。小說人物基於自由意志選擇錯誤或正確政黨立場、以人性作為國民黨必然取得中國統一與最後勝利的「天啓」思維論證模式，其實更貼切於以基督教討論善惡的宗教人性觀，以及得到神性救贖的可能性。

基督教義以人的墮落原罪與神的救贖恩典最根本的思想核心。人的墮落原罪來自人類始祖亞當夏娃。夏娃接受蛇——墮落天使長撒旦的誘惑而吃了禁果，亞當接受夏娃的邀請也吃了禁果，因此，亞當夏娃與蛇，都因違背上帝的旨意而從伊甸園墮入人間與地獄受苦。因為亞當夏娃的血緣承繼，成為人的原罪。人類必須得到上帝的神性力量的救贖，才能重回伊甸園。

上帝與撒旦分別指出的象徵善惡對立的本質形象——上帝至高無上的權威與純粹神性、以及撒旦來自善的匱乏的邪惡本能。人類必須克服從撒旦性靈處遺傳慾望的邪惡本能，才能接近上帝的神性，體驗純善之美；撒旦在人間對上帝所展開的報復抗衡，絕對無法取代上帝。因此，在末世審判來臨之前，撒旦和人類都依照上帝創造之始的旨意，被賦予自由。人類必須完全以自己的自由意志為責任分擔，找出聖言，使撒旦屈服，才能復歸於創造本然的人。〔註15〕

但是，如果人類無法克服在降生之前就已經是自身一部份的邪惡本能，那人類的原罪不是永無救贖之日？人類不是在一出世就只能承受必然墮落的悲慘宿命歷史？耶穌的出現與復活神跡，則為《聖經・舊約》中上帝創世、人類等待救贖與末世審判的悲劇性，並開啓一個訴諸於「神子」位格的無限希望的歷史意義。這個特殊歷史意義的開啓，來自「基督降世為人」（the incarnation）歷史事件的獨特性。

因此，耶穌基督在基督教義中具有神之子與人之子的雙重定位。神之子的特殊性使得祂擁有聖父、聖子、聖靈三位一體的靈性稟賦；但人之子的身

〔註15〕世界基督教統一神靈協會：《原理講義》（台北：中華民國台北教會，1993 年）頁 66～68、73。

分卻使得祂在宣示上帝福音的同時，必須兼負以肉身完成證道的歷史宿命。祂以愛、希望、良知宣示「基督王國」（His kingdom）的降臨，最後以上十字架，犧牲自己的生命以救贖人類，並以復活神跡昭告世人。基督的出生、死亡與復活，將救贖的悲劇性，轉化成基督徒以自己一生做見證的希望性。

若把這些觀點放在反共小說中，會發現幾個可以類比的特質：一、反共小說分別以善、惡觀點預設國民黨與共產黨的政黨本質，小說的世界也因而被本質化為國民黨必然之善陣營與共產黨必然之惡陣營；二、這兩個對立陣營就像基督教義中的上帝與撒旦，各有信服群眾；三、在善惡兩股勢力的對抗中，一個有良知的人如何透過救贖走向善的可能。這些類比可以延伸解釋小說人物為何不能將政黨視為一種自由意志的政治選擇，而是本質人性所導致的必然結果。

因此，參與共產黨與傾向共產黨的小說人物，成為撒旦方的惡靈人，共產黨則是撒旦的化身，利用人性之惡的本能力量，不斷吸收人類從事撒旦活動。共產黨就像是聖經中的撒旦，以靈界惡靈為對象，而執迷不悟的共產黨員就是惡靈人。在這個過程中，撒旦的勢力通過惡靈人，以地上人的肉身活動顯現出來。他們以馬克思主義的邪說不斷尋找可以授受的對象，蠱惑這些人為共產黨效命，左傾知識份子就是其中墮落而不自知、以為自己是在肩負拯救中國使命的迷途羔羊。姜貴的《旋風》是其中最能清楚展現以這種意識形態詮釋國共歷史與民族命運的佼佼之作。

《旋風》的情節發展是以方祥千投入共黨革命事業為主線。方祥千既不是個十惡不赦的大壞蛋，也不是個能幹的革命家，但卻因為深信共產主義能夠摧毀封建舊社會罪惡、重新建立新社會的理想，而以幾近瘋狂的姿態投入共產無產階級革命的暴動，卻為自己的故鄉 T 城帶來更大的災難。方祥千和其他多數公式化反共小說的共產黨員不同，他並不是一個本性極壞的人，而是一個誤信「邪說」的狂熱份子，深信自己擁有創造新社會歷史的能力。

王德威以「紀惡以為戒」的儒家傳統史觀為論述基礎，指出方祥千作為「現代檮杌」的邪惡，已經不是傳統小說人心惡化標誌所能架構。他的小說透露著某種反常：所有的禮教機制已經敗相畢露，結尾則是惡人當道，群魔亂舞……現代（共黨）革命的生成並非只是透過精英領導，而是透過成千上萬個像方祥千這種識見有限、能力不足的支持者鼓動形成。這群人雖然無私奉獻卻狂熱過度，對革命的見解又失之天真。他們從利他主義出發，卻又落

入「吃人主義」的窠臼。這種衝突的本質使他們共同創造出龐大駭人的現代怪獸〔註16〕。

方千祥與許多像方千祥這樣的共產黨員作為「現代檮杌」的邪惡反常現象，較一般公式化的反共小說更為複雜的原因，在於姜貴雖然同樣以善惡本質的二元對立來處理國民黨與共產黨的黨性，但他並不是依照預先設定的國共黨性的善惡本質直接建構小說的人物形象，而是採取客觀的寫實敘事，讓我們看到一個平凡的人如何因為愛國而開始「誤國」。

國共黨性分屬於善與惡的本質化的小說邏輯，使得小說雖然以客觀的敘事反應共產黨如何在地方的興起，以及當時難以避免的國民黨內部的貪污腐敗事實現象，但其中卻隱藏一個極弔詭但未能有解的推論：如果共黨無產階級的群眾革命只是瘋狂的、非理性的暴動，已經貪污腐敗的政黨如何能夠說服我們可以相信它將會是新中國的希望，而不是一個只是包覆現代化政黨形式的舊中國（王朝）政權？

國共政黨在小說所呈現的善惡本質化現象，使得政黨與當時中國客觀環境的對應關係並不具備有彼此辯證或對話的關係，反因本質化的價值認知判斷，將知識份子或大眾選擇政黨被視為信仰、而非政治信念的選擇。

信仰的思維方式是屬於宗教性質，缺乏彼此對話的可能性。而信仰的主觀意識介入，更容易導致反共小說中涉及國民黨的人物、事件都傾向以單向正面化的敘事方式鋪排。這使得參與國民黨與傾向國民黨的小說人物，就像信仰上帝、堅信上帝是愛與希望的人一樣，宣稱國民黨是唯一帶給中國民族自由的「彌賽亞」政黨，三民主義則是拯救中國的真理。並以愛的信念堅持對人類、對民族的希望。

那些願意為國民黨犧牲自我的黨員或深知共產黨之惡人士，就成為上帝所預選的人，將耶穌為世人贖罪的肉身證道觀念，轉化到小說人物以己身投效革命救國事業的表現方式，或透過自己坎坷的人生歷練，完成個人對民族、國家認同的救贖意識，並激勵其他有良知的中國人，繼續投入國民黨所領導的建國大業使命。

在陳紀瀅的《賈雲兒前傳》中，陳先生巧遇賈雲兒，賈請陳將其一生紀錄下來，寫成一篇小說。賈原來是一個基督牧師的女兒，從小天真善良、活

〔註16〕王德威：〈歷史與怪獸〉《歷史與怪獸》（台北：麥田出版社，2004年），頁110～116。

潑愛國，長大後愛上成熟青年大學生馬龍軍。馬成為共產黨黨員，一改過去的人格思想。賈為愛與馬私奔，馬成為大報名記者，兩人因戰爭延宕婚事，直到來臺灣才結婚。但馬被指控為共匪，遭到判刑，馬的同事奚攸趁機介入，兩人相戀，奚漸漸露出本性。此時賈接到其姐來信，知道其父因基督教信仰被共黨迫害，賈也發現奚像共黨一樣人面獸心，並意識到她個人遭遇所看到的種種人性之惡現象，與近三十年來共產主義蔓延實不可分。共產主義只重現實，講利害，泯滅人性，激發獸性，詭譎詐欺，橫行逆施，挑撥離間，製造仇恨，在大陸鐵幕已然翻天覆地，在自由區域裡，也在無形中受到傳染，不知不覺踏著惡之血污腳印。奚後來憤而開槍射殺賈，幸得革命軍人張魯興（張曾因賈小時勸說動手術因而保住性命）救了她，奚被判刑。賈因此深刻體悟上帝的愛，並積極向來台的姐姐介紹臺灣的建設事業。

《賈雲兒前傳》透過賈雲兒的前半生自白追憶，以及透過革命軍人張魯興的出現契機，不僅救了她的性命，也讓她找回從前的善良與天真，而含蓄地將國民黨在臺復國大業、人性純善與對上帝的愛等同在一起。賈雲兒的告白，指涉共黨的出現，不只是政治禍源，而是世界末日到臨的徵兆。接受末世審判與期待救世主的信仰之路，正指出國民黨在臺積極從事反共復國的民族大業必定成功，吾人所需要的只是堅強的信念。

透過基督教的善惡世界觀，反共小說中關於共產黨與國民黨之間的政黨競爭歷史，被轉化帶有宗教意識形態的善惡本質對立。政黨與個人之間的關係，也有趣地反應國民黨深層黨性文化對於基督教與猶太教之間區別的轉化涉受痕跡。

猶太教與基督教最大的不同，在於基督教克服猶太教基於母信仰的極端法治主義與歷史定論主義（historicism）。基督教拒斥摩西律法所有繁瑣規定，而訴諸所有人類希望與良知，主張遵行簡單儀式（尤其是洗禮）與道德教戒，以作為救贖基礎。同時把神的歷史與民族的王國興亡史劃分開來，突破猶太教的悲劇性困境。〔註17〕

因此，基督教以基督耶穌的「救世主」（The Messiah）的現世性，為基督教信徒開啓一個訴諸自己一生作見證的救贖機會。不過，「救世主」的犧牲，也宣示猶太民族獲得上帝祝福的復歸路程已經失敗。這個認知使得基督教雖然得以「救世主」觀念聯繫猶太教的歷史觀，但也隱含一個重要的訊息：個

〔註17〕菲特列・華特金斯：《西方政治傳統——近代自由主義之發展》，頁27。

體救贖是可以獨立於民族救贖之外。這使得基督教雖然以個人主義的信仰立場取得朝向普世性的發展機會，但也以基督犧牲自我、救贖人類的愛與希望信念，提出一種團結全人類的可能性〔註 18〕，而遠遠超越猶太教狹隘的民族主義的信仰立場。

反共小說雖然在人性的世界觀基礎，轉化基督教「上帝──撒旦」的善惡二元對立的價值判準，作爲區隔政黨立場的核心理念。但在處理個人與民族歷史之間的關係時，卻更接近猶太教的歷史意義感（sense of the meaning of history），而傾向於極端排斥個人主義的民族意識。

從早期的希伯來人到猶太人，一直相信他們是上帝唯一親自挑選的選民，即使接觸其他民族的一神教信仰，也能堅持相信他們的上帝耶和華是世界唯一的眞神。這使得猶太人極端敏銳於自己民族的歷史，相信自己終會得到上帝的所有祝福，但歷史對猶太民族的考驗卻無比殘酷，使他們將近流浪了二千年才得以回到應許之地，並建立以色列民族國家。猶太民族強烈的血統與文化民族意識與建國之前的流亡歷史，與國民黨建國意識形態所繼承的儒家文化民族主義傳統資產，以及國共戰爭失敗撤遷來台的流亡現實意識，有了可以對應比較的相似性。

猶太民族建國從宗教意識所強化的歷史意義感，到最後得以奇蹟式地完成建國的歷史使命；而國民黨右翼中國來自儒家傳統的「擬宗教」文化結構，也爲國民黨建國意識形態在民族歷史與文化對等的條件原則下吸納西方基督教文化。除爲右翼中國的民族命運開啓了一個訴諸人性的「天啓」希望外，以強化民族文化歷史所造成的民族主體，也成了建國──復國極重要的內部工程。

因此，民族救贖不僅以歷史意義感，也以歷史現實的雙重緊迫性，出現在建國意識形態中，取得「民族獲得救贖的歷史具有無比崇高精神意義」的位置。這種近似於「擬猶太教」思維的建國意識，使得反共小說的敘事個體被附屬於民族（文化／國家）主體之內，而從基督教「以個人一生作見證」──具有個人主義傾向的救贖方式，也被進而轉化到「以個人一生見證民族歷史」完成民族救贖的敘述概念──從「犧牲小我、完成大我」的殉道精神到各式個人主體對家、國、民族遭受共產黨迫害的傷痕式的「餘生書寫」〔註

〔註 18〕 菲特列‧華特金斯：《西方政治傳統──近代自由主義之發展》，頁 95。
〔註 19〕 「餘生」概念爲王德威所提出。王德威：〈拾骨者舞鶴〉，收錄於舞鶴《餘生》（台北：麥田出版社，2001 年），頁 8～9。

19）。但不管是自我犧牲或見證傷痕，反共小說也以接近於猶太教的民族宗教信仰力量或基督教普世精神兩個進路，發展出抑制個人主體意識的民族國家意向。前者會通於儒家傳統的文化民族主義；後者訴諸於人性良知、愛與希望的「擬宗教」的情感信仰。

參、「倫理化」的民族國家道德價值觀

　　將宗教意識形態挪用在政黨立場的民族國家選擇，雖然能夠強化政黨建國意識形態與積極鞏固文化民族主義國家主體之間的聯繫作用，但僅僅是作為民族主義的情感基礎，並不表示能夠提供具體所需的社會秩序。國民黨在臺的復國工程的推動與訴諸革命思維所主導的三民主義建國意識形態，仍必須具有能夠對等接受的現有社會秩序，才能避免以更多的革命暴力介入國家化過程中的社會秩序重整。

　　反共小說的世界觀，顯現出國民黨在型塑民族國家主體的文化想像時，對於西方近代自由主義或基督教文化傳統的涉受，是趨向於訴諸中國傳統性的選擇為基礎。這使得國民黨建國意識形態中的現代性基礎，接近於西方近代性發展的保守理路，而排斥更具西方現代性發展的思維路徑。〔註20〕

　　中國五四自由主義在臺灣五○年代的接續發展，胡適訴諸人格自由命題的自由主義思維暗合中國傳統，而獲得國民黨政權的肯定，法治自由為核心的自由主義思維相對被壓抑；文學價值觀則接受個人書寫意識中的民族、社會、國家等群體概念的敘述思維，而排擠個人主義式的個體自由或自我書寫風格。這些壓抑現代性的體制性現象，顯現出國民黨建國意識形態對於五○年代臺灣社會內部秩序的重整，來自於選擇具有對等性接受的文化社會意識，而不是開放包容異己的多元文化社會意識。這與國民黨以儒家文化主體為開展的建國意識形態息息相關。

　　儒家文化對中國王朝政治所做出的最大貢獻，就是在「以世俗倫理為傳統文明的維持提供基礎」下，提供帝王統治權力與社會秩序自我調整之間的平衡文化機制。主要的原因在於「儒家思想的特有力量，在它能將理性的成分和儀式（ritualistc）成分以獨特的方式結合在一起。重複的慣行遠比理性的

〔註20〕 劉小楓：《現代性社會緒論——現代性與現代中國》（香港：牛津大學出版社，1996 年），頁 61～72。

訓悔更能決定人的行爲」。這個觀點使得儒家文化雖缺乏宗教的威權力量，但卻能致力將倫理道德變爲社會秩序的根本基礎。〔註21〕

　　因此，理性接受與儀式規範的相互滲透，成爲中國儒家傳統文化維持政治社會秩序的基本運作原理。前者爲儒家文化傳統的價值觀取得根深蒂固的發展機會；後者則將儒家文化傳統的價值意向模式化，而形成社會的穩固力量。從論理來說，國民黨建國意識形態與儒家傳統文化之間所形成的對等結構，對於中國從王朝轉向右翼中國的民族國家形式，並不構成阻礙，反而可以在傳統性的基礎上，提供國民黨繼續領導民族革命的正當性資源。除減低革命形式激烈破壞國家政體後所帶來社會性結構改變的風險，還可以在既有相對應合的社會秩序基礎上，進行「現代化」──而非「現代性」結構的社會改革行動。

　　但國民黨在大陸時期始終未能徹底取得實踐三民主義建國的歷史機會，共產黨透過發動內戰取得中國建國領導權的挫折，在雙方各執一黨專政的思維下，「反共」對國民黨來說根本不是民主政治制度中「朝野對峙」的政治生態，而是「革命建國」的最大阻礙，成爲國民黨的歷史性民族使命。

　　國民黨在這個歷史現實中，也同樣利用既有的民族與社會文化資源條件上，提出非難共產黨取得中國建國領導權的理性論述，作爲反共政治宣傳的正當性基礎。反共小說以「道德──非道德」的政治身體形象塑造國民黨與共產黨，正是國民黨在儒家「倫理化」秩序思維的建國意識形態下所延伸的文學政治化現象。

　　這個秩序思維也顯示右翼中國處於民族救亡圖存危機現實之下，是透過傳統性的文化社會潛意識，將個人無條件包含於民族國家命運的救贖意識的理性接受，以既定存在的社會倫理觀念，強化「犧牲小我，完成大我」的慣性行爲。

　　所以，小說中正面人物爲黨、國、反共理念而犧牲個人私慾的行動不斷出現，包括支持但未獻身的其他行動者，進而形成共同維護民族國家與社會正常秩序的固定模式。這個固定模式，正是小說世界觀中所極力擁護的倫理秩序。國民黨與共產黨在人性與善惡二元對立的世界觀，分別被規劃爲建立秩序與破壞秩序的兩股力量。這顯示國民黨對於政黨與民族國家建國理路之間的關係思考，是以倫理作爲思維基礎。

〔註21〕菲特列・華特金斯：《西方政治傳統──近代自由主義之發展》，頁249～251。

倫理——而非法治正是儒家傳統文化型塑社會的思想特質，這使得國民黨對於政黨與民族國家之間的核心關係，被限制在「政黨必須以道德的完整性，取得領導民族國家權力」的理念思維。反共小說從「善——惡」預設政黨的政治立場，來自主觀的價值設定，在小說並不具有實證性質的效果，要證明這個預設是正確無誤，必須從客觀事實上取得。

因此，在政黨以道德的完整性取得領導正當性的理念思維下，黨員的個人言語行為是否能夠符合社會倫理規範，成為主觀價值預設對於客觀事實存在的唯一檢驗途徑。這個理路說明反共小說為何將共產黨員塑造為不具有倫理觀念的衣冠禽獸；國民黨員即使具有許多人性弱點，如何頑固不靈，也絕對不會踰越倫理的基本底限。

姜貴《旋風》中的方八姑，是忠貞的國民黨黨員，也是小說中最「政治正確」的人物，雖然滿口教忠教孝，但卻看不起妾室出身的生母；也是國民黨黨員的程時縣長，為表現謙遜正直而坐騾車上任，日軍尚未攻進方鎮就逃之夭夭，被捉住後自動投降。然而《重陽》中共產黨員柳少樵的逆行倒施與荒淫亂倫程度，則是到了令人匪夷所思之地步：強暴自己年輕貌美的未婚妻、喜歡跛腳下女；一步步以其邪惡變態本質，誘惑原為革命先勳之子葉桐葉，與其發生變態畸戀，並誘姦葉的母親與妹妹；利用共黨的進步解放之名，要求共產黨女性成員自動奉獻童貞給無產階級，並積極策劃婦協的裸體大遊行；以互相告密摧毀家庭倫常秩序……。

姜貴透過柳少樵各種情色享樂與性變態行為，指控共黨禍亂民族、家國的企圖昭然若揭。但柳少樵假根除封建之名以摧毀人類文明之實的革命進步性，背後所激起的非理性暴力與幽藏人性陰暗角落的慾望，正如同王德威所言：「在姜貴看來，共產黨革命最恐怖的是：人們無法說出、也無從判斷革命的本質。」〔註22〕

同樣的，身為國民黨革命先勳之子的葉桐葉，從一個本性善良、帶有典型奴性的年輕人的墮落過程，讓人不得不去思考共產主義激起人心慾望的狂熱是什麼？倫理秩序為什麼會經不起個人主義嚮往自由解放——雖然在小說中被強化為人心最黑暗禁忌的慾望考驗？而個體解放人性的絕對自由慾望，遊走在社會倫理秩序與民族國家自由之間，竟也形成姜貴小說敘事中最危險的弔詭關係。

〔註22〕王德威：〈歷史與怪獸〉《歷史與怪獸——歷史，暴力，敘事》，頁 136。

　　因此，小說人物的倫理化政治行動判準，只是作爲強化國民黨建立民族國家的領導正當性，並不能完全解決個體自由與民族國家自由之間的矛盾。共產黨員的非倫理化行爲，在小說的世界觀運作裡，潛在著個體追求絕對自由意志將會阻礙民族國家自由的前提。國民黨的倫理化行爲也並不能夠透過血緣家庭關係繼承。倫理秩序不一定能戰勝人性慾望之惡，而顯示出人性善惡決定發展方向的不穩定結構。這個前提隱藏個體追求不受規範的自由意志的慾望是人性本惡之源，除了人性之善的發現外，倫理意識該如何向上提昇，並尋求克服墮入人性本能之惡的誘惑衝動？反共小說在這個矛盾缺口上，提出「倫理自由」的實踐理想。

　　「倫理自由」的概念與傳統儒家對倫理的預設價值及社會實踐之間的互動性息息相關。儒家認爲倫理秩序的建立有助於社會的正常運轉，個人必須服從倫理秩序的規範，才能確定自己言行舉止的合宜適中，社會也才會更好。而政治社會倫理的執行向來是統治者的責任，人民只需負擔被教化的義務。這個思維顯示個體必須無條件服從具有倫理教化能力的統治者的社會意識中，並轉化到個體必須對自己負責之外、在具權威性所立下的界限內才有自由行動的社會行爲模式。

　　因此，反共小說以倫理權威設限個體自由的限度，將個人追求自由、捍衛自由的意識與行動，視爲個體對民族國家應盡的義務，並以此作爲追求國家自由的具體實踐之路。這種做法突顯出個體的自由意志必須納入社會倫理規範，只要社會倫理規範維持正常運作，個體自由意志就能得到實踐。反共小說在「反共」目的背後所設限的個體與民族國家關係，深深受到這種由上而下的思維模式所影響。

　　這也使得倫理秩序所規定的個體自由意志，成爲民族國家是否能得到眞正自由的關鍵，而根本捨棄「什麼樣的民族國家能帶給個體什麼樣的自由意志」的反向思維模式。進而突顯出：傳統儒家的自由倫理概念在於要求個體服從秩序、而不是試圖改革或改變秩序的保守特質，缺乏基於個體平等的社會互動思維。這使得反共小說對於「反共」的革命激進性，是表現在排斥建國意識形態所不能相容的文化政治社會秩序與價值理念，而不是爭取更多元化發展的個體價值與道德倫理。

　　因此，傳統儒家社會倫理概念下的自由意志，成爲個體層次與社會性層次「唯一」接受「反共」意識的道德基礎。反共小說正是在這個思維基礎上，

延展出不同階層屬性人物如何投入反共行列的「覺醒」模式。這也可以解釋為何反共小說的知識份子階層大都是以「個體」覺醒的姿態，選擇認同國民黨；而其他非知識份子階層則是出於社會性層次的倫理道德觀念，非難共產黨的禍國殃民。司馬中原的《荒原》則在這個層次上，提供一個絕佳的理解圖像。

故事發生在位於蘇北與皖北之交的洪澤湖東岸——司馬中原熟悉的家鄉。那是一個豺狼出沒、盜匪橫行的一個紅草原，一個三不管的不毛地帶，歷經土匪、日寇、匪共的侵擾蹂躪。農民們在這天災人禍不斷降生的不祥之地，以他們素樸頑強的土地信仰與生命韌性，守護著荒原的迷信傳說。這些農民是那麼卑微地活在鄉土的荒原上，他們不懂國民黨與共產黨的政治權力鬥爭，只是憑著民間信仰中固有的善惡分明，以及農民出身的強悍生命力量，艱難地替「老中央」保家衛國。在這些農民中，司馬中原塑造了兩個英雄：歪胡癩兒與六指貴隆。

歪胡癩兒演繹的是一則鄉野草莽如何捍衛家鄉土地的英雄傳奇，六指貴隆則是從一個佩服敬仰歪胡癩兒的單純農民、到義無反顧走向歪胡癩兒未竟之路的繼承人。他們與「老中央」並無任何政治利益的聯繫，但是卻有一種根深蒂固的情感上的依存心理——「老中央」是他們自小所熟悉世界的唯一「正統」管理者。因此，歪胡癩兒與追隨歪胡癩兒的農民們來說，「老中央」與他們之間存在一種不證而明的道義關係。這個基本的道義關係背後，提點出作者對農民從不欲改變的保守社會認知態度，以及農村社會中不存有階級矛盾的人性世界觀。而農民們在小說中所極力維護的亙古不變的世界觀，來自古老的中國。

農村的社會組織型態向來是傳統儒家文化與帝國政治秩序的最底層。農民龐大的人口數量與農村的超穩定社會結構，架撐出一個擁有數千年歷史的古老中國。農民們在傳統儒家社會結構中所薰養出的知足、樂天、服從傳統的生命質地，以及未受知識文明污染的草莽精神，雖不質疑現實，但也從不偽善昧俗。他們在鄉土信仰中所展現的純粹人性，並不是自然的原始人性，而是歷經數千年古老中國的儒家文化傳統的浸化結果。

在《荒原》中，農民們當然不可能了解「老中央」的《三民主義》信仰是怎麼一回事。但是他們所捍衛的鄉土信仰，以及成長過程中所置身的合情合理的生存空間，卻是顯示一種儒家文化往民間社會生活向下紮根的慣性。

這與「老中央」建國理念的《三民主義》的文化民族主義，是具有共通屬性的社會性系譜關係。

　　不過，司馬中原也在他的鄉土想像中，很深層地提出不同於左翼革命文學系統的中國農民內外在形象，以及他們如何介入民族存亡現實的理解。這個理解在於捍衛傳統儒家與農業社會下、農民基於善良人性以及土地和平相處精神共生結構，而不是階級對立與利益衝突的尖銳社會現實矛盾。

第二節　反共敘事中的共產黨想像

　　反共小說世界觀的建立基礎，來自國民黨建國意識形態所接受的普世性價值理念──包括人性意識、善惡判準、道德倫理原則。這三種理念價值同時輻射出國民黨建國意識形態發展中國現代性中的擬宗教思維特質。這個特質使得國民黨對於共產黨所提出的建國內涵與政治路線，表現出一種攻擊異端的衛道精神與見證民族救贖的受難意識的雙重書寫特徵。

　　值得留意的是，國民黨建國意識形態以儒家的傳統性為發展現代化的內部核心思維，為什麼會以訴諸人性、善惡、道德倫理的價值理念方式，來證明國民黨領導建國的正當性？並導致小說將共產黨以軍事戰爭取得中國政權的客觀事實、轉化到主觀的宗教迫害式的集體書寫意識？反共小說到底是基於什麼樣政治性或文化性的辯護邏輯，才使得這種集體書寫意識往往被視為文學的政治化常態，而輕忽這種集體書寫意識背後所呈現的文化精神病徵？這個文化精神病徵是否也顯示國民黨非難共產黨爭取建國思想資源正當性時的心理機制，並說明兩黨之間建國意識形態不同向度的根本矛盾。

壹、非人性化、怨恨心理與社會階級意識

　　妖魔鬼怪化的共產黨是反共小說最具特色的書寫模式之一，這使得反共小說所描繪的共產黨形象，大多不是亂世妖魔就是吃人樁杌。這些形象只說明一件事：共產黨是由一群「不是人的人」所組成的政黨。反共小說對共產黨是非人的指責，並不是文學或歷史的特例，除儒家「紀惡以為戒」的歷史道德教訓外，從國仇敵對的角度來看，反共作家是否可能潛藏因匱乏而轉為攻擊性質的報復書寫心理特質？

　　共產黨取代國民黨的建國領導權的歷史事實，迫使多數反共作家離開故

園、追隨國民政府流亡臺灣,是國民黨對共產黨產生怨恨心理的主要原因。失落家鄉的匱乏感、不能對共產黨採取行動做出直接反應的現實困境,使得反共文學書寫成為想像報復的補償機制。值得注意的是,以怨恨作為現實反共復國的投射情緒,以及寄託於民族流亡的個人現實歷史,是如何引導出反共世界觀中的人性、善惡、道德倫理價值理念?

從現實中共產黨奪取建國領導權的怨恨情緒來看,反共小說對共產黨的非人性化的想像報復,是在政黨對立的情緒謾罵中,還夾雜著個人理解與隱忍民族國家生存受到傷害的無能感,這說明反共的怨恨心態在本質上是一種生存性倫理的情緒。怨恨心理顯示反共小說世界觀中,國民黨對共產黨的生存性情感投射方式、以及特殊式樣的政黨共在關係。

這個共在關係涉及到國民黨將自身流亡解釋為共產黨竊國的社會化心理結構,進而形成一種「價值比較」的生存性緊張情態。舍勒從現象學角度分析怨恨,他認為怨恨感涉及到生存性傷害、生存性隱忍和生存性的無能感。因此,怨恨心態在本質上是一種「生存倫理的情緒」,反映的是一種特殊樣式的人之共在關係,是一種在體性的把自身與他人加以比較的社會化心理結構。怨恨心態正是這種生存性的倫理價值理解方式。〔註23〕

為了消除反共現實所延伸出對共產黨的怨恨心理,以及國民黨受挫於共產黨的生存危機意識,反共作家的怨恨樣式,通常以一種混合式的價值評價樣式出現:提出一種不同於共產黨價值觀的價值理念,以取代自身無力獲得建國的價值實質,並進而貶低共產黨建國的價值〔註24〕。反共小說的世界觀可以視為是國民黨建國意識形態所延伸的一種價值理解樣式的轉型,怨恨的心態則是這種轉型的動機結構。

因此,從怨恨的動機去理解反共小說世界觀的核心價值——倫理道德,會發現反共小說站在國民黨一方所宣揚的民族倫理道德,雖然以傳統儒家文化為正當性思想來源,但從個體與群體關係的精神樣態的動機結構來看,已經遠離儒家訴諸「自然血緣」所規範的傳統型倫理價值觀,而更接近「怨恨動機」所延伸的現代型倫理價值觀。從反共小說要求正面人物對民族國家展現犧牲小我、完成大我的「博愛」精神原型來看,反共小說更注重的是:以具體的行動成就來證明個體對國家民族的愛,而不單能滿足於精神動機的自由意志或理念導向的社會秩序。

〔註23〕劉小楓:《現代性社會理論緒論——現代性與現代中國》,頁336~337。
〔註24〕劉小楓:《現代性社會緒論——現代性與現代中國》,頁338。

　　舍勒認爲西方現代型的愛理念與古代基督教的愛理念的根本差異在於：以現世福利爲目的的偏愛取向暫代了愛的自由行動；世俗感性原則取代愛之自由精神中的精神原則。古代基督教的愛的自由行動表現在愛人意識的絕對主體性傾向，也就是說愛人者並不會以被愛者的利益處境爲條件，而是因爲愛者秉持著要去愛的自由意志而去愛。這是上帝愛人的精神原型。但現世福利爲目的的偏愛取向，卻是從愛者的主體性轉以被愛者的利益處境爲優先前提。前者是愛之行爲的理想型態；後者則屬於資本主義發展過程所延變轉換的歷史的倫理型態。這種愛的「意識形態的轉型」，使得現代型博愛不再以愛人的內在精神實質爲依歸，而是只要通過愛人的行爲就可獲得；美德不在於美德自身所有的特定品質，而在於人的行爲本身。這種美德的怨恨機制來自於：欠缺美德的實質價值的人承受不了與美德充溢者之間的品級差距。〔註25〕

　　從舍勒的分析觀看反共小說形塑共產黨非人性化的文學敘述模式，小說正面人物對共產黨的怨恨動機顯然更爲複雜：非人性化的攻擊描述顯示國民黨對共產黨的怨恨心態，以及從此延伸出不同於共產黨建國理念的批判性價值系統，應該是由欠缺美德的實質價值的人所發動；但事實上，卻是由來自於小說所認定的美德充溢者。美德充溢者才是眞正怨恨的人。因此，怨恨的機制在小說中的呈現應該是：美德充溢者無法承受欠缺美德實質者之間的歷史獲利現實（共產黨是取得中國革命建國歷史領導權的最後政黨），也無法承認欠缺美德實質者具有眞正愛民族國家的主體行爲能力。但反共小說的敘述是並不願承認這個怨恨機制的存在。

　　這個矛盾使得反共小說不得不朝向兩個面向加以強化：一、美德充溢者對民族國家的主體之愛，雖不能改變任何現狀，但必須確保國民黨作爲中國唯一具有建國領導權的政黨價值指標，以號召更多革命力量；二、美德充溢者對欠缺美的實質者的怨恨心態，被轉換到建立更具正當性的（單一政黨立場的）民族國家倫理機制，如國民黨建國意識形態中的國家自由、人性之善、儒家傳統社會文化倫理秩序等價值觀。前者使得個人的主體性必須以政黨的民族國家自由意志爲前提；後者則會傾向以接受群體價值理念檢驗的個人行爲與意識，作爲合理的個人與國家關係。

　　這兩個面向同時使得反共小說正面人物既被要求對民族國家的自由意志的愛，也同時必須透過自身的行爲證明，自由意志的愛才得以被承認。從認

〔註25〕劉小楓：《現代性社會緒論——現代性與現代中國》，頁 347～349。

同或投效國民黨／反對或消滅共產黨的自由意志，到參與國民黨革命建國／阻止共產黨革命禍國的行為證明，這些意識或行為都只針對國民黨作為中國唯一執政黨的民族國家利益立場，而根本排除共產黨同樣具有以革命政黨形式參與競爭的歷史公平性。這顯示：反共小說以國民黨建國意識形態所繫連的價值批判，來排除政黨競爭革命建國權的歷史公平性，以及訴諸壓抑個體自由所發展的革命建國倫理動機。這裡潛藏幾個很重要的訊息：為什麼反共小說所提出的怨恨模式是訴諸非人性化價值批判系統、而不是其他？反共小說所不能接受的共產黨革命建國理念為何？聯結這兩個面向所隱藏的怨恨心態與傳統性、現代性的關聯為何？

　　這些提問說明怨恨作為現代性的心理動源樣式，不能只從國民黨對共產黨在現實歷史中奪去建國領導權的怨恨動機，還包含不同政黨對於建構現代國家想像與革命建國倫理秩序之間的衝突危機。在反共小說中，這個衝突表現在小說正面人物以「愛」作為否定共產黨由「恨」所主導的階級鬥爭的書寫模式。陳紀瀅的《荻村傳》可以提供一個絕佳的觀察位置。

　　《荻村傳》透過一個無知的河北省農民傻常順兒，去看中國所經歷的各種變化。他糊裡糊塗被義和團拉去，又被丟在荻村；直奉戰爭時抽丁輪不到他，卻把他送上戰地；快五十歲時，村正把他送去日本皇軍當保安隊；日本投降後，八路軍佔領荻村，常順兒成為村長，並利用常順兒的僱農身分去鬥地主的張五爺、婦農黑心鬼、地保大粗腿與張舉人。張舉人二十歲女兒龍姝因不願被許配常順兒而瘋死，其母也上吊自殺……。共產黨一連串利用僱農仇恨去清算原先鄉村統治階層的施為，以及讓常順兒生前最大的仇人——小說中最自私、最卑劣的負面人物，成為新的村長……。共產黨種種逆行使得常順兒開始懷疑共產黨的是非對錯，最後遭受共產黨活埋。傻常順兒的一生雖然被欺負，但也做過欺壓良民、姦污婦女、勒索錢財等報復性壞事。他渾渾噩噩地憑著本能生存，真正從共產黨的惡行統治中，覺悟到善惡是非時，卻被迫結束生命。傻常順兒的悲劇性在於缺乏分辨、認知的自覺，只能被玩弄，毫無自主能力。陳紀瀅也指出：

> 荻村這班人物和中國任何農村沒有兩樣。他們隨著時代的巨輪，踏
> 入每一段行程，他們的遭遇雖然不盡相同，但在基本性質上並沒有
> 什麼差別，他們保守、愚蠢、貧苦、狡詐、盲昧，永遠是被支配者。

　　然而他們中間也有智慧、忠實和樂天知命的大眾。〔註26〕

　　不管是小說情節或陳紀瀅個人言論，都指出《荻村傳》試圖揭露共產革命如何利用人性迫害、甚至利用無知底層人民的敘述觀點。當這些底層的無產者一旦擁有有限的權力之後，無知如傻常順兒、或奸惡如完蛋蛋兒者，都在不同程度上破壞傳統社會的倫理階層秩序與其相應的生活方式。傻常順兒的委屈作為一種同情卻不該要求平反的態度，可以看出傳統社會士族知識份子階級出身或上層知識精英作為政黨精英對下層新興知識份子階級的怨恨。這種怨恨心理來自國民黨與共產黨在爭取中國建國領導權與專黨政治的生存競爭關係，以及兩黨分屬不同階層利益的革命動員機制與歷史認知。

　　國民黨是第一個以革命形式推翻帝制、讓中國走入現代化民族國家樣式的現代化政黨，也是第一個獲得中國形式統一的執政黨；《三民主義》是國民黨建立國家化政黨倫理的基礎。共產黨作為後起的革命政黨，但馬克思的共產主義並不適用於中國，所以在共同推動中國的民主憲政基礎的建國大業前提下，共產黨應該被納入國民革命的勢力之中，接受國民黨的領導，這是孫中山提出第一次國共合作關係的基本預設立場。

　　值得注意的是，《三民主義》與共產主義一樣，都接受社會主義的平等精神，並具有追求社會公義、社會平等、社會和諧等基本理念的政黨訴求，為什麼國共兩黨在歷史既合作又競爭的關係中、卻又有難以和解的衝突？從《三民主義》民族主義、民權主義、民生主義從社會主義所接受的平等概念來看，民族主義表現在對外的反帝與境內的民族平等理念上；民權主義表現在代議制度的民主共和憲政體；民生主義則表現在追求「均富」的國民經濟生活〔註27〕。這些顯示：國民黨所接受的是群體價值優先的平等的民主，而不是個體價值優先的自由的民主。

　　就革命形式改變政治社會權力結構的觀點來看，孫中山最大的貢獻之處在於將帝王貴族統治階級的政治社會權力基礎，轉移到政黨形式為主的群眾基礎。但孫中山並未開放建國權給其他政黨的群眾基礎，而僅僅交予國民黨執行，孫中山死後，革命建國理念繼續成為國民黨的歷史任務。

　　孫中山將建國領導權交予國民黨的基本預設，使得國民黨的政黨精英迅速躍升為革命後新興國家社會的上層知識份子階層。從知識份子在中國現代

─────────────────

〔註26〕陳紀瀅：《荻村傳》（台北：皇冠出版社，1985年），頁11～12。
〔註27〕孫中山：《三民主義》（台北：中央文物供應社，1985年8月），頁1～314。

社會的分化現象來看，國民黨政黨知識精英與《三民主義》信仰之間的文化關係，僅只是作爲中國社會的某一個文化理念的知識階層，並不代表其他階層知識精英不能分享建國領導權。

但《三民主義》與儒家傳統文化之間密切的關聯性，使得傳統儒家文化成爲國民黨政黨倫理的重要正當性資源；也是政黨倫理國家化之後的主流社會價值體系。這使得其他不同文化理念的知識份子階層，從事政治動員或分享政治資源時，不可避免產生爭奪權力的衝突關係。共產黨則是其中最具對立性緊張的知識精英階層。這與共產黨透過「階級平等」理念重新整合中國政治意念與社會資源，不無關係。

共產黨的「階級平等」理念對國民黨領導建國所預設的政治權力來說，國民黨的黨國意識型態與民主憲政體制取代了「普天之下莫非王土」的家天下概念與帝王專制王朝，負責執行民主憲政體制的政黨知識精英成爲國家權力的代理人；而國民黨國民革命中的「國民」群眾基礎，只是接受中國從帝王專制轉換成一黨專制的民族國家成員，未能獲得實質政治權力的分享。

也就是說，國民黨由上而下的黨政國家結構，只是在既有的社會結構基礎下，改換爲民族國家的現代化形式，並未以改變社會秩序的結構本質爲優先次序。但共產黨以「階級平等」作爲建構民族國家的國族動員時，是從國體內部社會階級的秩序改變來整合民族國家的實踐，本身即帶有社會革命性質，而不同於國民黨「推翻滿清，創立五族共和」的民族革命。

再就國民黨的建國歷程來看，國民黨專政領導建國的計劃一直遭到破壞，先是以袁世凱爲主的滿清舊官僚與保皇文化知識階層勢力，國民黨改組爲中華革命黨展開二次革命對抗；後來又經歷軍閥割據地方，共產黨迅速興起，孫中山欲接納爲國民黨新興革命勢力，展開國共第一次合作關係，直到蔣介石清黨，兩黨分裂；之後蔣介石展開北伐，以內戰形式促使軍閥投誠於國民革命軍，完成中國的形式統一。軍閥的地方勢力並未解體，只是轉成國民黨的地方性軍事同盟，接受黨部中央命令；北伐完成後開始剿匪，共產黨展開萬里長征，頑強抵抗；民國三十四年日本侵華，共產黨發表宣言願意接受國民黨的領導共赴國難，開始國共第二次合作關係，共產黨才得以獲得繼續發展的機會。

這個過程顯示：孫中山領導國民黨時，即透過政黨政治集團與王朝舊官僚勢力、以及尋求新興革命勢力的兩大政治合作路線，爲國民黨專政建國鋪

路；但蔣介石後來所走的政治路線，則放棄後者，甚至以更激烈的軍事手段消滅敵對政黨。國民黨高層領導路線的改變，從社會變動後原有社會階層秩序的解體觀點來看，不管是文化意識形態或政治社會權力結構，國民黨的黨國專政思想與革命建國歷程，都未曾為社會下層新興知識份子創造一個向上層流動的管道。

這使得共產黨的「階級平等」理念，不僅可以獲得國民黨之外的其他政黨或社會上層新興知識份子的同情，也為下層知識份子階層，聚集了更多推翻既定現實、激起變動的怨恨動機。共產黨透過「階級平等」重新創造社會新秩序的理念正當性，在國民黨失去建國領導權後，形成對共產黨的怨恨心理機制。國民黨的怨恨動機來自於上層政治社會階層否定下層政治社會階層可以平等理念要求權力的保守心態。

因此，共產黨在這個理解層次上，被視為傳統文化政治社會秩序的破壞者，是民族歷史之「惡」。姜貴的《旋風》則是從傳統儒家文化的歷史觀點，否定共產黨透過社會革命動員現代化民族國家的建國路線。

國民黨對共產黨的怨恨心理、與共產黨對共產黨發動無產階級革命內戰一樣，同樣是來自階級對階級，但在反共小說中卻極力迴避這種同質性的怨恨動機，反轉以「愛」的情感樣態掩蔽。以「愛」作為「反共」的革命建國正當性，將國共兩黨對立的問題，從社會階層屬性轉往到宗教意識形態與人性普世價值認同，根本規避怨恨動機背後，國民黨建國意識形態未能預設不同階層屬性的社會平等精神，以及訴求社會革命的國族動員機制。

宗教意識形態與人性普世價值的認同，可以說是國民黨建國意識形態中，以預設性的民族傳統性向外聯結西方現代性的重要機制。儒家文化的「擬宗教」意識形態將「主義」帶有價值論斷的社會化思想言論，在要求社會法權的過程時，轉變為信仰認同的意識形態，而超越選擇政黨立場的政治意識形態。這是國民黨訴諸文化民族主義對內作政治性國族動員的建國心理機制，並在社會內部尋求已經根深蒂固的儒家化社會思想與行為認同。

這顯示國民黨的國民革命進路是透過國體政治制度的改革轉向國家的現代化發展契機，而不預設社會本質結構的劇烈變動。這與共產黨的無產階級革命透過社會階級結構的翻轉以尋求民族國家的現代化進路恰恰相反。這也是為何共產黨建國歷史指出孫中山僅僅完成資產階級革命，而馬克思主義的無產階級專政的共產社會才是新中國未來的原因。

因此，文化民族主義的建國意識形態與宗教意識形態聯結所產生的政黨性民族主義的情感認同，才是反共小說正面人物表述「愛」與「希望」的情感樣態原型。透過「愛」的真理式情感樣態，向外擴展成尋求國族動員的建國心理機制，其中所不斷強化的「反共必勝，建國必成」的天啟式希望，不過是從政黨性民族主義認同所創造出來的政治化文學情緒與虛假意識。

貳、個人主義、社會階級鬥爭與共產黨的黨性

從反共小說的共產黨非人性化敘述模式與社會階級意識之間的關係來看，國民黨對共產黨的怨忿，表現在上層階級不滿下層階級要求建國平等權與取而代之的不滿心理。共產黨黨員在小說中，普遍被描述成自私無情、為求目的不擇手段的卑鄙人物。值得留意的是，共產黨黨員執行黨內政策的個人意志與國民黨黨員的忠貞性格不能對等比擬的矛盾，反共小說透過「倫理化」民族國家理路與儒家傳統秩序社會道德認知的相互滲透性，先行預設共產黨是一個不具有任何倫理道德黨性的政黨，進而否決共產黨爭取領導建國權的歷史正當性。

反共小說對共產黨不具倫理道德黨性的預設，除了透過非人性化的敘述，尋求讀者的良知判斷，以為國民黨尋求更多國族動員的可能性。共產黨黨員執行黨內政策的個人意志，被具體轉化成自私無情、為求目的不擇手段的極端個人主義者形象，進而否定共產黨是一個具有倫理道德黨性的政黨。這個敘述進路呈現國民黨對共產黨的價值判斷，以及建國意識形態與民族自我形塑之間不具相容性的理解認知。

反共小說對共產黨的否定，並不能說明共產黨是一個不具政黨倫理的政黨，而是反應出國民黨如何理解共產黨的思維方式。這個思維方式與國民黨建國意識形態從道德原則所出發的民族國家自我形塑，息息相關。

國民黨與共產黨的黨爭歷史，除了顯示單一政黨領導建國的專斷性格外，國民黨在小說中所極力攻擊的共產黨員個人主義形象，究竟為什麼可以成為非難共產黨的正當性？姑且不論共產黨所表現出個人主義的高度自我意識是小說虛構、還是現實認知的折射，國民黨建國意識所要形塑的民族國家自我，為什麼排擠個人主義？這是反共小說在處理兩黨對立的一個普遍出現的思維特徵。這個思維特徵在國民黨建國意識形態與現代化民族國家實踐的過程中，與傳統性的文化社會思維關係為何？

傳統儒家文化的理想社會秩序是以道德爲基礎，不管是孔子的德治思想、孟子的仁政與王道政治、荀子的禮治主義，都以強調人治爲重，人君有德是理想社會秩序的根基，延伸於周代的宗法社會制度。修身、齊家、治國、平天下成爲儒家面對現實政治的思維格局。這是一種氏族的封建社會思維格局。個體在社會的認知方式，來自於宗法制度所規定的身分，而非「自然人」。人作爲具有完全獨立意義的個體在儒家文化中，僅限於生命人格與心性個體，社會個體仍必須經由「禮」的規範來定義。

在儒家文化中，「禮」是一種依照血緣親疏的差等關係所制定的社會規範，以階級身分的嚴格區分穩定社會秩序的運作。這顯示儒家文化對於個體自由的思考，呈現兩個面向：內在生命人格的心性自由與以「禮」爲前提的社會行爲自由；這兩個面向以道德互爲聯繫，構成一種由上而下的倫理秩序。儒家從氏族社會所延伸的倫理思想，本身不會朝向獨立社會個體與階級平等的公平概念發展。

國民黨對三民主義建國意識形態的操作與來臺後所實踐的現代化民族國家發展理路，基本上是以儒家傳統文化作爲內部的民族意識動員與社會秩序機制；外部則以黨國憲政體制與國家資本主義作爲國家的現代化發展模式。國家與社會的關係並未嚴格分離，而被（執）政黨的建國意識形態所統攝。前者強化政黨倫理對民間社會秩序的影響層面；後者促使政黨倫理成爲執政者主導技術官僚限制私人資本擴張的基礎。這可以看出國民黨建國實踐的思維模式，是以政黨建國意識形態爲國家主體發展的基本預設，以及訴諸政黨倫理作爲規範臺灣五〇年代社會秩序的社會法權，取代儒家傳統社會型態的「禮」。

劉小楓即指出中國的社會倫理的現代轉換最重要的是，禮法倫理轉變爲政黨倫理。而政黨建立起民族國家的建構，隨著政黨的國家化而來的是：政黨倫理的社會化不同程度地抑制和改造傳統禮法的社會倫理。因此，政黨倫理提供的道德秩序的確當性資源是政黨意識形態（馬克思主義或三民主義），一但政黨與國家組織疊合爲一（成爲黨國），政黨倫理本來僅只對於政黨成員具有規約力，就變得對由國家控制的整個社會具有規約力〔註28〕。

從西方現代思想來看，個人主義與階級平等的概念分別是自由主義與社會主義的核心理念。早期自由主義從「自然人」與「自然狀態」觀念出發，

〔註28〕劉小楓：《現代性社會緒論——現代性與現代中國》，頁157。

訴諸個人的本原性與至上性原則,論證國家權力的合理性與有限性,將國家與社會分離開來:國家並不具有可以侵犯或妨礙個人自由與權力的合法基礎;作爲社會個體的公民應該擁有獨立於任何社會政治權力之外的權力〔註29〕。從個人出發定義國家、而不是從國家出發定義個人的政治思維方式,構成西方公民社會抗衡國家權力的社會法權基礎。個人權利透過這個基礎,是可以取得與國家權力對等的位置,很不同於國民黨建國意識態由上而下倫理秩序的社會法權行使。

來自氏族社會文化遺產的倫理秩序強調的是群體的利益,而不是個體的利益,個體利益必須受到道德規範的限制,是儒家傳統社會界定群我利益關係的道德原則。這使得個體權利的正當性並不被倫理性社會法權所積極認同,必須以倫理秩序爲前提,才有被獲得承認的可能性。個人主義的思維方式則不需要透過倫理秩序,而視個體爲獨立的基本社會單位,強調的是個人式的社會倫理與社會自由。這個預設與國民黨訴諸政黨倫理爲社會法權的行使基礎,並不相同。

以政黨倫理行使社會法權,並成爲維持社會秩序的正當性基礎,是以政黨倫理取代社會的公民道德原則。國民黨建國意識形態的優勢在於結合傳統儒家社會的道德原則,但儒家傳統社會的道德原則並不是以個體爲單位,而是氏族社會型態的文化思維產物。這使得傳統儒家道德原則傾向於不同社會階層約束效應爲主的設計導向。

從中國傳統社會「上層——下層」結構來看,國君、世卿、士大夫等不同身分權限所形成的政治集團,可以視爲上層結構的簡單統整;一般老百姓則屬於被統治的下層結構;未具有官方身份的民間知識份子則介於上層與下層之間。在儒家由內聖(修身)到外王(齊家、治國、平天下)的政治理念設計中,所有社會階層都必須接受道德原則的約束。屬於上層結構的國君、世卿、士大夫與介於上層——下層之間的民間知識份子,強調的是知識文化教養過程的內聖工夫;透過由上而下倫理秩序的法權行使,使下層百姓得到教化薰陶,達到外王之效。

「內聖——外王」暴露出傳統儒家政治思想最大的問題,在於道德並不具有任何客觀性的制約效應能力,但是儒家的「擬宗教」意識形態則將道德

〔註29〕 叢日云:《在上帝凱撒之間——基督教二元政治觀與近代自由主義》(台北:左岸文化出版社,2004 年),頁 32~36。

思維的理性成分，轉換以宗教信仰的儀式行為，成為民間社會重複慣行的普遍規範與穩定社會秩序的基礎力量〔註30〕。因此，擁護儒家文化在政治意識形態的主導地位，成為上層與民間知識階層共同的社會責任，而以道德規範作為上層行使政治權力的制約原則，以及由上而下的倫理秩序，不僅切斷下層對上層的質疑正當性，也未能有效限制政治權力的不正當行使。

國民黨建國意識形態的民族國家實踐，以唯一政黨專斷想像性民族動員與實際國家權力的行使，以及訴諸政黨道德作為社會階層結構的內部平衡機制，不僅不能建立一套法治制度規範政黨高層行使國家權力的權限；反而更容易傾向以黨國意識形態的文化與政治威權，來解決國族認同或不同社會階層利益政黨之間的矛盾問題。

因此，國民黨建國意識形態排擠個人主義取得社會法權的傾向，來自於建國實踐邏輯的必要性。這也可以具體了解共產黨黨員的個人主義在反共小說中，普遍被描寫成破壞社會倫理秩序，以及小說以破壞道德倫理的價值判斷暗示個人主義不具社會法權正當性的集體書寫動機。

反共小說除以個人主義強調共產黨「禍國殃民」的黨性之外，還顯示以道德原則否定共產黨社會階級鬥爭的集體書寫特徵，作為共產黨不受儒家倫理道德秩序約束的怨恨心理。這與國民黨建國意識形態、傳統儒家倫理秩序共謀的現代社會理念，並不具備階級平等的社會性公平概念，息息相關。

從現代社會「平等民主」與「自由民主」兩大難以協調的政治訴求而論〔註31〕，孫中山《三民主義》中的社會主義思想與共產主義，都具有壓抑「政治自由」、傾向追求「社會民主」的思想特徵；以「平等民主」和建立民族國家（反帝）的政治訴求，也同為國共兩黨的現代國家建構理念〔註32〕。這也顯示：在建構強勢民族國體的現代國家的共同理念下，國民黨建國意識形態為什麼無法相容共產主義？這與兩黨對「社會民主」的價值理念預設，又有何關聯？

「社會民主」是社會主義式民主國家的重要政治理念，國共兩黨一致都傾向以國際——國內的平等為中國現代民族國家的基本訴求，但國共兩黨對於要求國內平等的社會性群眾改革卻有所不同。群眾的形成與集結是現代社

〔註30〕菲特列・華特金斯：《西方政治傳統——近代自由主義之發展》，頁250～251。
〔註31〕劉小楓：《現代性社會理論緒論——現代性與現代中國》，頁93～94。
〔註32〕同前註，頁91。

會的重要民主化過程之一。民主化的概念改變傳統社會精英階層獨占社會權力的正當性，使得非精英階層以外的社會集團也能享有主動參與社會活動與支配權力。群眾作為一個現代性的概念，不僅是一種社會型態的新樣式，而且是一種新的評價與倫理樣式。〔註33〕

　　國共兩黨依循各自的政黨倫理與執行政黨倫理的知識精英階層，動員參與中國現代化民族國家的群眾力量。在這個發動機制中，國民黨重視的是基於漢族身分與民族傳統文化認同意識形態的「國民」；共產黨強調的是以無產階層鬥爭意識型態的「革命」群眾。

　　從革命與社會權力結構的改變而論，國民黨政黨與文化精英取代原有社會王朝貴族與士大夫屬性的統治階層，非政黨精英的其他社會集團則成為接受建國指導原則的國民群眾，以被動的方式達成社會民主；但共產黨卻不然，知識精英階層與農民階層所組合而成的革命訴求，分別造就社會主義知識人與農民兩大具有衝突屬性的政黨精英集團〔註34〕，農民群眾在政黨倫理的價值理念之下，以被賦予主動參與政治改革的社會權力，來完成社會民主。

　　反共小說對於國共兩黨爭取不同「社會民主」動員方案的現代化國家歷程的衝突，避開客觀現實的歷史發展原則，而傾向以儒家主觀的歷史道德原則處理。從反共小說塑造共產黨員非道德化政治身體的集體書寫特徵，可以看到反共小說作家們對共產黨參與中國建國歷史的不信任。其中很重要的原因來自於共產黨階級鬥爭思想的社會革命理念，以及理念背後所許諾的一個更公平的經濟秩序嚮往。

　　孫中山同樣也吸納社會主義經濟平等的精神，但不以階級鬥爭為前提的原因，在於馬克思以階級鬥爭作為社會進化的謬誤。孫中山認為馬克思主義以階級鬥爭的激烈方式，只能解決政治問題，不能解決社會問題。解決社會問題應傾向於歐美資本發達國家社會黨所提出的和平方法，包括：社會與工業之改良；運輸與交通事業收歸公有；直接徵稅；分配之社會化。

　　因此，民生主義提出平均地權與發達國家資本兩個具體方案，前者只限於化解農民與地主階層之間的土地改革衝突；後者則以壓抑私人坐大資本所造成社會貧富不均的弊端〔註35〕。但是孫中山僅僅提出以發展國家資本提昇

〔註33〕劉小楓：《現代性社會理論緒論——現代性與現代中國》，頁366。
〔註34〕同前註，頁378～379。
〔註35〕孫中山：《三民主義》，頁228～264。

民生經濟的「均富」方案，壓抑下層階級對社會資源分配不均的怨恨，卻沒有進一步提出：私人資本或下層階級無法均衡分配到國家經濟或社會資源時的可能預設。

金觀濤認為中國傳統的經濟行為的合理化來自於儒家理念（義）或民間常識（利），這兩個特質決定中國傳統經濟倫理的根本：經濟倫理制度必須從屬社會規範，財富分配必須與社會秩序等級相符，因此「均平富」不是中國古代社會的制度化的財富分配原則；不合乎禮的經濟行為（利）也得不到價值理念（義）的正當性支援，私有財產的累積就不能得到制度倫理的支持。

劉小楓從金觀濤的論證，延伸出資本主義或社會主義在中國實行的可能性論點：以資本主義的西方價值理念和社會規範取代儒家價值理念和社會規範；以社會主義替換儒家價值理念和社會規範的內涵，但仍會以社會主義的平等概念（義的意識形態）抑制利的經濟行為。〔註36〕

從金觀濤與劉小楓的論述來看，孫中山所提出的民生經濟「均富」方案，只是從政黨性建國意識形態取代傳統社會規範，並以此延伸出一套規範民間獲利的分配機制與制度倫理。而國民黨建國意識形態與儒家傳統社會循禮規範之間的本質相似性，使得不同社會階級或集團在獲得國家經濟或社會資源的分配同時，就已經制約於階級或集團在（從屬政黨意識形態）社會秩序的原先等級。

共產主義訴諸階級鬥爭的社會革命理念，相對於國民黨基於儒家意識形態價值所對應的建國與社會秩序，是以一種「拋棄舊有意識形態價值基礎」的正當性，對抗國民黨領導建國的唯一政黨預設。但國、共兩黨對轉型現代化國家的建國意識形態，都同樣無視於西方政治自由（個人意識）與經濟秩序（自由市場）的內在關聯，傾向以單一階級屬性的群體價值，作為國家與社會秩序的合理基礎。

因此，國民黨對共產黨不願遵循儒家傳統社會倫理制度的怨恨，在反共小說的敘述書寫中，往往被轉換到：個人或身旁親友直接或間接經歷共產黨破壞社會既有秩序的理解層面，進一步否定共產黨參與領導建國所提出的無產階級革命倫理，以及與國民黨同以革命政黨的身份而取得建國領導權的歷史正當性。

〔註36〕劉小楓：《現代性社會理論緒論——現代性與現代中國》，頁103。

參、愛情想像、現代性自我與民族自我形塑

　　王德威曾指出二○年代末期左翼作家在「革命加戀愛」敘事寫實中，所含蘊的否定的辯證（negative dialectic），指出小說藉由書寫所企圖完成的革命行動，往往可能指向革命書寫本身意義的作廢；以及現實中，左翼作家以愛情作爲獻身革命與文學之間的歷史想像與慾望實踐〔註 37〕。追求愛情與嚮往革命的慾望疊合，透過文學，既書寫個體從封建禮教束縛解放的心靈意識，也可看作個體向社會要求在私人領域完全支配身體資源的權力。

　　從社會的革命行動來看，左翼作家所呈現的革命理想與男女情愛之間複雜，不只是從文學場域的角度，提出革命修辭的預言或隱喻，而是藉由書寫獲得個人身體在社會場域中，實踐自主情慾的可能。這與反共小說中放縱情慾、不惜以身體換取政治報酬的左翼或左傾人物形象，呈現兩種極端的詮釋評價。

　　反共小說中那些放縱情慾、不知節制的共黨黨員，以「解放身體」的叛逆性與打破封建意識的「前衛性」，號召涉世未深的年輕學子參加社會革命行列。這些年輕學子以自己無知的熱情爲黨獻身，但最後卻慘遭種種墮落後的惡果。潘人木的《婉君表妹》可以說是這個敘述模式的典範之作。漣漪一生的悲慘遭遇，正是因爲年輕無知、盲目投效共產黨革命的結果。

　　《漣漪表妹》是以九一八事變至大陸淪陷時段爲歷史時空背景。小說中，漣漪是個美貌但愛慕虛榮、喜歡出鋒頭的年輕女學生。後因參加學運而遭到學校開除，住進職業學生洪有義的公寓，懷孕後投奔延安，成爲宣傳樣板戲的演員。最後靠著洪有義的一點良知，被安排逃往香港。途中，漣漪認出自己的孩子小離，但瞎眼的小離因接受共產思想而充滿仇恨之心，不願接受漣漪，反而折回大陸，最後被共軍射死在邊境。

　　潘人木以自己的親身經歷寫下漣漪的故事，試圖揭露共產黨在抗戰前夕時期蠱惑許多年輕知識份子參與報國的虛幻性〔註 38〕。相對於漣漪因盲目參加學運、又在自我認識不清的狀況下與共黨黨員同居，又因對共產黨的無知信任而獻身革命事業，最後落得兩空的悲慘遭遇。敘述者反而因安於傳統女性的角色，得以嫁了個（國民黨員的）好丈夫的平順。

〔註37〕 王德威：《歷史與怪獸──歷史，暴力，敘事》，頁 24～25。
〔註38〕 潘人木：〈我控訴〉，收錄於《漣漪表妹》（台北：爾雅出版社，2001 年），頁 6。

　　敘述者我透過漣漪表妹自述性的手記原形，讓漣漪陳述離校後的重要經驗，顯示敘述者對共產黨利用學運，以及提出解放身體與自我的新女性論點的質疑。而漣漪自述性的懺悔書寫形式，也從當事者的第一真相的寫實角度，強化共黨利用年輕知識份子追求「流行」的衝動，而導致自我墮落陷阱的保守認知態度。漣漪的敘述自白，點出對共黨革命理想性的破滅，以及參與共黨革命的女性一但踰越家庭界限之後的墮落命運。

　　漣漪的自白敘述應證表姐對共黨的「客觀」觀察敘述，除共同推動小說情節的發展外，背後還反應了二個嚴肅的議題：女性到底能不能與傳統宿命抗爭？女性到底該不該主動爭取革命的機會？潘人木以漣漪遇人不淑的「懺悔錄」，突顯出表姐以嚴守女性不該介入政治的被動態度而獲得幸福的正確性，指射出一種「男主女從」的傳統封建意識與性別架構思維。漣漪以愛情奉獻為前提的革命意識，也點出女性的「從屬」定位，但漣漪的悲劇是遇見共產黨員。這使得女性的宿命不只是端繫於男性，如果要走出家庭，還必須經由政治正確的男性的指引才能加入革命的國家大業。〔註39〕

　　漣漪的悲慘受騙與表姐的幸福光明兩相對照，強化國民黨與共產黨男性善惡本質的對立性，並成為女性命運的先決條件——遇到共產黨黨員就悲慘一生，遇到國民黨黨員則共創希望未來。女性在反共小說的婚姻愛情中的境遇，具有代表不同政黨的民族國家命運的象徵意涵。

　　這個前提使得反共小說的愛情想像，與革命想像一樣，同被收納至政黨建國意識形態的民族國家秩序中。愛情不再是單純體現個人對於慾望的自由意志，而是檢驗政黨革命本質、帶有政治目的的文學預言。

　　因此，反共小說中的愛情想像也二分為「情——慾」的對立層面。這個前提促使反共小說的愛情敘事朝向公式化演進：如果遇到國民黨陣營男性，得到的是心靈的愛情，最後以婚姻倫理關係收場；如果遇到共產黨陣營男性，往往是在被騙失身、或遭到強暴的情況下，被迫建立短期或長期的肉體關係，最後只能得到未婚生子、同居或始亂終棄等悲慘下場。

　　反共小說中以政黨立場所區分的愛情敘事公式，使得愛情裡的人性掙扎、七情六慾……都必須接受社會道德倫理的價值觀審判。因此，五四時期從封建社會父母媒妁婚姻解放出來的自由戀愛，到了反共小說，雖讓女性獲

〔註39〕梅家玲：〈性別 V.S.家國：五○年代的臺灣小說——以《文藝創作》與文獎會得獎小說為例〉，《台大文史哲學報》第 55 期（2001 年 11 月），頁 40～41。

得戀愛的自由，但卻未能進一步讓女性勇敢主導自己的愛情發展，反因戀愛自由，而加重突顯出遇人「淑」或「不淑」的宿命。

這個保守態度也突顯反共小說愛情敘述的性別觀點：雖然不反對女性擁有戀愛的自由，但未能同意女性獲得戀愛自由後、可以完全自我負責的肯定能力，必須透過男性的提點，才能從家庭婚姻走向革命。進而突顯出：愛情是女性願意投入革命的積極原因，男性從事革命卻是因為捍衛家國使命。端木方〈四喜子〉在這個性別觀點上，明確勾勒出「男主女從」的革命愛情倫理秩序。

〈四喜子〉是敘述一位姓勝名四喜的孤女，本來是一個單純質樸的鄉下女孩，但因為國軍朱連長的憐愛而下嫁，在經歷許多人生遭遇後，經由上級師長為她重新更名「勝似曦」，終於得以正式加入革命反共行列。

在小說中，朱連長對四喜的愛情，使得四喜在自由意志的選擇下，毅然嫁給朱連長，因四喜堅信對朱連長的愛情，促使她以未亡人身分繼承朱連長的革命志業，但也必須透過革命男性的重新命名象徵，才能重新被改造成革命女性。四喜與朱連長彼此之間的堅真愛情，是四喜走向女性革命自我形象發展的重要動機。

從愛情與五四之後現代性經驗發展的觀點來看，戀愛自由從父母媒妁之言的傳統秩序解放出來後，愛情本身所賦予個體的私密性與自主性，成為個體在成長過程中所建構的一種非倫理性的親密關係。也就是說，追求愛情的意識與權力一但取得社會法權之後，傳統社會依靠倫理關係、義務責任等外在機制所聯繫的婚姻觀念與體系，也即將面臨挑戰；愛情也因此成為個人與社會生活領域的一種新式原型的「純粹關係」（pure relationship）。

「純粹關係」是觀察現代性自我反思的一種重要的親密關係展現與內在參照秩序形式。純粹關係是一種外在標準已被消解的關係，這種關係的存在也僅僅是為了這種關係所能給予的某種獎賞。在純粹關係的場合中，只有通過個體之間相互敞開的過程，信任才會出現。或者說，信任可以不再用這種關係本身之外的標轉，諸如親屬關係、社會義務或傳統責任的標準來進行界定。〔註40〕

這使得愛情不再限於個體與個體之間的內在經驗，還跨越到社會性的自

〔註40〕安東尼・紀登斯（Anthony Giddens）：《現代性自我認同》（北京：三聯書局，1998年），頁6～7。

我實踐範圍。而愛情自主所帶動的個人主義思維，以及每一段愛情體認或每一個愛情對象的獨特性、甚至不被社會所承認的愛情關係，都能有效激發個體對差異、例外、甚至邊緣化的感受經驗。

現代性本身即是一種產生差異、例外與邊緣化的內在性精神結構。當愛情實踐從個人領域跨越到公共空間性質的社會實踐意義時，愛情形式以個體經驗為主的反思性與內在參照秩序，也同時被公開展示為一種關於社會新生活領域的純粹關係的隱喻。

這是中國三〇年代左翼革命文學發展「戀愛加革命」敘述的社會性歷史動力，愛情成為中國現代文學左翼系統追求現代性自我的重要敘述對象。左翼革命文學「戀愛加革命」的敘述從這個角度來看，可視為愛情承諾與獻身革命之間純粹關係的一種建立模式，不同於右翼革命文學在愛情關係中所強調的「男主女從」倫理關係。

現代性自我的發展之所以與純粹關係息息相關的原因，在於現代性自我認同必須同時建立在探索自我與關係對象的雙同認可基礎上，而不涉及自我與關係對象之外的任何外在因素或條件。純粹關係是一種屬於自我與關係對象的內在性參照系統的精神結構。這種精神結構將促使傳統社會結構中個體對社會承諾的單向義務關係，轉為必須透過主動認知之後才能建立的雙向責任關係。

照理來說，這應該會導致私人空間與公共空間的分離。但是左翼革命文學以男女愛情隱喻自我與革命之間關係的社會性敘述，卻將愛情的內在性私人敘述朝向文學公共空間化發展。愛情與革命的互動，既是文學性也是政治性的曖昧，使得愛情的自我追尋，同時也是理想革命的自我形象投射。而文學敘述中愛情與革命之間的純粹關係，進入政治與社會的公共空間敘述結構之後，一但從政黨意識形態取得社會法權後，愛情敘述中原本屬於個體性信任的承諾，將被轉換到個體對政治領域或社會領域的忠誠檢驗。

因此，從這個角度去看反共小說中情慾化的共產黨員形象，不管男性或女性都被敘述為：擅長利用人性情慾與自己身體去誘惑無知善良靈魂的惡魔，而因無知接受誘惑而墮落的善良靈魂，如果不能發現錯誤轉向悔悟痛改，投效正義一方，最後也往往以眾叛親離的際遇。

反共小說的敘事尤其突顯女性共產黨員甘願以自己身體或情慾作為收集情報的無恥淫蕩，甚至因無知而甘願盲從共產黨對女性的解放身體訴求。前

者如穆穆《女匪幹》、尼洛〈紅蘿蔔〉，都以塑造出透過肉身色誘男人墜入魔道的女匪幹為主；後者如姜貴《旋風》裡的羅如珠，離過四次婚，為了共產思想要求人人平等，而自願獻身給一群低三下四的男人。

這個情節公式顯然傾向以倫理道德認知在傳統社會行為的規範性，預設敘述對象踰越倫理道德價值之後的行動後果。相對於現代社會關係個體與個體之間的高度流動性質，所出現的「一個人」常態現象，反共小說集體呈現的教化詮釋觀背後，是訴諸個體與個體在傳統社會倫常關係中的繫聯結構，否定共產黨員獻身愛情或追求革命中的自我驅動力量，以及個體選擇加入共產黨的自由意志的可能性。

值得繼續探討的是，反共小說作為國民黨建國意識形態的時代性文學產物，在這個敘述層面，也可以視為國民黨以道德意識形態扭曲敵對政黨的一種自我投射敘述。這顯示臺灣五○年代反共敘述的文學公共空間化，不僅僅只作為政治性文學宣傳的功能存在，還從政黨建國意識形態與民族自我形塑之間純粹關係的正當性，取得社會法權。

國民黨以倫理道德意識形態作為動員革命與積極建立民族自我的內在參照系統，並以此檢驗敵對政黨參與建國領導權的錯誤性，不僅同時反應出國民黨在臺灣五○年代的建國──復國工程除造成中華民國在臺灣的不正常國家化發展，也同時以單一政黨意識形態形塑民族自我認同的社會性發展傾向。這也顯示臺灣首次進入民族國家歷史進程的現代性發展過程，過於強調建國意識形態的政治主導性，以及透過政黨政治意識形態所取得的社會法權基礎與制度化運作之後的結構連續性。

就個體面對於民族國家與現代社會所形成的國民、公民關係來說，臺灣五○年代反共敘述的文學公共空間化，以及訴諸政黨政治性為主導──而非歷史性或文化性意識形態所形成的共謀結構，強化以民族自我認同作為國民自我認同的意向性發展原則，相對於公民社會以個體為單位的自我認同關係，則顯示出以政治建國意識形態壓抑個體現代性的文學發展傾向。

第三節　建國意識形態、民族想像與壓抑的現代性

反共小說以國民黨建國意識形態態所主導的倫理道德敘述原則，除積極塑造民族國家自我認同形象之外，也同時結合儒家傳統秩序的社會道德價值

觀，作爲小說「寫實」形式的批判基礎。反共敘述的個人（直接或間接）經驗與民族自我認同之間，形成彼此雙向強化的共謀結構：以民族國家自我爲個體自我認同的傾向；以及政黨政治性文化意識形態爲主導的社會發展模式。

壹、政黨意識形態與民族國家想像

　　反共小說依循建國意識形態的道德原則所建立的現代性敘述模式，促使臺灣五〇年代文學公共空間的政治化傾向，是以發展統合性的民族自我意識認同爲基礎：建國意識形態一方面加重文學價值觀中社會道德的功能性批判意識，另一方面使得書寫在文學公共空間的發展，過於集中於政治性的民族自我建構的正當性。前者會壓抑文學價值觀的美學獨立性，限制美學形式與內涵必須以「民族國家」想像爲主要前提；後者則會使得政治與文化知識份子介入文學公共空間敘述時，必須接受體制主流政治意識形態的檢驗。

　　因此，建國意識形態所主導的文學政治化發展傾向，使得文學書寫往往以政治目的混淆美學目的，雖能提供獨特的政治美學觀點，但卻會相對限制政治文學朝向多元化開發的可能性，並同時強化專黨政治的社會敘述的主導霸權。從反共小說所建立的共產黨政治敘述來看，以寫實主義的美學形式聯結人性意識、善惡判準、道德倫理等普世原則的價值世界觀，作爲共產黨在現實政治中的認知典型。小說人物在這個世界觀中，各自依循國共政治立場所設定的命運軌跡，展開個人行動。小說透過個人行動，逐漸一一展示出國共政黨之間的二元化價值，同指射出兩個政黨爭奪新中國領導權的民族未來眞相。

　　反共小說積極分別指射國共兩黨所帶來光明與黑暗的統治眞相，可以看到國民黨建國意識形態背後對於歷史社會轉動力量的呈現，來自於政治性文化意識形態所主導的倫理道德原則。這是反共小說所展現民族自我認同的整體性，也是區分國共兩黨陣營人物的政治形象典型的基礎。倫理道德原則使得國共之間的對立關係，被置入國民黨立場的道德重整秩序與價值判斷，呈現的是主觀的歷史與預期的社會發展規律。

　　這也說明反共小說作家對共產黨所發動的道德價值判斷，並非只是政治文宣性質的攻擊，而是兩黨各自依循政治意識形態所掌握歷史與社會發展方向並不相容。道德價值判斷所積極促發的排斥想像，雖然與敵對政黨之間的利益衝突的立場有關，但不能只是一昧指責反共敘事簡化或扭曲客觀現實，而必須以特定政黨的經驗陳述看待。

從國民黨與共產黨各自陳述的歷史進程來說，兩黨都各自依循不同階級屬性的革命立場，以及預設專黨政治、建立新中國的理想藍圖。這使得兩黨在互相競爭過程，即涉及到不同階級屬性的革命立場、與重建新中國社會想像之間的利害關係。

對國民黨而言，一九一一年國民革命成功、確立歷史正統性之後，統一中國政權成為達成建國大業的首要目標，一九二一年成立的共產黨，則是後起的革命政黨。但共產黨依循馬克思主義的知識正當性所發動的無產社會階級革命，不只挑戰國民黨專黨政治權力，還包括以徹底推翻既定現實社會結構的歷史走向的衝突。

對共產黨而言，推翻滿清王朝政治的帝國體制，只是國民黨所完成的資產階級革命的階段性任務，無產階級社會才是歷史發展的最後階段。這顯示兩黨在詮釋建國歷史進程的路徑各有所本：國民黨承繼儒家傳統文化的正統歷史史觀；共產黨則依據馬克思所提出的無產階級歷史史觀。因此，共產黨最終以革命政黨身分與武力內戰形式獲得中國政權的歷史流變，成為反共小說以傳統儒家歷史正統原則維護國民黨專黨政權的詮釋觀點中，最難回應的客觀事實。

所以，反共小說對共產黨所頻頻發動的道德攻擊，是唯一能為國民黨專政中國舉證的自我辯護。反共小說依循道德敘述的主觀歷史詮釋，促使共產黨歷史進程的客觀性自動消失，取而代之的是，道德的反面論證——歷史中「惡」的存在與必然消滅的「真理」。

這是反共小說試圖透過控訴共產黨危害民族國家的論述基礎，但「真理」只是主觀歷史原則所建構出的應然理想，並不一定能等同於客觀歷史發展的必然。反共小說敘述中應然不能同等於必然的困境，也是國民黨在五○年代臺灣政治現實中，主導「反共必成、建國必成」的最大困境。為解決這個困境，只能仰賴更強烈的道德原則，作為反共文學敘述的想像基礎，以及足以維護道德敘述運作的社會語境，進而導致以政黨意識形態主控民間社會的發展模式。

貳、文化民族主義國家與社會公民意識

以政黨專權主導民族國家建國發展，是黨國體制的基本預設理念，政黨政權成為鞏固國家權力的中心。政黨建國意識形態也因此成為維護社會內外

在秩序的重要憑藉。這使得國民黨來台建國的歷程，一方面建立以黨（領袖）為大的政治權力結構，一方面又在儒家文化的影響下，朝向政教合一社會結構特質發展。這使得政黨政權不僅僅成為掌握國家霸權的政治機器，還兼備負責社會教化功能以維護社會意識形態正常運作的文化霸權。

因此，政黨專權的黨國體制導致以政治為中心的社會場域發展樣態。這使得個體在社會的公民身分的認同，未能從民族國家的政治性社會組織獨立出來，反而時時必須被政黨的政治意識形態所介入或干擾，形成民族國家凌駕於公民社會的政治一元化權力結構。

政治一元化權力結構的社會現代化發展，在場域朝向分化的過程，社會實體必須以政治權力原則作為社會內部的統合機制，而不是訴諸各領域的自律原則。這種「不均衡現代化」現象與國民黨建國意識形態中的「擬宗教」傾向，息息相關。

因為政黨政權一但以「擬宗教」意識形態取得公民社會的政治認同的社會法權，將使專政政黨得以藉由凝聚民族國家意識形態，而取得更高於社會性宗教組織的「教權」，加深黨國意志對社會個體自由意志與精神權力層面的控制。傳統儒家文化的政教合一思維與社會結構，在王朝政治體制轉型為民族國家的現代樣態過程，仍扮演相當重要的中樞位置。

孫中山領導國民黨對滿清政權所發動的國民革命，即是透過繼承民族文化傳統的正當性，取得改變中國政治體制的權力，並以繼承民族文化傳統的建國意識形態，尋求傳統社會結構與認同的穩定力量，作為鞏固革命破壞勢力之後的政黨專權基礎。政黨專權政治因而在承繼王朝政治體制的皇權的同時，也兼以更具「現代化」政治權力形式主導新中國的現代化發展。

這說明孫中山思想以儒家傳統所能提供的文化民族主義資源，作為動員革命與建國的效應基礎。孫中山的建國理路使得國民黨政權來臺建國後，透過「去日本化」與「中國化」雙軌所進行的文化政策、來主導臺灣國家化的內部秩序發展，因此使「中華民國在臺灣」成為臺灣人民能夠接受的合理常態，進而鞏固國民黨政權。

因此，訴諸中國儒家文化傳統的民族自我認同，以及維護儒家傳統社會秩序的道德原則，形成國民黨在臺反共政權取得文化與社會認同的正當性基礎。這使得儒家傳統文化在臺灣五〇年代之後，分裂為「政治性」與「文化性」的雙重發展路線。前者作為維護國民黨統治政權的政治與社會基礎；後

者則爲民間社會以發展學術專業思想爲主所形成的文化主體；兩者在意識形態都具有文化保守主義屬性。〔註41〕

　　國民黨政權所致力的傳統儒家文化政治化運作，雖然促使道德原則成爲社會思維運作的主流價值觀，但也使得道德必須依賴政治力的強化基礎，才能持續發歡穩定社會秩序的功能。道德的政治化過程，使得社會的道德價值觀基礎，來自政黨建國意識形態的文化民族主義實踐，而不是個體或群體在公民社會的生活實踐。

　　以政黨建國意識形態整合公民社會意識的邏輯思維，雖然成爲五〇年代架構反共文學敘述與社會語境的重要社會基礎，但卻也相對限制公民社會獨立於政治思維之外的多元發展空間。這說明政黨建國意識形態一但取得統整公民社會發展向度的法權之後，公民意識將重疊於國民意識，更易爲政黨政治權力思維所操弄。

　　這也說明國民黨政權在臺灣五〇年代建國內部工程的意向結構，並未朝向西方二元政治觀下「國家──社會」的平等性結構發展，而是傾向於政黨國家領導公民社會的不對等結構。這種不對等的結構關係，影響政治權力不斷跨越政治域場，干擾其他社會領域發展，並導致政黨性的民族國家與文化意識形態，成爲公民社會集體價值理念的預設前提。

參、限制性的否定個人

　　反共小說所驅動的道德倫理原則批判，以及在臺灣五〇年代文學公共空間所佔有的主流位置，都再再說明文學建國意識形態在國民黨來臺建國之初，所發揮的重要性。前者可藉由傳導儒家正統史觀的正當性，持續鞏固國民黨在中國歷史發展進程的建國領導權；後者則是維護民族國家與公民社會內部秩序的文化運作機制。

　　這是反共小說透過文學政治意識形態的詮釋路徑，在深層文化與社會結構意義下所展現的社會性意義。這同時也說明文學一但結合政黨政治意識形態──尤以建國意識形態爲導向時，將促使文學的美學性表現轉向行動政治綱領的「政治性」發展時，很容易在政黨政權意志的支持下，得到文學公共空間的主流發展位置，同時更強化社會性敘述意義高過於美學性敘述的文學道德價值觀。

〔註41〕黃俊傑：〈戰後臺灣文化中的儒家思想：存在形式、內涵與功能〉《臺灣意識與臺灣文化》（台北：正中書局，2000年），頁174～217。

　　文學與國家之間細密關係所突顯的中國現代化特徵之一，則會相對壓抑或排擠政黨政治意識形所不能相容的個體文學或書寫內容，限制文學的多元化發展。在文學道德價值觀持續深化的過程中，也容易使得文學因趨向強化群體性的政治或社會意識表現，而賦予更高的道德正當性。

　　從反共小說所投射的文學社會意義來說，反共敘述所實踐的國民黨建國文化深層結構，使得文學不單單只是成為社會象徵的媒介物，還可能作為社會性集體潛意識的想像物。反共小說的世界觀與價值觀，是可以從這個詮釋角度，說明單一政黨建國意識形態對特定民族文學所產生的決定作用，不只是以政治權力主導文學公共空間的主流性社會敘述發展內容，還試圖透過民族國家的神聖號召，將個體在民族國家層次的國民自我認同，重疊或甚至取代於公民社會層次的公民自我認同。

　　從文學場域的發展向度來說，來自政黨的政治性文化認同，除高度干擾文學美學形式的建構與價值判準外，也不斷藉此強化政治性文學修辭對社會集體意識的影響力，以達到社會控制目的。這顯示國民黨來臺建國初期，反共小說的集體書寫意識，除反應出五四新文學「感時憂國」精神傳統外，反共敘述所憑藉的道德原則，再再指向個體通過民族國家價值的自我認同的路徑。

　　反共文學所展現的「政治道德化」意圖，說明以文化民族主義為發展導向的現代化民族國家，政黨政權試圖透過政治權力的介入，將文學建國意識形態成為重新整合社會文化秩序的重要機制，以作為個體在社會的文化自我認同基礎。

　　國民黨政權透過反共敘述所指涉的內部建國工程，除指出訴諸儒家道統文化為政治意識上民族國家的認同基礎，也呈現一種以政黨性文化民族主義的預設達到政治民族國家建立的模式。

　　從反共敘述試圖透過儒家道德史觀建立現實客觀歷史的詮釋脈絡，顯示建國意識形態中，以政黨主導價值預設來整合社會秩序的實踐迷思，非但是以民族國家的集體自我認同否定個體在公民社會的獨立價值，也同時會壓抑個體意識以現代性自我認同為基礎的發展空間。

　　不過，反共敘述以國家主體高於個人主體的價值傾向，反應文學建國意識形態與凝聚民族集體形象之間的高度文學想像張力，除了政治權力的介入因素之外，反共敘述背後文學建國意識形態所觸動的道德價值觀導向，並未

隨著反共文學的沒落而終止，顯示道德的文學價值觀仍具有體制性結構的發展潛能。

這說明文學建國的道德意識形態在公共空間的實踐，一但經由政治權力的介入而形成，文學個體性的政治傾向、政治選擇、政治行動，都被迫踰越出文學美學價值的獨立範圍，必須接受政黨主流政治意識形態與社會道德意識的雙重檢驗。而反共敘述以文學想像為政治建國提出合法性的修辭邏輯，不僅會造成文學復國或建國意識形態所引發排擠文學私人空間公共化的傾向，還會在排擠鬥爭的過程中，不斷用民族國家與國民的社會自我認知與道德判斷，作為強化的正當性。這個現象將使得公民社會與公民的相對等同性不斷被干擾，並難以提供分化發展的立論動機，進而干擾文學公共空間私人化取得社會法權發展的正當性。

第六章　臺灣歷史主體？亦或中國歷史主體？──反共小說敘事歷史主體的難題

導言：「自由中國」建國──復國歷史意識形態的制約

　　一九五〇年六月二十五日韓戰爆發，美國第七艦隊協防臺灣海峽，宣佈臺灣海峽的中立化，國府在台局勢得以穩定。一九五四年十二月「中華民國與美利堅合眾國間共同防禦條約」簽訂，美國正式宣告承認中華民國，並視之為「冷戰」國際秩序中西方自由世界亞太地區的反共盟友。

　　中華民國透過美國的援助，得以實踐國民黨政權在臺的現代化民族國家建設事業──以臺灣為中國三民主義模範省的中華民國。這段時期，國府在建國秩序的建構過程，一方面以「反共」加強統治政權的正當性；一方面以「抗俄」維護「自由中國」在「冷戰」世界結構的自由民主同盟國家定位。「反共」與「抗俄」，分別成為中華民國在台國家化秩序與國際間維護民主自由形象的兩大基礎。

　　在這兩大基礎上，國民黨政治實體（以下以國民黨稱之）的統治政權，一方面以孫中山《三民主義》思想──中國右翼的建國意識形態，持續強化臺灣社會秩序的整合，以完成反攻大陸的復國目的；一方面藉由中國右翼「反共」與「抗俄」的歷史必然性，重申中華民國追求民主自由之決心，鞏固「自由中國」的國家定位與國際形象，以爭取美國華府的支援。

　　因此，五○年代可視爲國民黨政權確定在臺延續右翼中國政權的初步發展階段。當中華民國在臺灣的國家化基礎確立之後，國民黨政權致力將臺灣從日本帝國殖民意義下的歷史主體轉換到右翼中國意義下的國家歷史主體，但也是促使臺灣朝向不正常國家化過程的開始。

　　主要原因包括：一、台、澎、金、馬成爲中華民國的實際國家行政領土，不符合憲法所涵蓋的中國大陸地區；二、以《三民主義》建國意識形態爲主導的國家思維邏輯，無法含括歷經五十年日本殖民統治的臺灣近現代複雜性。但這些矛盾都被國民黨政權所主導的「反共」、「抗俄」兩大政策所壓抑，轉由政治性排他的一元權威文學與歷史論述型態取代。日治時代臺灣新文學發展也因政治上的改朝換代，歷經文學體制與文學場域結構的改變。〔註1〕

　　三民主義建國意識形態在政治力的支援下，透過反共文學體制取得主流發展位置，並積極賦予反共復國的現實歷史使命。反共的想像敘事，持續鞏固文化民族主義的國家意識形態，以及架構國際現實的自由國家形象。前者以儒家倫理爲前提的「家——國」秩序作爲基礎；後者則爲國民黨政權下的「（右翼）中國中心」的威權體制提供統治正當性。這兩者大抵都不能正視於被壓抑而極端邊緣化的「臺灣新文學傳統」，也不能避免「臺灣新文學傳統」在國民黨專黨政權的三民主義建國——反共復國意識形態之下，開始進行檢視的命運。透過文學建國意識形態爲前提的選擇性文學發展原則，「非體制性」與「體制性」的臺灣鄉土有了截然不同的發展向度。

第一節　反共敘事的國族／國家寓言：家仇——國恨　　　　　——國際正義

　　詹明信曾提出第三世界的文本——尤其是小說形式，特別帶有寓言性和特殊性，因此，應該把這些文本當成民族寓言來閱讀〔註2〕。臺灣五○年代的反共小說也具有詹明信所說的民族寓言形式的特殊性——以個人命運影射民族國家（右翼中國）政治命運的敘事結構；反共小說敘事則將個體性置入家庭倫理秩序與冷戰結構國際現實脈絡，並將個人遭受共產黨迫害的記憶，轉

〔註1〕張誦聖：〈「文學體制」與現、當代中國／臺灣文學〉，收錄於《書寫臺灣——文學史、後殖民與後現代》（台北：麥田出版，2000年），頁35。
〔註2〕詹明信：〈處於跨國資本主義時代中的第三世界〉《馬克思主義——後冷戰時代的思索》（香港：牛津大學出版社，1994年），頁92～93。

化爲社會的「集體記憶」，塑造個體接受「國先於家」、但「家爲國之本」的政治倫理價值取向的正當性，以及完成負載中華民國堅持反共的民主自由國家形象定位的任務。

從政治性儒家傳統文化思想系統鞏固政權統治的基礎、到附庸美國強權的國家自我形象塑造，成爲國民黨政權在一九四九年之後臺灣朝向國家化發展的現實基礎，也是反共小說復國敘事所汲汲經營的歷史語境。因此，反共小說的民族寓言形式的特殊性——透過壓抑個體主體性的覺醒爲前提的價值導向，以及個人在家國創傷經驗中的自我義務責任書寫，成爲（右翼）中國民族國家在臺復國歷史進程的想像基礎。

壹、中國右翼新文學的家國想像

以婚姻愛情的得失成敗檢驗政治經驗認知的政治性寫實敘述，突顯出主觀歷史（history）凌駕客觀歷史（History）的書寫企圖。事實上，這也是多數反共小說的主要敘述策略——以個人直接或間接親身經歷，見證國共之間的時代歷史與邪不勝正的終極意義信念。反共小說的矛盾性在此顯露無疑：小說的書寫目的在於指證共黨革命的墮落本質，但小說的存在本身即是個人對國民黨失去大陸政權的劫後傷痛記憶的證明。反共歷史在客觀事實與主觀終極意義之間的斷裂，除召喚更多「革命尚未成功，同志仍需努力」的獻身熱情外，反共小說的寫實性，更多是呈現出一種歷史與敘述無法協調的病症：敘述者不能坦承現階段歷史「反共未必能成」的客觀性發展，只能以強化正面敘述框架的主觀性，激起更多想像家國的認同。王德威曾指出：

> 如果革命加戀愛小說的進展，最終必須帶來天啓，呈顯歷史願景與主體意欲的統一，那麼寫作行爲就不妨視爲「真相」、「真理」揭曉前的準備工作。寫作於是變成一種預言，一種渴求革命的姿勢。……寫作可能是一種延宕，一種對未來的展緩，因爲就在預言「未來」的同時，寫作本身的持續存在，其實已延長了「當下」這一刻停留時限，而照道理來說，如果革命已然發生，此一「當下」早早就該被摒棄在「過去」的歷史之後。〔註3〕

這是中國二〇年代末期中國左翼小說家經營革命與戀愛敘事的吊詭現

〔註3〕王德威：〈革命加戀愛〉《歷史與怪獸》（台北：麥田出版社，2004年），頁24～25。

象，臺灣五○年代反共小說挪用「革命加戀愛」敘事格局，也出現這樣的問題。但不同於左翼作家擺蕩在浪漫欲望與革命理想的敘事張力，反共作家更強調的是個人安身立命與革命建國之間的穩定敘事關係。

對於左翼作家而言，隨著一九二七年共產大革命（即國民黨的清黨事件）的失敗，這些作家試圖透過愛情的隱喻作為社會改革的內化欲望，將渴望愛情的生命能量與獻身革命的熱情交相重疊。然而欲望愛情與現實愛情之間的不確定性，也同時指向革命欲望與革命現實之間不一定對等發展的困境：當革命的失敗已然指向過往的歷史時，寫作的欲望卻不斷從當下延伸於未來。因此，一九二七年之後出現的左翼寫實小說最震人心魄處，竟是藉由延宕、顛覆的手法，寫出革命（文學）的不易為、不可為，也因此托出「現實」的面貌〔註4〕。

反共小說與左翼作家的「革命加戀愛」敘事，雖然都具有以延宕革命欲望作為獻身革命的歷史見證或承諾未來的企圖，但反共小說卻更顯保守。這與反共作家必須面對較左翼作家更為殘酷的已然失敗、卻不能承認失敗的革命歷史進程有關。左翼作家所要面對的是：革命書寫與革命行動之間不必然等同的關係；但反共作家所要面對的是：革命書寫與建國行動之間必須等同的政治關係。

換句話說，國共內戰失利、喪失大陸政權與國民黨來台建國的歷史進程，既是具有因果關係的階段性發展過程，也是必須同步進行統整的政治記憶。這使得反共小說面對的革命，不只是面對一個已經失敗的革命歷程，還包括一個正在進行——只能成功不能失敗的建國理想。

當革命欲望與文學寫作必須同時與建國行動保持彼此應對的時候，反共小說「革命加戀愛」的敘事格局，則必須小心翼翼維護革命欲望與革命書寫意義之間所對應的建國意識形態。因此，文學建國意識形態的介入，使得左翼作家以個人主義為基調的愛情與革命欲望敘事，一但轉化到反共小說時，即被規範到倫理敘事的實踐範圍。愛情與革命之間不再具有純粹關係（pure relationship），而是必須服膺建國倫理機制。小說敘事中的愛情自我與革命自我，被轉化詮釋為傳統性倫理自我更具「現代」意含的外在變形。

因此，追求愛情與追求革命大業的欲望在反共小說敘事中，並不是一種對等的隱喻關係，而是經過建國倫理秩序排序後的隱喻關係——完成愛情自

〔註4〕王德威：〈革命加戀愛〉《歷史與怪獸》（台北：麥田出版社，2004年），頁25。

我的前提是必須先實踐建國倫理。這使得反共小說的革命之戀都必須經過報效國家的決心，才能得到女性的芳心，亦或是有情人終成眷屬。

郭嗣汾《海闊天空》中的石海寧上校，接獲擔任新艦「火奴魯魯號」副長的人事命令。不久，奉命運送一批醫藥彈械到浙江東山區做補給，在通訊官白林的建議下，以偽裝突擊，接收敵艦。石海寧更大膽提議，自願率領敵艦偽裝成共軍去做巡查工作，歷經各種生死關頭的危機事件，最後回到臺灣。石海寧因此次任務的英勇表現成為英雄，也終於獲得女友妮妮的父親答應婚事。

郭嗣汾另一部小說《寒夜曲》，則是以道德作為愛情是否能夠發展下去的基本條件。小說的男主角——軍艦副長易葦秋，趁著船於高雄維修期間，在當記者的好友李叔文的住處靜養。一日，吳梅茵——遭遇共黨迫害的少婦，投靠吳叔文。易葦秋同情梅茵的處境，將房間讓給她住。易葦秋因兩人興趣相同，加上梅茵溫柔可人，而向她告白。梅茵說出自己在大陸的遭遇，以及尋找丈夫葉道康的決心。易葦秋回到軍艦上後，仍和梅茵保持書信往來。後來，李叔文到艦上訪問，得知葉道康是艦上受救的匪區義胞的其中一位，便主動將對梅茵的感情化為祝福。

郭嗣汾小說中的愛情，分別展現進入家庭倫理與維護道德秩序為前提的兩個特色，使得革命欲望不再只是單純結構的欲望，而被要求帶有責任義務性質來執行。這是反共小說「革命加戀愛」敘事佈局與二〇年代中國左翼小說最不同的地方。革命與戀愛的敘事對二〇年代末期左翼作家來說，是為了展現「佈局的欲望」（desire for plot）〔註5〕，但對臺灣五〇年代反共作家來說，則被轉換成「服從的欲望」。

「佈局的欲望」展現的是左翼作家對於浪漫欲望與革命理想合而為一的個體意志，表現在不斷敘事的衝動中。「服從的欲望」恰巧相反，它將愛情的浪漫欲望放置在倫理秩序的軌道上發展，使得浪漫的欲望不再是介於個體與欲望對象之間的純粹關係，而是被規範到以婚姻關係為前提的社會倫理體系中。

「服從的欲望」使得敘事不再僅是一種全然表現個體自由的寫作心理向度，而轉向以群體意志為考量、且帶有義務責任性質的寫作潛意識發展，作家的敘事欲望也因此更容易被文學道德價值觀所制約。

〔註5〕王德威：〈革命加戀愛〉《歷史與怪獸》（台北：麥田出版社，2004年），頁24。

這使得反共「現實」成為理想歷史與家國圖像的投射型態，不一定會是真正的客觀現實。而主觀現實與客觀現實之間的落差，則需要更多的敘事來填補。但作家越是書寫，越是暴露在臺建國之後反攻大陸的遙遙無期。反共小說在書寫歷史現實與想像建國敘事之間仍存在著復國現實所撕裂的危機，必須具有更穩定的敘事結構，才能繼續召喚更多投入建國想像的「應然」熱情與「必然」的真理信念。文學建國意識形態則在這個架構上，提供倫理敘事基礎的主觀歷史發展軌跡，並應對。

所以，反共小說所見證的時代歷史，其實是反射出國民黨訴諸三民主義的革命建國意識形態所預期的主觀歷史，個人的愛情也因這個主觀歷史，而被限制在倫理秩序的敘事結構中。走入婚姻、共組家庭因此成為反共敘事中革命愛情的應然與必然結果。可是現實中反共復國事業尚未成功，使得小說敘事中的革命愛情，不得不在完成婚姻、家庭承諾的義務責任後，被繼續要求轉換到奉獻民族與國家的大愛形式中。這種強調「沒有國哪有家」的敘事結構，使得原本屬於個體內在經驗意義的愛情，透過倫理化的程式，被連結到國民對民族建國大業的義務責任機制中。

然而吊詭的是，革命愛情一但進入更穩定的家庭倫理結構中，家即成為國的實質性想像投射，進一步強化「國之本在家」的家國想像模式。家的存在不再只是社會性需要，而是以政治性功能的合理化為優先考量。家庭因而不只是婚姻與血緣關係的組合，反成為辯證反共信念與獻身民族國家的理想場域。家國想像方式從個體式愛情延展到家庭式的倫理親情，促使個體愛情中的個人反共之恨，不斷擴大到家仇的範圍。

反共之恨透過不斷的文學敘事，試圖取得個體愛情與家庭倫理親情在復國——建國意識形態的責任義務價值導向，雖然是挪用中國二〇年代左翼寫實小說「戀愛加革命」的敘事模式，但卻不同於左翼作家所傾向的現代性敘事，而呈現更趨向於鞏固社會傳統性的敘事操作。

貳、現代化、政黨政治倫理與社會階層

反共之恨從個人到家仇的過程，顯示文學建國意識形態影響之下的家國想像，本身即帶有壓抑個體自由欲望的發展痕跡，而最終被統攝在國共分立、大陸淪喪的民族國家仇恨下。革命建國的受阻，透過家國一體的想像模式，

強化個人與家庭在現實歷史敘事中難有安身立命歸屬的認知，國恨終究成為一種無限延宕在歷史敘事的革命欲望，直到建國目的達成。

從中國發生革命、到不得不以革命催生現代民族國家型態的歷史進程來看，國共兩黨都以責無旁貸的行動義務，互相爭取中國的唯一建國領導權。國民黨在國共內戰喪失大陸政權後，被迫在台接續革命建國大業的權衡性發展過程中，反共只是掃除革命障礙的階段任務，彼岸中國才是建國的終極目標。建國想像因而成為最具有積極意義的反共敘事模式，也同時指出建國敘事與建國想像之間的內在張力，不只是完成修復失落歷史主導權的傷痕記憶，而是更進一步指向國民黨政權企圖再奪回中國建國權的正當性。

反共小說所呈現的建設中國想像，雖然不免依附在批判共產黨的主軸情節發展，但從國民黨以《三民主義》作為領導革命、建設中國的重要思想與理念基礎來看，小說敘事中的建國想像卻可以反應出政黨階級屬性與政治性、文化性地理中國之間的辯證關係。

共產黨革命建國歷史根據馬克思主義的階級歷史觀，將孫中山國民革命定位為資產階級革命的完成，而共產黨的使命則為領導中國繼續完成無產階級革命與無產階級專政的民主社會——歷史最後的階段性發展。共產黨的建國史觀顯示出共產黨在政黨階級屬性取代國民黨的鬥爭關係；同樣的，國民黨對於共產黨奪走中國領導權，除了政黨專政思想所不容外，《三民主義》企圖在國家資本主義本位上吸納社會主義的意識，同時也並不承認中國需要無產階級的社會革命〔註6〕。

反共小說在這個認知觀點上，表現出共產黨破壞城市現代化——中國現代化發展的敘事模式，並強調現代化城市是國民黨透過三民主義的建國成果，進而宣示國民黨才是進步中國的唯一正確的領導政黨。王藍《咬緊牙根的人》所強調的反共決心，清楚呈現國民黨在發展建國現代化與資產（包括地主）階級之間的互動關係，以及在傳統社會結構下所延續發展出的資產階級社會倫理。

王藍《咬緊牙根的人》內容是敘述抗戰勝利後，共產黨侵占工業家歐陽先生的產業，並利用歐陽先生的名義發表親共言論。其子歐陽捷為國民黨地下情報人員，必須與共幹周旋，因此無法向父親表明真實身份。在中共反美政策下，共黨將國民黨子女殺害肢解，埋在育幼院後院，歐陽捷忍不住掉下

〔註6〕孫中山：《三民主義》（台北：中央文物供應社，1985年），頁215～264。

眼淚，而遭到懷疑、逮捕。歐陽捷得到王士超相救後，逃往香港前夕，返家探視父親，卻親見父親遭受共黨迫害身亡。歐陽捷下定決心要咬緊牙根面對困境，終能隨著國軍的勝利而歸來。

在這部小說中，王藍透過共黨惡意迫害紡紗廠資本家歐陽先生的人權與財產遭遇，顯示出共黨以農村群眾經驗與基礎勢力所延伸出憎恨城市與資本家的階級本質，並對比出國民黨積極維持城市工業發展的形象。小說將共產黨描述成破壞原有社會秩序與城市工業文明的恐怖份子，並試圖展現共黨以農村為基盤，逐漸擴大到報復城市的怨恨心態。

因此，在這個敘述脈絡中，國民黨與共產黨的內戰，從單一政黨爭取建國政權的內戰性質，被轉換到城市性質的現代化與農村性質的非現代化的建國路線性質。這個理解延伸自國共兩黨在抗戰時期中，南京政府與延安政府分別擁有城市、農村的行政治理區版圖，以及兩黨知識精英在革命歷史中分別從城市、農村作群眾動員的不同基礎，進而顯示國共兩黨群眾基礎背後的階級屬性與社會認知，本身具有尖銳的矛盾。

這種尖銳的矛盾，其原因在於當時中國現代化過程中未能有效建立城市與農村的雙向互惠的經濟結構機制，導致農村僅僅是作為單向提供城市糧食與廉價勞力的腹地作用，城市的消費結構卻不能相對回饋改善或提昇農村生產結構的資金與技術；城市的現代化開發程度越高，表示貨物流通速度越快、越廣，因而可吸納的農村腹地也就愈大。

不均衡的城鄉開發速度與不對等的經濟結構，使得農村的生存條件越來越依附城市，而城市的現代機能與資本運作方式，卻使得城市的發展過於獨立而不需要農村，甚至轉向剝削農村。城鄉之間不對等的經濟發展條件，使得著城市與農村之間存在著剝削與被剝削的緊張關係難以解決。

再從農村生產的階級性觀點切入，地主以土地佃租所取得的生產作物與經濟優勢，使得地主階級可以從城市獲得更多經濟（如販賣剩餘作物的獲利、獲利再轉為工業的投資資本等）、文化資本（如提供下一代接受城市學校教育與文明刺激）的可能性；但佃農階級就只能留在農村或在無法繼續生存的情況下，轉向城市提供廉價的勞動力。因此，地主與佃農的關係，除了存在著封建社會中土地出租者與勞動生產間的緊張關係，兩者在朝向城市流動過中，還可能同時存在城市的資產階級與工人階級的緊張關係。

因此，中國經濟若要從傳統社會到現代化的過程，首要面對的不只是城、

鄉不均衡發展的結構問題，還包括傳統階層屬性從鄉村到城市作身份移動時候的不平等現象。國民黨新興知識人在推翻滿清、建立民國後，取代傳統社會紳——士結構，以執政黨精英而獲得社會所認可的上層知識份子位置。共黨下層知識份子在一九二七年經歷第一次大革命失敗後，從城市轉向農村發展，將中國農民政治勢力作爲群眾集結的主要動員對象。國共兩黨在走向民族國家獨立建構過程的國族動員時，也因於城、鄉與號召群眾階層之間的差距，使得共產黨在吸收革命群眾的過程中，更容易通過煽動階級間經濟不平等結構的社會革命，進而完成革命建國的目的。

從王藍《咬緊牙根的人》情節意圖所否定的共產黨革命思維路徑來看，反應出國民黨建國意識形態對於私人資本家負擔中國現代化的認知觀點，與共產黨的社會階級革命中，根據馬克思主義的歷史階級意識形態，將私人資本家視爲無產勞動階級在未來執政的預想敵人，完全不同。

國民黨從發達中國實業的觀點，肯定反共的愛國資本家對（國民黨執政的）黨國的貢獻。兩者在政治經濟所形成的互惠關係，在小說中僅被架構在資本家的「反共愛國忠誠」與對國民黨政治認同的協調立場。但共產黨則是借著解決社會階級矛盾的現實性與重建階級平等的理想性，而提供翻轉既定社會階級結構的機會。這顯示國共兩黨之間的政治目的與取得建國領導權的有利基點的不同。

小說的敘事立場排除國民黨結束對日抗戰後寧願發動內戰、也不願釋出共同執政的專黨專政權力的歷史現實，而將國民黨由上而下的政黨倫理秩序，企圖擴展到國家與社會倫理秩序，視爲一種不容質疑的建國常態。因此，從城市轉往農村發展的共產黨，從動員中國農民爲革命群眾而獲得爭取政權的建國理路，與國民黨由上而下的政黨性社會倫理秩序，以及以城市爲主要行政區的統治版圖，形成極大的對立衝突。

政黨倫理原是由政黨價值理念體系引申出的規約，具有規範政黨組織行爲的作用。但政黨倫理一但擴大到建國思想體系，對於政黨專制傾向的民族國家而言，政黨倫理則會轉向普遍的社會化發展，成爲決定社會階層分享國家資源的重要判準。政黨倫理也因此成爲平衡社會階層矛盾與衝突的內部機制，而不是訴諸階層互享平等制度的法治化價值理念。

這使得執政專黨具有實質壟斷國家資源分配的權力，也同時擔負主控社會內部秩序邏輯的運作功能，將其他政黨與人民納入黨國意識形態所主導的

「國民」認同。現代化社會中,與政治國民同等重要的社會公民認同,遭到壓抑,甚至矮化,而不將公民主體意識的建立或自然發展視為建國過程的常態現象。

因此,政黨倫理與政黨權力一但透過國家體制、主導國家資源分配與社會法權認同時,社會階層在分享國家資源時所遭遇的不平等待遇的矛盾,不僅因而被控制在執政黨所掌握的體制權力之下,同時也難以享有公民社會正義價值的支援。

這是孫中山民生主義思想,訴諸執政專黨分配國家資源以發展現代化民生,並解決私人資本膨脹所導致社會階級矛盾問題,卻忽略政治權力運作過程,政黨階層屬性影響社會階層分配不均的弊端,以及政黨倫理與國家權力結合後壓抑社會正義公平機制的危機。這個危機說明國民黨依循孫中山民生主義的建國意識形態,雖以現代化發展為前提,但並未能跳脫以革命政黨理念專政作為民族國家主體的建國想像的限制。

事實上,革命政黨理念專政的建國想像,也影響國共兩黨在一九四九年之後的各自建國歷程,都以政黨直接分配國家資源的社會發展面向。國民黨所著重的是以國家資本與政策導向來主導民間資產的經濟權力分配問題,以鞏固建國革命勢力;共產黨則以壓抑民間資產累積發展的可能性為前導,透過動員群眾參與革命,企圖重新翻轉社會階層的結構秩序。

國共兩黨雖然同樣都有訴諸政黨的獨斷政治權力、以作為支配建國意識形態與領導社會國家進步的政黨使命,但從革命動員改造國家體質的觀點來看,國民黨由上而下的權力秩序運作,使得國民黨的群眾社會在建國思想是已經被設計好。作為非上層結構的國民,只需服從;而服從性愈高、愈符合政治權力所期待的國民,則將享有愈多從上層所釋出的社會資源。這與共產黨依循政黨倫理而賦予群眾在革命動員中所獲得的認同權力,也就是說,共產黨在取得政權後,仍可以透過革命意識形態的動員,重新複製一批新的革命群眾、或藉由重新定義革命新屬性而創造一批新的革命群眾的運作方式,不太一樣。

劉小楓指出:中國政黨的出現,均無社會階層現代分化的基礎,也沒有群眾社會的形成,而是由知識人群體組織的政黨動員、組織而結集起來。共產黨把中國農民作為群眾結集的主要動員物件,而獲得強有力的政治勢力〔註7〕。

〔註 7〕劉小楓:《現代性社會理論緒論——現代性與現代中國》(香港:牛津大學出版
　　　　社,1996 年),頁 368～369。

　　國共兩黨在現代化革命的建國歷程中，透過動員與組織傳統社會成員轉為革命群眾以取得民族國家的領導權，在預設分配國家權力的藍圖想像，即隱藏嚴重的階層衝突。對於國民黨而言，農民階層僅僅只作為被統治的下層，但卻是決定共產黨在中國革命建國競爭的勝出主因之一。

　　雖然這促使國民黨政權來台建國後，以溫和但積極的土地改革政策，取得農民階層對政權的認同基礎，以及改造農業社會轉為工業社會發展的結構性改造契機。這個事實導源於與國共兩黨競爭建國領導權的過程中，共產黨成功動員、並組織傳統社會下層基本成員的農民階層，以及將他們轉為革命群眾，而獲得足以壓倒國民黨軍隊的人海戰力，無不關聯。

　　反共小說卻將這個客觀事實理解為一種非理性的盲目追隨共產黨，或是受到共產黨的蒙欺。這可以看到反共小說對於農民階層溢出國民黨建國思想的預設位階與社會倫理秩序、而被共產黨轉換為「革命群眾」時候的「奪權」恐慌，以及對此「荒腔走板」的嘲弄。

　　反共小說透過攻擊、醜化共產黨慶祝接收城市時的「秧歌」表演的敘事想像，最能體現由上而下權力秩序的政治精英階層意識背後的不滿心理。王平陵的《火種》就很強烈地做出這樣的表現：

> 赤寇像潮水……一路都打扮城奇形怪狀的青年男女，在扭秧歌、打腰鼓。破殘的肢體，砍斷的頭顱，混合了鮮紅的血，拋在燒毀了的廢墟，如同天空中落下一陣紅雨。〔註8〕

　　陳紀瀅《荻村傳》中對於主角「傻常順兒」一生遭遇的敘事觀點，也可以看到國民黨政治精英對於農民階層缺乏主體意識的「愚弱無知」的認知態度，以及共產黨將此「愚弱無知」勞動階層納入革命群眾的「邪惡操弄」，進而徹底否定共產黨提出無產階級解放社會的正當性與正確性的政治態度。陳紀瀅對此敘事心理曾經直接說明：

> 荻村這般人物和中國任何農村沒有兩樣。他們隨著時代的巨輪，踏入每一段行程，他們的遭遇雖不盡相同，但在基本性質上並沒有什麼差別。他們保守、愚蠢、貧苦、狡詐、盲昧，永遠是被支配者。然而，他們中間也有智慧、忠實和樂天知命的大眾……傻常順兒，這一個時代的玩偶，在任何齒輪上，他都扮演悲劇角色，而在他個人的尺度上，渾渾噩噩，是悲是喜，平常他自己不能十分辨得清，

〔註8〕王平陵：〈慶功宴〉《火種》（台北：中央文物供應社，1955年），頁47。

等到重要骨節眼，他才覺悟了，分明了思想。他這一輩子，正代表
著中國廣大農村的變化，每個來自田間的讀者是熟悉的：傻常順兒
這個人物是農村的可憐蟲，代表著生活在夾縫中的勞動者，他們想
了一輩子，但當他們被活埋時，他還希望做人！阿 Q 之流是沒有這
種勇氣的。〔註9〕

傻常順兒的悲劇並不在於他的被支配者身份，而是他缺乏對支配者的正
確理解能力。這使得他只能作為各種環境局勢變化下的盲從者──糊裡糊塗
地被義和團拉走又被丟在荻村、荻村中的各種壓迫和凌辱者、日本侵華時期
的保安隊長、戰後共黨統治下以暴治暴的鬥爭工具，最後利用殆盡完，被處
活埋死刑。

傻常順兒一生中，唯一對支配者產生意識朦朧的懷疑，就是被共黨當作
清算鄉村統治階層的鬥爭工具的時期。而共黨透過利用像傻常順兒這樣僱農
出身的無產者怨恨心理，鬥爭地主、富農、讀書人的作為，最大的破壞就是
讓鄉村秩序所賴以維持的傳統社會倫理道德觀念、財產觀念，不復存在。

陳紀瀅透過小說敘事指出：鄉村中確實存在壓迫者與被壓迫者的事實，
但被壓迫者應該在人性溫情的感召下學習原諒壓迫者。站在統治階層位置所
企圖維護由上而下的傳統社會階層倫理秩序，是作為這個想法的隱藏前提。
這也相對指出：共黨最大的危險性在於利用被支配者的愚昧與無知，強化由
下而上的反被支配意識的正當性。

這種敘事想像並不認同農村的被支配者是可以作為「革命群眾」而存在，
這些被支配者也不可能是擔負起追求新中國理想的實踐者。這個思維理路背
後最大的企圖，就是否認共黨可以鄉村基層的政治勢力、作為國民黨領導建
國的競爭者，以及最後的勝利者。

參、「自由中國」的正義神話

「自由中國」是國民黨政權從國共戰爭轉而來台、在國際情勢下所積極
打造的國家形象與價值。國民黨政權為了鞏固在台統治地位與對抗大陸共產
勢力，鼓勵知識份子投入人心反共、言論反攻的論述策略宣傳，因而支援《自
由中國》雜誌出刊。

〔註9〕陳紀瀅：〈代序〉《荻村傳》（台北：皇冠出版社，1985年），頁11～12。

　　雙方的合作立基點一開始是在於「如何在反共復國的前提下，建立自由民主的國家」，但在合作過程，雙方對於自由民主論述的發言位置與認知內涵並不相同，甚至產生嚴重衝突。國民黨政權所架構的「自由中國」概念前提，來自於國民黨改造運動與革命民主政黨復國的現實政治目的，而不是基於建立個體自由的民主社會價值理念。這與《自由中國》的政治論述典範具有不可共量性。〔註10〕

　　國民黨的改造運動主要是針對國民黨在國共內戰失去大陸政權的檢討，以及如何在臺實踐反共復國使命而來。蔣介石在〈對本黨第七次全國代表大會開幕致詞〉指出國民黨在台的歷史任務，除了反省剿匪失敗、大陸淪陷的失敗外，還必須認清國際共產陰謀、堅持民主反共陣容與復興國民黨、反攻大陸。〔註11〕

　　民主與反共不僅成為國民黨政權在臺建國的重要論述內容，也同時成為國民黨維護「自由中國」的價值基礎。因此，國民黨在此次的改造運動中，從革命政黨轉型到革命民主政黨，以反共作為中國實行民主的前提，並成為國民黨貫徹第三期國民革命的歷史任務。

　　憑藉革命建國的正當性，國民黨除能一貫以革命政黨的組織型態與精神反共之外，還將國共兩黨以革命武力爭取建國領導權的敵對政黨抗衡性質，擴大到單一政黨才能實踐民族國家民主現代化內涵的獨斷性質，成為國民黨在臺後仍能繼續宣稱保有中國建國領導權的重要歷史詮釋論述內涵。

　　國民黨透過反共作為保障民主憲政制度的必要行動，將共產黨視為阻礙中國實踐民主憲政的革命障礙，並與建立民主自由中國相互等同起來，成為國民黨在中華民國在臺灣的現實困頓中，仍能維護中國政治主權的歷史正當性。

　　因此，國民黨政權透過「反共」建立民主自由中國的革命建國論述，將國共兩黨互相爭奪建國權的歷史挫敗，從維護民族文化的倫理道德秩序的歷史詮釋，擴展到民主憲政自由的現代國家制度層面上。反共小說也納含這個黨國歷史論述，積極提供塑造中華民國領導反共建國的正面形象與國民（包括旅居海外的僑民）應盡的服從義務。

〔註10〕陳瑞崇：〈論述作為一種觀看方式：論《自由中國》政治論述場域的重建〉，《東吳政治學報》第5期（1996年），頁165。

〔註11〕蔣介石：〈對本黨第七次全國代表大會開幕致詞〉《總統　蔣公思想言論總集》（台北：中國國民黨中央委員會黨史委員會）。

郭嗣汾在《海闊天空》的反共敘事中，創造了一艘由華僑捐贈的「火奴魯魯號」戰艦，由中華民國海軍軍官白瑞登與石海甯擔任艦長與副艦長，率領艦上自願投效的海外華僑子弟，完成運送補給的驚險任務。

革命軍人領導「老百姓」海外華僑投入反共戰役的情節想像，除延續一九五一年「軍中文藝運動」社會動員的目的外，其中還隱藏一個重要前提：「反共」是海外華僑願意繼續效忠中華民國、無條件履行國民應盡義務的認同基礎；「愛國」則是投入「反共」的共同情感理由。

這說明以「愛國」作為國民認同國家的理念價值預設，以及國民對國家關係想像投射的重要形式。「愛國」也因之成為中華民國是否能在反共現實處境中、得以實踐民主自由的關鍵。這個觀點顯示國民黨革命民主政黨性質的自由、民主價值，是以（政黨所領導的）國家主體為本位，國民僅僅作為國家主體之下的服從個體，以及國民黨第三期國民革命任務的動員對象。

因此，革命建國意識形態將「反共」納入國民對國家認同的想像範圍與思維模式，使得「反共」不僅是作為中華民國「以文化性民族開創民主政治國家」的現代性精神形式的政治內涵，還擴展為實踐現代化國家制度的主要前提條件。「反共」文學想像在這個層次上，除了回應一九四九年國民黨在現代中國政黨之爭失敗來臺的政治心理建設宣傳，也在國民黨改造運動所積極主導的論述內容與正當性的影響下，涵蓋以建國意識形態為主導的現代國家價值體系的歷史想像方式。

以預設「反共」作為捍衛中國主體的民主自由的正當性，除延續國民黨領導國民革命的歷史進程發展，支援「正確」的國家體質與人民生活方式的想像，成為全民共識，而這也隱含一個重要的預設前提：共產黨是破壞國民黨以民主自由內涵作為中國現代國家發展形式的革命敵人，而國民黨則是中國唯一堅持自由民主建設的現代政黨。

國民黨的改造運動在這個預設前提上，提出了主要努力方向——中華民國的國家認同與國際關係之間的國家形象塑造。包括兩個路徑：一是訴諸反共抗俄的民族革命情感；一是堅持西方自由世界盟友的國際形象。這兩個路徑與國民黨政府積極爭取美國的軍事與經濟支援，以及五○年代美國針對蘇俄所主導的世界冷戰體系，有極密切關係。

國民黨政權以「反共抗俄」政策聚集民族革命情感的對內路線、與爭取國際盟友、穩定國際地位的對外路線，在蔣介石《反共抗俄基本論》的代表性官方論述中，已經可以看出端倪。

　　蔣介石延續中國在列強侵略下亡國滅種的歷史危機意識，指出俄國帝國主義——從帝俄時代到革命之後的蘇聯，都相繼展開對華侵略野心，尤其是蘇聯與其控制的國際共產，更是利用馬克思主義的知識思想所建立的一種獨裁專制制度，中共即是蘇聯侵略中華民族的工具。《反共抗俄基本論》云：

> 今日俄國的布林塞維克主義是節取馬克思主義，並容化了俄國民粹主義、虛無主義、沙皇專制、與大斯拉夫主義爲內容，在一國建立極權獨裁的專制制度，對世界進行征服人類的思想系統。……列寧的布林塞維克主義是俄羅斯的產物。中共匪徒在組織系統上，是俄國侵略者禦用的共產國際的支部，在性格上是俄國大斯拉夫主義征服中國的工具。共產黨自稱「無產階級的前衛」，但中共朱毛卻就是中國歷史上的「流寇」……今日中共匪徒，是流寇與漢奸以及侵略者工具的結合……。〔註12〕

　　蔣介石以中國儒家歷史正統觀點的正當性，透過中國近代遭受列強侵略的民族主義情緒，指出反共的理由在於：拒絕蘇聯的控制以捍衛中華民族的完整性；捍衛中華民族的完整性，也就可以保障亞洲的安全，避免蘇聯繼續侵略全世界。因此，反共抗俄戰爭不僅僅是爲了避免被奴役，而是爲了爭取更合理的生活方式與世界和平而存在。

　　這個詮釋進路與美國「杜魯門主義」的理念，以及世界冷戰體系思維如出一轍，也同時反應在軍系反共作家以小說的歷史敘事、重建中華民國參與反共戰爭的重要性——從嚴守中國立場的民族正義，到臺灣關乎國際和平的地理戰略位置，到關心反共國際情勢。如：查顯琳《火線上》、郭衣洞《蝗蟲東南飛》。

　　《火線上》是一部介紹金門戰地生活給自由世界的小說。強調戰鬥的藝術不僅僅是關於反共的戰爭，而是透過反共戰爭背後所堅持的民族生存的正當性，以及軍民在戰地生活之中所捍衛的人性善良與自由之美。因此，金門作爲臺灣反共基地的前哨站，肩負保衛臺灣的重任；金門護衛住，臺灣就能繼續貫徹反共復國使命，實踐祖國之愛。

　　《蝗蟲東南飛》則是敘述一個美國記者從一個具有蘇聯紅軍、共黨黨員雙重身份的蘇聯、中共罪犯身上，得到一份手稿。手稿內容是日本戰敗投降後，俄國一批紅軍到中國東北劫收，關於俄共是如何殘暴地欺侮中國百姓、

〔註12〕蔣介石：《反共抗俄基本論》（台北：中央文物供應社，1979年），頁4～5。

而中共竟然助紂為虐、甚至製造屠殺的真相故事。小說敘事間接提點出：臺灣不僅僅是阻止共黨入侵，同時也是對抗蘇聯勢力繼續擴張的重要位置。

這兩部小說反應出反共想像的格局，從黨爭內戰擴大到「中華民國」如何透過「反共」捍衛人民生活，並積極參與國際事務，而獲得「正義」的國家形象建構與國民認同。這與國民黨積極尋求美國支援、以及堅持反共抗俄作為爭取美國在冷戰結構的遠東盟友的外交政策，息息相關。

世界冷戰體系的形成，起自美、蘇在國際領導勢力的崛起。美國在「杜魯門主義」的影響下，開始採取長期圍堵蘇聯持續擴張趨勢的對外政策，也成為日後美國支援飛美國境區反共國家的重要依據。但直到韓戰爆發，美國才從圍堵蘇聯勢力性質轉換到反對「共產主義」的勢力，形成國際間自由陣營與共產陣營對峙局勢。

美、蘇雙方都自認是聯盟領導者，除極力避免第三次世界大戰的一觸即發；也同時宣稱為保衛世界和平與人類進步利益，而對抗對方可能發動的攻擊。

韓戰爆發前，華府對國民黨在台政權是採取放棄的態度，韓戰爆發後，為避免戰事擴大到台海，才派第七艦隊維持台海中立。一九五四年十二月三日「中華民國與美利堅合眾國間共同防禦條約」（中美共同防禦條約）簽訂，臺灣正式被納入美國防衛系統中的一環，成為所謂「自由世界」的成員，解除中共武力犯台危機。

國民黨在此之前，延續對日抗戰「反帝、反侵略」民族情感為基礎的「反共抗俄」戰爭論述，更進一步結合西方冷戰體系「自由陣營與共產陣營」的對抗理論，終於在美國承認臺灣的重要戰略位置，而轉為支援蔣介石政權的態度下，獲得落實。

一九五四年到一九五五年所形成的緊密的美臺關係，正是反共文學發展的高峰期。但一九五六年之後，蔣介石政權在美國的支援下已經穩固不搖，對台全面展開強人政權與黨國高壓控制，倡導反共文學的半官方組織反而不再為國民黨政權所重視，反共文學也開始逐漸產生沒落跡象。這反應官方主導民間政治文學發展的政治現實層面。

從「反共」一方面在現實中、作為「主導五〇年代」的一個臺灣特殊歷史時代、一方面也在國共革命建國歷史中、具有「延續中國三〇年代右翼革命文學體質」的雙重想像性質來看，卻遠遠溢出政治性宣傳目的，而開發出

具有更積極的文學歷史意義。詹明信從文化生產方式指出：第三世界民族國家文學不同於現代主義為主流的西方文學之處，在於帶有民族寓言性質的特殊性：

> 所有第三世界的文本均帶有寓言性和特殊性：我們應該把這些文本當作民族寓言來閱讀，特別當它們的形式是從占主導地位的西方表達形式的機制──例如小說──上發展起來，它們在公與私之間、詩學與政治之間、性欲和潛意識領域與階級、經濟、世俗權力的公共世界之間產生嚴重的分裂……第三世界的文本，甚至那些看起來好象是關於個人和利比多趨力的文本，總是以民族寓言的形式來投射一種政治：關於個人命運的故事包含著第三世界的大眾文化和社會受到衝擊的寓言。〔註13〕

反共敘事雖然轉化、挪用中國左翼傳統的文學成規，但在內涵上卻傾向於個人對民族道德文化與國家主體形象的服從與體現意識，並在文學行動綱領的想像表現上，主動將自己的命運投射在完成建國的政治目的、以作為個人終極關懷的積極性。這個基調同時也是國民黨政權以「反共建國」作為在臺灣經營現代化的「中華民國」，以及強化國民自我認同的精神機制。

「民族歷史／文化」與「（政黨主導的）國家政治主體」所合構的想像共同體，也因此透過「三民主義建國──反共復國」意識形態社會化的過程，成為臺灣在五〇年代之後現代社會發展的「群體權利」（the right of community）的主要成分，而不是關乎個人與與社會之間權利義務的公民意識。反共文學在這個現實層面，可以視為國民黨既是在臺實踐三民主義建國──又是反共復國的歷史進程。因而，在這個意義之下，注入臺灣現代文學歷史發展第一波帶有（右翼中國）民族寓言性質的國族論述的文學類型。

如果從詹明信的第三世界民族寓言性質來說，反共文學所極力證明的國民黨右翼中國的正當性，不僅僅是以延續儒家政治傳統作為民族國家文化主體的特殊性，還同時透過附屬於美國主導的世界冷戰結構所塑造的「自由中國」形象，強化現代國民對國家認同的合理忠誠度。這個詮釋脈絡將指出：反共敘事背後所象徵的民族寓言的精神形式與啟動的想像機制，是不能只從反應單一政黨的政治文宣目的面向論斷，而必須正視文學建國意識形態取得

〔註13〕詹明信：〈處於跨國資本主義時代中的第三世界文學〉《馬克思主義──後冷戰時代的思索》（香港：牛津大學出版社，1994年），頁92～93。

體制發展的社會法權的影響效力——帶有政治建國目的的文學類型發展與歷史敘事、國家暴力、文化民族主義之間的策略性同盟結構。

因此，反共敘事所隱含的民族寓言或依附美國強權的「自由中國」建國想像，都可以視爲國民黨政權所特定歷史文化認知下、所主導的民族／國家認同。透過「反共」所強化的民族道德意識與自由國家形象的歷史敘事，在國民黨的詮釋脈絡下，國、共兩黨從爭取建國政權的正統之爭、到選擇國家體制與人民生活方式，都涉及到一種本質性的對抗——道德與不道德、自由與不自由。

臺灣五○年代國民黨政權以「反共」作爲（右翼中國）國家歷史主體認同的敘事方式，雖然形成特定時空下的典範意義，但透過本質主義的操作所形成的敘事策略，仍在體制內持續：以文學強化民族主義的政治化功能與實用價值意義的發展優勢，並鞏固政黨權力與文學建國之間所共謀單一民族集體認同的思考模式。

第二節 「現代性」的未完成

文學建國意識形態除了以民族文化／現代國家主體爲論述範圍，還包括時間歷程的想像。王德威曾指出：「絕大多數的長篇反共小說都分享如下的時間架構：共黨崛起前中國社會的浮動現象；共黨『邪惡』勢力的滲透；國共內戰期的悲歡離合；國府遷台後的復員準備。……反共小說同時經營了一條線性及迴圈史觀：迎向未來也正是回到過去〔註14〕。」反共小說類型的出現，來自於因應國共戰爭失敗而遷台的歷史現實。「中華民國在臺灣」既是國民黨政權動員反攻大陸的「復國」戰備根據地；也是最後擁有實際統治權的「建國」行政區。

反共小說在對應臺灣五○年代國民黨政權的國家化過程中，很吊詭地呈現兩種歷史敘事的時間軌跡：來台前的國民黨擁有大陸政權的過去歷史時間，以及來台後國民黨復返大陸重新執政的未來歷史時間。這兩種歷史時間不僅被宗教神聖化，眞正現實所對照的「臺灣五○年代」也只是爲動員反攻大陸的「自由中國」，其他的歷史脈絡相對被排擠在歷史的邊緣。

〔註14〕 王德威：〈一種逝去的文學？——反共小說新論〉《如何現代・怎樣文學》（台北：麥田出版社，1998年），頁146～147。

壹、「傳統性」所投射的文學敘事想像

反共文學是臺灣五〇年代經驗最重要的一環。反共文學主導的五〇年代臺灣文學的話語情境，既是銘記歷史的傷痕，也是以一己的宿命預言家國的未來想像。「反共」的「小歷史——大敘述」（personal history-master narrative）在文學的實踐，則是不斷透過個人式控訴的集體敘事，證明國民黨三民主義建國／反共復國的可行性與合法性。

反共小說的歷史語境大抵可以區分爲兩種模式：過去完成式與未來想像式。前者透過復返過去以證明未來的可行性；後者則是傾向于預約未來以完成過去的合法性。「過去」指的是國民黨領導國民革命、推翻滿清建立民國之後所奠定的歷史法統、以及執政大陸時期；未來指的是從臺灣反攻大陸、重新復國。

這兩個模式的歷史語境都是以過去作爲基礎，再再指出反共小說敘事的目的，是爲了證明：國民黨才是現代中國歷史發展進程的唯一正統繼承者；共產黨則是代表歷史治亂相隨的負面力量。

因此，共產黨篡奪中國歷史的命定發展，成爲民族必然承受的宿命苦難。反共作家回顧歷史之際，一秉中國傳統史家「合久必分，分久必合」的理念，強調「暴政必亡」的歷史法則，爲國民黨反攻大陸、重獲大陸政權的政治欲望，尋得合理化的歷史詮釋。

尼洛《咆哮荒塚》中的守墓人王誠非因欲望能重回黨的權力中心，暗中監視每一個到墓地祭掃反動鬼的反革命份子。結果在這荒塚上，他看到自己的大兒子王大年因「反動」而埋屍於此；大媳婦銀花因丈夫死亡而投河自盡獲救，被斜眼劉七利用賣淫賺錢；小兒子也因他的密告，遭到殺害。最後老妻月眉上墳，意外認出他，才告知他兩個兒子與媳婦都埋屍於此荒塚中。王誠非的悲劇反應出共黨統治的荒謬與不人道，相信共產黨等於是走向一條自我毀滅、也毀滅家人的滅亡之路。

尼諾的《咆哮荒塚》透過一個過著人鬼不分、人鬼同在的「守墓人」形象，點出共產黨逆天行道的黨性特質，潛藏對共黨黨「暴政必亡」的批判敘述觀點，而「暴政必亡」的歷史演繹法則，則反應出傳統儒家對於仁政的終極理想的歷史道德觀。這個觀點顯示：道德是歷史直線前進的驅動力，也是迴圈復返的固定力。

反共小說透過歷史道德的認知，不僅解決國民黨相較於共產黨取得大

陸政權的一衰一盛困境，還指出反共必勝、建國必成的未來，是一種來自既定時序的必然結果，而不必接受各種歷史勢力交相與會與可能新關係的考驗。

這使得反共小說的歷史時序產生一種吊詭現象：以既定政治意識形態與立場所認知的過去（國民黨依靠國民革命取得現代中國建國領導權與歷史法統），來預設早已經規劃完成的未來想像（反攻大陸，重得政權）。就反共敘事的歷史時序而言，那些已經發生、可檢驗的過去，在國民黨的建國意識形態中，一開始就已經預設未來進程的必然性——中國唯一合法的執政黨。但現實中國共戰爭失敗而不得不撤台的困境，使得反攻大陸的想像未來，成為來台後動員復國「當下」唯一所存在的目的。

因此，「反攻大陸」的未來歷史時間使得「當下」被無限延宕，同時也開始召喚國民黨執政大陸時期的過去歷史時間。這是國民黨在臺政權為現實歷史困境所局限的反共復國歷程的時間意識。

多數反共小說作家都是四、五〇年代之交來臺的流亡者，與國民黨之間所共同面對共產勢力崛起、離開大陸故土的時空經驗，以及期待復返的建設心理，是可互通見證。這使得「過去」與「未來」透過反共敘述的建國意識形態連結在一起，構成反共小說政治敘述形式的歷史語境。

「過去」為現在的政黨政權提供在台統治的合法性，「未來」則為過去所構築的歷史話語的證明結果，過去與未來形成一種可以互證互明的迴圈時間。反共小說與國民黨建國歷史所產生的密切關係，使得過去的「過去性」得以為「反共必勝、建國必成」敘述所預設的「未來性」提供存在的理由。

復返過去以證明未來或預約未來以完成過去的時間性敘事修辭，背後所呈現的是一種輪迴的歷史時間意識。這個歷史時間意識反應出儒家對於終極理想的歷史本體論原型：以過去（聖王的道德典範——國民黨建國意識形態的道德性）為歷史前進的終極動力，使得歷史的軌跡沿著被預先規劃好的未來（歷代君權實踐仁政理想——反攻大陸、消滅共黨暴政）行進。所以小說中有關過去的敘事形式，就不再只是文學歷史語境的再現，而延變為可以指涉真實的歷史語境，具有預言文學的性質。

反共小說的過去性與未來性敘述，顯示國民黨建國意識形態從儒家政治歷史法統與歷史語境取得統治合法權的進路，而迴避共產黨革命建國意識

中，透過直線式、前進式的鬥爭歷史形式所取得中國政權的合法性。相較於共產黨革命鬥爭意識中不斷直線式、前進式延展的「現代」時間觀，反共小說的「過去——未來」迴圈的歷史時間敘事形式，則迂迴地回應：國民黨如何將儒家的政治意識政黨化，並積極建立官方式民族建國想像。

　　但這並不意味著反共小說就是「八股」文學，而是反應出在一種在特定歷史時空與政治環境下的獨特敘事成規，如何主導文學的政治想像，自成一個封閉系統。王德威指出：

> 評論家每喜攻擊反共文學不能超越時空限制，關照「永恆」的人性與歷史，殊不知是類文學的「千秋」，正是源於它是否能爭得「一時」的優勢。我這樣的說法，並無意輕視反共作家的創作熱誠。恰相反的，我希望自不同的角度，肯定他們的存在意義。政治小說的難為，恰在作家必須在政治信仰與個人性情間、教條口號與美學構思間，尋找出路。在反共抗俄的前提下，作家如何同中求異，已是值得注意的好戲。但更重要的是，在非常時期寫非常的作品，作家對一己的創作歷程，必有特殊寄託。反共題材未必人人能得而擅之，但這裡的問題不是會不會寫，或寫得好不好而已，而是基於另一種信念：作家若未能為這樣的時代，留下片紙隻字的見證，才是真正遺憾。換句話說，作品寫得好，自然是反共抗俄的利器，即使寫得不好，不也可以成為一種犧牲，一種為主義而明志的姿態？……這一種求全而自毀的寫作立場不能僅以「文學為政治服務」一語帶過，而實已帶有荒謬主義意味。這種荒謬主義是現代中國政治小說中，不可忽視的傳統。〔註15〕

　　王德威從反共小說的創作動機與敘事困境，提點出反共小說具有現代中國政治小說中荒謬主義傳統的美學意義。但是，反共小說主導臺灣五〇年代文學語境的現實，其實也面臨一個重要的歷史道德難題：現實歷史脈絡的複雜性被特定政治意識形態的文學歷史敘事所壟斷時，於焉相繼產生的政治與國家暴力，是否隱藏另一種傷痕文學類型興起的契機？而那些被「過去——未來」迴圈所排擠的「現在」，對於臺灣在九〇年代之後的臺灣民族性建國屬性的文學內容意涵又會產生什麼樣的影響？

〔註15〕王德威：〈一種逝去的文學？——反共小說新論〉《如何現代‧怎樣文學》，頁143～144。

貳、「中華民國在臺灣」的哀歌

　　反共小說敘事中所對應的「過去——未來」的迴圈時間觀與國民黨右翼中國的建國歷史法統，顯示反共小說想像中國政治與民族國家未來的單一性。反共小說作為一種回應特定政治意識形態的文學類型，歷史敘事的時間形式展現一種「贖回」歷史的政治欲望。而反共小說也與「中華民國在臺灣」歷史現實中的「臺灣（不正常）國家化」，形成一種吊詭關係：反共小說既是右翼中國在文學心理層次的復國文學，也是歷史現實行動層次的建國文學。

　　「復」國與「建」國充滿一種時間向度的辯證關係。前者指向曾經擁有，但現在失去而必須再度尋回；後者則隱含一種重新開始的新契機。就反共小說作家而言，他們不斷透過書寫追憶過去鄉土，開始歸納各種可能的原因，詮釋來臺後失去故土家國的境遇；但另一方面，國民黨政權在中國從未能如願展開的理想建國藍圖，卻得以在臺灣這個南方的陌生島嶼獲得全面實踐的機會。

　　兩者雖然吊詭，但並不矛盾。反共文學類型的出現，本來就是為了因應流亡來台的困境、並在政治因時利導氛圍下所產生一種集體文學書寫。反共文學在這個詮釋意涵上，既是復國文學，也是建國文學。但這兩者卻有所根本牴觸的矛盾存在。

　　首先，從國民黨在國共內戰失去大陸政權、撤退來臺後的現實歷史來看：臺灣在美國所主導世界冷戰結構中，因國民黨政權堅決反共態度與「中美共同防禦條約」的簽訂，而被納入美國遠東防禦戰略系統，中華民國也因此獲得美國所承認的「一個中國」的機會。然而「中美共同防禦條約」的簽訂雖然保障「中華民國在臺灣」的國家化發展機會，但美國也在條約中明確要求國民黨所主導的中華民國政府無美國同意不得反攻大陸〔註 16〕。這意味中華民國政府只能在臺灣朝向「建國」發展，是不能實現反攻大陸的「復國」理想。反共小說中「迎向未來以回到過去」的歷史敘事時間形式，恰巧迴避美台關係之間的國際現實。

　　再從美台關係的發展來看，一九五四年到一九五五年間，美國開始重視臺灣的戰略地位，並協助建立蔣介石與國民黨的聲望。這段期間正好是反共小說發展的顛峰時期，顯示政治情勢對支援特定意識形態文學類型發展的影

〔註 16〕 張淑雅：〈中美共同防禦條約的簽訂：一九五○年代中美結盟過程之探討〉，《歐美研究》第 24 卷第 2 期（1994 年 6 月），頁 51～99。

響力。值得注意的是，從蔣介石政權的強人威權體制逐漸穩固、到中華民國「一中」的國際定位獲得美國的支援後，反共小說「迎向未來以回到過去」的歷史敘事時間形式，除強調出特定文類政治理念的表態外，也顯示現實中的「中華民國在臺灣」的國家化——「建國」事件不過只是爲了（反攻大陸的）「復國」事件而存在。

吊詭的是，國家化所突顯的（中華民國在臺灣）「建國」現實，雖然獲得國際情勢的支援，但代價是必須確保放棄（中華民國在中國大陸）「復國」的可能性。這突顯出「反共」理念透過歷史敘事修辭策略所呈現的矛盾，不僅是來自傳統時間意識的道德主觀性，在現實時間歷程中，也僅是一種藉由延宕的想像而得以持續確保「反共」的價值意識。

因此，如果國家化過程的「建國」事實在於完成「復國」的歷史宿命，反共小說必須訴諸何種的敘事形式，才能在不斷復返過去的無時限延宕的時間歷程中，確保想像的持續熱情與更多的號召？進而使得延宕想像的同時也是實踐想像的契機？並激發反共的文學建國意識形態在復返過去的復國歷史時間中，仍能得到未來的共同協商、甚至激勵的可能性？

反共小說在「迎向未來以回到過去」的迴圈時間向度中，將建國的未來發展性局限在（現實處境不可能實現的）復國的虛幻性上。對於政治小說文類來說，雖然難以避免因意識形態而興，因意識形態而衰的命運，但反共小說所自成文學歷史時空的封閉性，如何能使得這些反共作家傾一己之力去反共或擁護國民黨政權？

反共小說在臺灣五〇年代中所銘刻的中國流亡者，在國共黨爭禍害的苦難中歷經家國變色與遷徙飄零的時代命運，確實不該以政治文宣口號輕易帶過，而必須正視「反共」建國意識形態介入文學敘事後的想像方式，是如何連結個人與民族國家之間的命運共識？使得個人可以在不斷延宕的建國想像中只能投射復國（或建國）欲望，而忽略現實中「中華民國在臺灣」的國家化過程發展的其他可能思考面向？甚至截斷與不同文學歷史脈絡對話的多元包容性？

因此，反共書寫中的多數作家在現實所歷經個人或民族的流離傷痛歷史，既是見證時代，也是見證信仰——「反共」建國意識形態與政治目的價值化之後、介入文學敘事想像的主要心理機制運作基礎。然而，反共文學在臺灣五〇年代發展取得體制主流位置後的滲透過程，使得政治文學書寫中的

建國想像不僅以難以選擇的可能性為前提，還極容易造成被（單一政黨）政治信仰所牽掣的現象。

值得注意的是，反共作家書寫反共並不見得一定是為政治服務，但以個人見證時代的書寫信仰與集體意識背後的擬宗教性心理機制，是如何連結個人與家國之間的想像，並積極成就「建國的目的在於完成復國」的歷史迴圈時序？這種想像思維模式所導致的是歷史意義感（sense of the meaning of history），而不只是客觀的政治國體的選擇。這又會使得個人、民族／國家之間的繫聯產生如何的敘事結構？

參、個人式的民族歷史救贖敘事

反共小說中以個人傷痛歷史所見證的故園之思或家國之痛的敘事形式，是最具普遍公式化的一種模式。王德威認為反共小說可以被視為近半世紀以來傷痕文學的第一波，並提出傷痕文學透過文字力量去救贖歷史的內蘊緊張性與寫作本身的「不可能」〔註17〕。這除了點出傷痕書寫的敘事策略，是反共建國書寫中最主要的一種文學意識形態表述方式外，也說明以文字見證傷痕──從個人到家國，傷痕所觸動的是一種永不能復歸、卻必須在現實中持續書寫的歷史想像。

傷痕之所以無法被文字所救贖的原因，在於傷痕是來自已經發生而不可能再有任何改變的歷史真實，同時也指出：事過境遷的文字書寫如何能夠補償當時的錯誤於萬一？但傷痕敘事模式與反共建國書寫想象，卻恰巧能在這個基礎上共用相同的歷史敘事心理──藉由不斷的書寫以見證不會遺忘與不該遺忘的過去，因此確保住反共書寫的道德正當性。

從民族國家與個體自我認同之間關係的角度來看，藉由傷痕書寫的道德正當性所繫聯的文學復國──建國敘事，除使所有的反共作家與國民黨政權可以義正嚴詞地控訴共產黨的禍國殃民之罪外，從個人隱射民族傷痕的記憶書寫模式，也反應出個人是作為民族／國家存在──而不是作為個人自由意志主體的前提。也就是說，個人意識在傷痕書寫的道德正當性的強化下，不再只局限於個人歷史脈絡，而擴大變形為民族／國家寓言形式意義的投射縮影。

〔註17〕 王德威：〈一種逝去的文學？──反共小說新論〉《如何現代‧怎樣文學》，頁154。

　　至於對於現實中不斷經歷復返與延宕的「建國──復國」時間歷程想像，「建國」不再只是建立民族國家的政治性選擇，而是在想像的過程中，必須藉由傷痕記憶來強化現實與未來建國時間歷程所復返的歷史意義感（sense of the meaning of history），以達到建國選擇的目的。

　　但是，僅僅憑藉個人傷痕記憶如何能使民族歷史救贖得到可能？並藉此召喚出更多的悲情想像？反共小說敘事中所強調的「自我獻身」與「自我犧牲」模式，就是透過個人對傷痕記憶的歷史意義感的認同，而不自覺陷入「以結束作為開始」的封閉性迴圈時間歷程，忽略現實中建國歷程的歷史動態發展，甚至壓抑不同歷史脈絡的對話發展可能。

　　「自我獻身」與「自我犧牲」的敘事模式，從個人與國家之間的關係意義來看，除顯示以道德正當性強化個體對民族／國家應盡義務責任的國民認同外，透過「獻身」與「犧牲」行動見證信仰的想像方式，顯示反共建國文學意識形態中，個人對民族國家所完成的想像共同體，仍與「擬宗教」意識作為強化內部精神結構的進路，極為類似。

　　也就是說，反共小說強調個人與國家之間的關係，在心理機制的建構上，都傾向以「信仰」模式，預設個人對國家具有「必須無條件奉獻的責任與義務」，而不是法理觀點上所討論的責任與義務。以及將國家領袖通過「反共」的革命歷史任務，將之神聖化為國家／民族「救星」，正如同基督教信仰中的「彌賽亞」。這些基本上都是屬於一種宗教化的政治操作手法，或是政治意識形態宗教化的作為。不同於西方國家在基督教二元政治觀下所發展的近代自由主義思維。這隱示個體並未取得與國家主體對等的社會公民身分，而是附屬於民族／國家主體之下的國民。

　　因此，以傷痕記憶與尋求救贖作為「建國──復國」文學的歷史敘事策略，並不單純只是「文學為政治服務」的問題，而是透過政黨政權如何主導、並單一化民族集體歷史意識認同的獨斷性與虛幻性。

　　反共敘事雖然經驗臺灣五〇年代民族／國家論述領域、由主導到衰微的文學發展歷程，顯示政治性文類因應政治意識形態興頹的命運，但反共敘事透過歷史時間意識以確定政治認同的建國邏輯思維，對臺灣文學歷史發展的內部理路影響，以及道德價值在此中所發揮的決定性作用力，仍不容忽略。

第三節 「三民主義建國──反共復國」意識形態對臺灣文學歷史發展的影響

國民黨政權所主導的「中華民國在臺灣」的歷史發展，在反共意識形態的前提之下，對外積極利用世界冷戰結構、向美國華府爭取代表「一中」的國際地位，雖然為了換取臺海安全而被迫放棄發動反攻戰爭的機會，但對內卻為了鞏固統治威權，而仍然強調「復興基地寶島」與「三民主義模範省」等過渡性的「建省為前提的不正常國家化」定位，以激勵國民達成反攻大陸的終極性「復國」目標。這使得國民黨政權在臺灣五○年代之後所積極投入的「建國──復國」行動，掉落一個相當弔詭的國家發展處境──「右翼中國的歷史政治主權──臺灣地區為主（臺、澎、金、馬）的地方行政主權」。

這兩者之間存在的歷史矛盾，除了包含國共黨爭而在臺灣政區與大陸政區各自在一九四九年之後的分裂對峙外，國民黨政權為在臺建立右翼中國政權而壟斷的臺灣歷史發展，使得臺灣在滿清時期即脫離中國主權、而淪為日本殖民地的歷史複雜性，相對被壓抑，只能接受右翼中國政治意識（即官方《三民主義》）為主的歷史發展。

從佔有臺灣主權的階段性變更歷史來看，中華民國在一九四五年從戰敗國日本接收臺灣、到一九四九年在台建國之前，一度統治臺灣部份或全境的勢力，從中國元朝開始，歷經明朝、荷蘭、西班牙、南明鄭成功的東都──東寧、清朝、臺灣民主國、日本等政治勢力。臺的歷史也從未能有自己的主體意識發展機會。而日本與中國之間所存在的帝國主義侵略與反侵略的家國仇恨關係，以及國共黨爭不同建國路線的鬥爭，使得臺灣內部在日據時代即開始發展的「反帝、反殖民」歷史，未能被尋求瞭解，甚至兩者存有互相衝突的矛盾。

另一方面，國民黨政權在政治上與文化上的「祖國化／（官方儒學所主導的）中國化」認同政策，顯示右翼中國歷史主體為主的民族國家精神機制工程，是建立在政治認同的基礎上、統攝具有相容性的文化認同基礎。對臺灣鄉土文學歷史發展的影響，以排擠臺灣日據時代以來「反帝、反殖民、反封建」脈落下的左翼政治與文化勢力；並延續日本殖民社會以來、作為反抗日本異族統治的漢族（族群／族群文化）意識與具有美學性質的臺灣鄉土意識等，為最大特徵。

壹、臺灣孤兒意識、祖國意識與「三民主義建國——反共復國」意識

一八九五年滿清政府因中日甲午戰爭戰敗簽訂「馬關條約」，將臺灣割讓給日本，開始長達五十年的殖民統治時期。日本的殖民統治使得臺灣與中國之間的聯繫被切斷。臺灣歷史的複雜性所展現的最大困境，就是如何釐清帶有臺灣意識的歷史主體發展過程中、與各階段擁有臺灣統治權的權力政體之間既對抗又妥協的發展，以及過程中既同化又異化的漸進滲透過程。呂正惠認為「孤兒意識」是吳濁流小說《亞細亞的孤兒》中，關於「臺灣人的歷史命運」課題所呈現最精準的描述與詮釋。〔註18〕

吳濁流《亞細亞的孤兒》以胡太明〔註19〕為主要敘事中心，客觀地紀錄了臺灣日治時代一個四代傳統地主大家庭所經歷的歷史變遷，以及家庭成員遊走於日本殖民母國與中國祖國之間、關於心靈與行動的抉擇與困境。

在小說中，第一代以「心中所憧憬的是春秋大義、孔孟遺教、漢唐文章和宋明理學等輝煌的「中國古代文化」的胡老人為代表；第二代以具有抗日意識下的中國民族認同的胡文卿為主；第三代的胡志剛、胡志明、胡志南各走不同路線：胡志剛成為皇民；胡志明歷經波折，最後選擇抗日；胡志南被迫簽下「志願書」，成了皇民政策的犧牲品；第四代志剛兒子達雄願為「聖戰」而死；志明與大陸女子淑春之女紫媛，隨母在日本侵華戰爭中驚惶度日。這些不同世代的胡家成員也暗示出臺灣知識份子的政治與文化身份認同之間的非單一歷史脈絡。

「孤兒意識」在小說敘事的重要性，不僅僅只是如呂正惠所指出的歷史史實的精確度，而在於以「胡志明的發瘋」作為情節推演結局的最後隱喻作用——既是文學敘事、也是歷史敘事。在兩者的張力中，顯示當時日治時代臺灣知識份子在不同理想與對應現實之中的挫敗，也同時暗示未來臺灣歷史走向的不確定性。「孤兒」說明了臺灣在殖民歷史中的未完成主體特質——既可以選擇被各種不同樣式的母體召喚而走向回歸之路；也可以抗拒回歸母體的誘惑而選擇更為艱難的獨立自主。

〔註18〕呂正惠：〈被歷史命運播弄的人們——論吳濁流《亞細亞的孤兒》〉《殖民地的傷痕——臺灣文學問題》（臺北：人間出版社，2002年），頁105～106。

〔註19〕吳濁流《亞細亞的孤兒》最初的日文版於1943年起稿、1945年5月以《胡志明》完稿。後因主角名稱與越共領袖同名，才改為胡太明。中文版皆以胡太明稱之。

在小說敘事脈絡中，胡太明之所以會發瘋的主要原因，來自于當時知識份子普遍經歷「政治認同」與「文化認同」的分裂所致。這兩項認同不僅是華人社會對國家認同的主要特質，也是臺灣意識的基本組成部分〔註 20〕。對於胡太明來說，臺灣在政治上的被殖民者身份，既無法認同日本殖民者、但也無法被（國民黨南京政權的）祖國所完全接受；而以對抗日本殖民強勢的漢族意識的文化認同，也無助於改善不被祖國對等接受的困境。黃俊傑從日治時代臺灣人處理「文化認同」與「政治認同」的經驗分析，指出關鍵問題所在：

> 臺灣人對於原鄉的傳統中華文化固然在日本帝國主義者壓迫下而不勝向往之情，但是，臺灣人由於過於一廂情願，也過於浪漫，未能深入認識中國歷史上文化理想與現實專制政治之間恒處於緊張甚至衝突關系，也未能認識……「文化認同」與「政治認同」之間的矛盾性，這是日據時代回歸原鄉的臺灣知識份子祖國夢碎的原因，也是光復後臺灣人對國民黨失望的思想根源。〔註21〕

從這個觀點來看，臺灣知識份子在殖民時期與日本母國之間，身處於既政治對抗、但又生活情感彼此滲透的歷史現實；而與祖國之間，雖然共通漢族血脈與文化意識，但在現實又阻隔互通政治與文化發展。這些相互帶有矛盾的歷史條件，使得臺灣在回歸祖國的過程，變得更加複雜起來。

在《亞細亞孤兒》中，胡太明與日本女子、胡太明與臺灣女子、以及胡太明與中國女子在愛情關係所呈現的互動，暗示了臺灣在馬關條約割讓給日本、與祖國切斷政治聯繫之後的現實歷史後，日本、臺灣、政局動蕩的中國之間的歷史關係，相對複雜起來，而臺灣的被殖民處境，使得臺灣人在面對日本、中國、甚至臺灣之自身時，不管是「政治認同」或是「文化認同」，都無法將之對等脈絡化。

小說中，胡太明與日本女子情意互通，但礙於政治身份的落差而難以發展出美好結果；後來遇到兼備妻子美德條件的臺灣女子，又因個人主觀因素，未能接受對方的愛意；來到祖國內地後，因自己的臺灣人身分而遭受到南京政府官員的質疑與迫害，後來遇到的中國太太，則在短暫時間中，從師生關

〔註20〕黃俊傑：〈論「臺灣意識」中「文化認同」與「政治認同」的關係〉《臺灣意識與臺灣文化》（台北：正中書局，2000 年），頁 57。

〔註21〕同前註，頁 77。

係演變為情人、夫妻，但胡太明卻不認同妻子盲目投身於當時所謂的進步思想的偏激言論中。最後胡太明隻身回到臺灣，卻因無法再忍受日本「皇民化」政策下的全面性殖民壓迫而發瘋。〔註22〕

胡太明的悲劇顯示：一個「溫健改良主義者」在臺灣的日本殖民歷史與中國的左、右翼革命歷史處境中，對於政治身份與文化身份都無從選擇的挫敗。在文化認同上，胡太明的矛盾在於，他雖然無法認同日本的殖民政治，但從師範學校——日本人殖民內化臺灣的重要教育體制——接受所謂的近現代化知識，而接受近現代化教育而得到理性啟蒙的他，使他在文化教養上貼近日本人，並不得不意識到臺灣傳統封建社會的落後性；他的近現代知識份子背景，雖然使他能夠接受左翼的進步思想，也很欽佩進步思想所帶來的理想性與行動力，但他從小從祖父那兒得到的傳統儒家文化思想與漢族血緣認同的情感教育，卻使他對於左翼的革命進步思想有所保留。

在政治認同上，他是日本殖民地臺灣的日本籍臺灣人，這使他既是日本人，也不是日本人，更不是中國人——在日本，參加日本的中國留學生抗日集會，而被懷疑為日本間諜；他一直是個具有強烈漢文化與民族認同的抗日知識份子，但在南京卻因不小心暴露臺灣人身分而被捕；然在面對毅然決定出走「西北」（中共解放區）、勇於投奔新中國未來的敬愛友人——曾導師，他終究只承認自己是個機會主義者，並未有任何實際行動。

胡太明的猶疑，反應出殖民地臺灣在「反帝、反殖民」歷史脈絡之下的一種很客觀的知識份子形象、以及所至深的歷史處境：徘徊在傳統性與現代性之間的個人主義歷史道德者。他既不像臺灣左翼進步知識份子以熱情與知識企圖改造世界的方式介入歷史；但也不同於臺灣右翼進步知識份子以建立（文化組織與政治議會）制度的方式，達到改革社會的目的。他是以一種個人立場的理性與良知，去觀察歷史、經歷歷史，紀錄歷史。值得留意的是，胡太明的「祖國意識」在小說中並無指涉任何政治實體。

一九四五年日本宣佈無條件投降，臺灣終於回歸祖國。黃俊傑指出：日據時期臺灣人「祖國意識」形成的歷史原因，主要來自於日本殖民統治之下的民族意識，以及臺灣人的漢族文化認同所激發的歷史文化意識，但是只是一種抽象的心理建構，缺乏具體的現實作為支撐基礎，因此，易為現實的歷史處境所改變：

〔註22〕吳濁流：《亞細亞的孤兒》（台北：遠流出版社，1985年），頁271～275。

存在于日據時代臺灣知識份子精神世界裏的「祖國意識」，基本上是
一種「集體記憶」（collective memory）——「祖國」在日據臺灣知
識份子心目中是一種歷史的共業，這種共業以對漢文化的認同為基
礎……。臺灣人在日本殖民統治期間飽受日本人壓迫，使他們淵源
於明清時代的「祖國意識」快速成長；但是光復後國府的腐敗與歧
視，又使他們的「祖國意識」轉化乃至消逝。從這一點來看，在孕
育臺灣人的「祖國意識」的諸多原因之中，「政治權力結構」是最根
本的因素。不平衡的權力結構使臺灣人在日據時代快速形成「祖國
意識」；也正是不平衡的權力結構，使戰後臺灣人的「祖國意識」為
之淡化。〔註23〕

臺灣本島的「祖國」認同的歷史背景，來自於一八九五年被迫接受日本
的殖民統治處境：在政治上表現出對抗殖民統治的民族意識；在文化上則強
調漢族歷史文化意識。黃俊傑進一步指出臺灣知識份子的「祖國意識」內容，
是將臺灣與中國大陸視為有機而非機械關係，認為中國大陸是臺灣的文化母
根；屬於一種抽象的心理建構，而不是具體的現實存在〔註24〕。而國民黨與
共產黨在中國境內爭取建國領導專權過程中既合作又對抗的歷史關係，使得
臺灣知識份子對於中國的「祖國」認同，同時也面臨國共兩黨背後所代表的
「祖國」政治身分選擇問題。這個問題又與臺灣政治社會思想的左、右翼分
化現象，以及國民黨政權結構的落後性息息相關。

臺灣左、右翼思想的分化現象，在基本共識上都以追求「民主化」與「地
方自治」為主，但兩者在思想路線的政治認同、社會改革意識所對應的「祖
國」條件，卻隨著國共兩黨在大陸地區內戰的激化，而有所歧出。代表國民
黨政權接收臺灣的陳儀政府、並未能瞭解到臺灣在日治時期左、右翼社會民
主運動的歷史基礎，加上不當接收政策與封建殘餘結構的軍閥、官僚組織型
態，以及縱容貪官污吏、軍、警、憲、特橫行的非法治行為，導致經濟社會
問題日趨惡化，終於激化「二二八事件」（以下稱「二二八」）的發生。

「二二八」發生後，由官民共同組成、各級民意代表為主要構成份子的
「二‧二八事件處理委員會」（以下稱「處委會」）隨即展開調解與善後處理。

〔註23〕 黃俊傑：〈日據時代臺灣知識份子的大陸經驗〉《臺灣意識與臺灣文化》（台北：
正中書局，2000年），頁131～132。
〔註24〕 同前註，頁105。

「處委會」所提的處理條件，也從維護法治的社會基礎轉到社會精英階層的政治改革方案，以至「處理大綱」三十二條與四十二條的出現。

其中「警備司令部應撤銷，以免軍權濫用」、「本省人之戰犯及漢奸嫌疑被拘禁者，要求無條件即時釋放」等條款，被指控為叛國罪。陳儀官方開始對「二二八」展開軍事鎮壓與事後的綏靖、清鄉之舉，左、右翼勢力在武裝與非武裝反抗路線上，呈現兩極化的發展。左翼文化人與運動也因中國大陸國共內戰的延續影響下，遭到被全面禁絕的命運，而右翼文化人也被迫禁聲。

「二二八」中左、右翼文化人從合作到對應代表國民黨政權陳儀政府的分歧路線，除顯示左、右翼文化人派系鬥爭與權謀政治問題的現象〔註25〕，也顯示日治時期左、右翼社會運動在歷史發展過程中潛在的階級性與政治身分認同問題。左翼社會運動強調的是在社會經濟結構中，對不合理的階級支配與壓迫關係的反抗與權力秩序重整；右翼社會運動則是基於資產階級的保守性格，局限在議會制度的政治關係改良上。這兩個系統在戰後初期的臺灣，都面臨到不同程度的挫敗。「二二八」將臺灣人從日治時代以來漢族歷史文化的祖國認同的共同基礎，突顯到左、右翼政治身份的祖國認同與階級性社會意識的歷史選擇。

從日治時期臺灣文化社會運動的發展歷史來看，文化協會從資產階級改良主義的主導性格轉向臺灣共產黨（以下稱台共）思想團體一部份、以及以台共黨團身分為參與領導的農民組合，是當時左翼社會運動的主要組織成分；而第一次從文化協會退出的資產階級改良主義運動份子——蔣渭水，則與林獻堂合組臺灣民眾黨，但蔣渭水的「三民主義」左傾化路線，又迫使林獻堂再度退出民眾黨。臺灣民眾黨開始聯合被壓迫弱小民族與階級進行反帝鬥爭的左翼運動，文化協會的台共、農民組合也陸續展開更積極的左翼運動。

臺灣日治時期社會文化運動的複雜性，一方面突顯「二二八」左、右翼路線分歧的歷史條件，一方面也隱藏左、右翼文化人對當時臺灣半殖民、半資本、半封建社會內部結構的社會改革意識、以及「祖國」政治身分認同的歧出性格。而在日本宣佈無條件投降之後，代表國民黨政權接收臺灣的陳儀政府，在不當接收政策、親族勢力的非制度化用人原則、縱容貪贓枉法的腐敗無能、藐視臺灣人的殖民作風……等種種現象之下，充分曝露出半封建、

〔註25〕陳翠蓮：《派系鬥爭與權謀政治：二二八悲劇的另一面相》（台北：時報，1995年）。

半殖民地國家機器本身在政治的暴壓性與經濟掠奪性的落後素質。〔註26〕

因此「二二八」左、右翼運動思想路線在「二二八」之後，不僅潛在著國共兩黨從合作關係到展開內戰後、各自代表的祖國認同條件，還分別隱含激進與保守改革向度的政治社會意識。相對於國民黨訴諸大地主與官僚資產階級結合的半封建、半軍事集團而言，不管是臺共或僅以思想路線作為中國共產黨同路人的左翼或左傾知識份子而言，祖國意識的形成，除來自日治時代即訴諸漢族的歷史文化認同外，更強調於階級意識的政治社會改革企圖。而國共兩黨各自依據革命政黨的正當性，在中國境內爭奪建國領導權所形成的激化內戰，顯示國民黨的「三民主義」建國方案，並不具歷史現實的唯一性。

對於國民黨政權而言，臺灣左翼思想路線諸普羅階級的政治主體與歷史進步性，除了從階級權力結構重新分配的社會正義、來挑戰（儒家）文化民族主義的基本建國意識形態與保守性的社會階級結構外，同時也觸及到臺灣在結束日本殖民統治之後、回歸「祖國」的民族國家意識，還包括政治理想與社會改革的選擇動機。這與國民黨在孫中山死後，蔣介石政權以戴季陶「文化保守主義」詮釋系統為主的「三民主義」建國意識形態有所歧出。蔣政權之下的「三民主義」建國意識形態，除了強調儒家歷史意識作為延續民族文化主體的官方文化民族主義外，還包含「三民主義與領袖信仰」為主體──而非國家憲政與民主法治制度的政治意識。

因此，從政治立場來看，不管是臺灣左翼路線所期許的無產階級民主政治，或是臺灣右翼路線所要求的議會民主政治，都難以在國民黨官方政治脈落中形成對等關係。前者將挑戰國民黨既有的階級結構與統治正當性；後者則會抵觸主義與領袖專黨專權的政治權力。

國民黨政權以文化意識形態確保黨國一體的意識形態與統治正當性，是戰後臺灣國家化過程中影響深遠的建國意識形態表現特徵。但這個面向造成戰後臺灣文化認同的發展，被局限在單一政黨性的文化歷史脈絡與政治認同，而難以多元化並銜接臺灣在日本殖民統治時代所激發的漢文化與漢民族意識，反而在日本異族統治「反帝、反殖民」的歷史發展脈絡下，更突顯出臺灣與國民黨南京政府「祖國」的不均衡政治權力結構關係。

一九四九年之後，國民黨在國共內戰下失去大陸政權後撤往臺灣，為了

〔註26〕林書揚：《從二・二八到白色恐怖》（台北：時報文化，1992年），頁111。

積極鞏固在臺政權對大陸地區的統治正統，反共思想被納入三民主義建國意識形態之中。「反共」成爲五〇年代國民黨政權主導臺灣社會政治、文化思想發展的運作邏輯與基本預設。

因此，反共思想與三民主義建國意識形態之間的連結，除了作爲國民黨在臺政權能繼續保有中國正統的政治目的外，「三民主義」——僅僅只是一種具有社會法權的知識論述形式，卻是政黨國家機器的暴力與依國家之名的合法保障，並成爲當時最重要的建國（中華民國在臺灣）、以及復國（反共大陸）的想像方式。

這種想像方式是建立在政治意識服務政治目的的前提上，因而在歷史現實的實踐過程中，會將思想——一種以知識論述形式所呈現的可能性，轉換成政治權力跌停損益的鬥爭基礎。這正是臺灣左、右翼路線在「二二八」之後遭到不同程度打壓的現實危機，但卻是五〇年代國民黨政權之所以得以實行三民主義建國——反共復國政治發展意識形態的歷史條件。

在發展過程中，鞏固政黨意志與權力中心的思維邏輯，透過國家機器的運作，使得「反共」不僅成爲國民黨政權介入社會控制的正當性基礎，也成爲國家地位優先於社會自主發展的認知想像基礎。在這個過程中，政治權力以國家正當性建立的「反共」歷史意識，使得國民黨政權透過歷史解釋，將「反共復國」的終極價值與「中華民國在臺灣」的政治現實結合在一起，除確保國民黨在臺灣政權的合法性外，同時也影響臺灣社會過於傾向於權力政治的自我詮釋的精神想像機制，以及服從政治權力的運作邏輯。其中，影響最深遠的，就是左翼社會運動路線在臺灣戰後歷史詮釋過程中的斷裂現象與排擠效應。

貳、被消滅的「左翼臺灣鄉土」

一九四九年之後的臺灣，主要是以「反共復國」作爲「中華民國在臺灣」（不正常）國家化發展的統治基礎與歷史詮釋意識。在此之前，臺灣與「祖國」中國之間的歷史聯繫，並不是朝向單一發展向度進行，「二二八」之後，中國左翼知識份子與臺灣左翼知識份子在「新生報」《橋》副刊展開論爭交流的歷史事件，則顯得相當特殊。這個文學論爭與國共兩黨在共同面對日本侵略戰爭的共同合作架構，息息相關。雖然戰後中國正逐漸處於國共兩黨爭奪建國領導權的困境，但在臺灣，因爲日本殖民所造成的歷史隔閡，並未馬上破局。

　　中國左翼與臺灣左翼知識份子在「國際共產」的影響，除共同傾向普羅階級意識與共產社會主義知識體系基礎外，如何整合中國與臺灣在文學、歷史在普遍性與特殊性脈絡之間的民族血脈情感，成爲這個歷史階段的重要課題。石家駒就認爲這是臺灣文學思潮史上，「一次繼臺灣從中國五四新文藝運動中汲取並繼承其理論和創作、而展開臺灣現代新文學以來，另一次汲取和繼承中國三○年代文藝思想、理論和作品的重要歷史事件。」〔註 27〕

　　論爭從一九四七年十一月開始，一直持續到一九四九年三月，所涉及的問題與內容很廣泛，其中包括相關臺灣文學的歷史與本質、理論與實踐等重要論題。歐陽明指出：臺灣文學運動與臺灣反日民族解放運動的密切關聯性，使得臺灣民族文學的主體發展，與中國五四新文學的民主、科學要求形成不可分離的歷史精神。因此，臺灣新文學的建設是祖國新文學運動中的一個部分，省內、省外作家與文化人必須團結合作。〔註 28〕

　　楊逵進一步強調：建立「在思想上是以反帝國主義、反封建與科學民主爲主流〔註 29〕」的臺灣新文學。林曙光從臺灣與中國分離的殖民歷史，質疑臺灣是否有過純粹的左傾文學，認爲臺灣新文學必須打破一切特殊性，朝向「如何建立臺灣的文學史其成爲中國文學」努力〔註 30〕。孫達人從中國「五四運動」反帝、反封建、要求民族解放的思想鬥爭運動性質，作爲臺灣新文學的總方向〔註 31〕。胡紹鍾則是要求建立臺灣新文學的自主的社會地方性文學。駱駝英則從中國五四之後革命文學統一戰線的歷史任務：民主、解放、進步，總結討論臺灣新文學的發展特質〔註 32〕。

　　駱駝英認爲，臺灣新文學的特殊性來自日本殖民統治所造成的半封建殖民地社會型態，這與中國作爲長期封建社會一部份與日本帝國侵略對象之後的半封建半殖民地落後性質，具有共通性。因此，臺灣建立新文學應該與中國革命的歷史任務一樣，必須是反帝、反封建，並由革命的階級聯合才能完

〔註 27〕　石家駒：〈一場被遮斷的文學論爭——關於臺灣新文學諸問題的論爭（一九四七～一九四九）〉，收錄於《1947～1949 臺灣文學問題論議集》，（台北：人間出版社，1999 年）頁 9。

〔註 28〕　歐陽明：〈臺灣新文學的建設〉，同前註，頁 33～38。

〔註 29〕　楊逵：〈如何建立臺灣新文學〉，同前註，頁 43～57。

〔註 30〕　林曙光：〈臺灣文學的過去，現在與未來〉，同前註，頁 67～72。

〔註 31〕　孫達人：〈傳統，覺醒，改造——檢論臺灣新文學的方向〉，同前註，頁 147～148。

〔註 32〕　駱駝英：〈論「臺灣文學」諸論爭〉，同前註，頁 169～184。

成。國民黨的右翼政權在這個歷史階段已經完成領導資產階級革命的任務，但自身的矛盾不足以擔當無產階級革命鬥爭的使命。駱駝英〈論「臺灣文學」諸論爭〉云：

> 五四時期，能徹底擔負反帝反封建的任務的階級，雖然已由「自在」的階級轉變爲「自爲」的階級，但在革命中，他們還只是居於被領導者的地位的參加者，三十年中，他們由被領導的成長爲參加領導的，進而爲主要領導且非他們不能領導的；而原來領導著他們反帝反封建的階級，因爲本身就具備著革命與反革命的矛盾性，由革命的領導者變爲忽而革命忽而反革命的兩棲類，現在則變爲背叛革命，跟帝與封建勾結的作爲二者的代表（和封建勢力的首腦）的反動者了……三十年來的中國社會雖然還是半封建半殖民地的社會，中國革命的任務還是反帝反封建，但這個社會不但發生量的變化，同時亦發生部分的質變了……現在既是面臨著空前偉大的艱苦的反帝反封建的革命鬥爭，作爲這個鬥爭的有機構成部分的文藝，必然而且應該空前有效地負起它的使命。當然不但是要繼承五四的精神和五四以來一切優良的傳統，而且要提高那種精神，克服三十年來的缺點，配合著現實的要求，才能負擔得起這個使命，才能開拓文藝自身最合理的發展的道路。〔註33〕

駱駝英的觀點反應出：戰後臺灣左翼知識份子所認知的祖國「中國」，是建立在「反帝、反封建」的歷史脈絡上，並在文學發展上堅持走向革命與人民的現實基礎，顯示臺灣新文學的歷史本質與中國三〇年代左翼革命文學的不可分離性。

因此，站在客觀歷史角度來看：中國境內從一九四六年國共內戰爆發，到四七年學生、市民、知識份子掀起反對內戰、要求和平建國、反對國民黨獨裁專制、呼籲民主改革的全國性學生運動和國民運動的浪潮，遭到鎮壓與更激烈的示威；臺灣則是經歷「二二八」、國民黨二十一師軍隊在基隆登陸的恐怖鎮壓，以及之後針對知識份子而來的清鄉、綏靖政策。國民黨政權所暴露的暴虐性質，既是反民主、又是反革命。

駱駝英的文學歷史論述，顯示戰後臺灣與祖國中國在現實政治的另一個聯繫是以反國民黨政權爲基礎。呂赫若戰後著名小說〈冬夜〉即在這個論述

〔註33〕駱駝英：〈論「臺灣文學」諸論爭〉，同前註，頁 175～176。

脈絡下，對應出臺灣人對日本殖民過渡到國民黨政權接收之後的歷史心理與社會處境。〔註34〕

〈冬夜〉的歷史背景是以日治末期到光復初期為主，主角是一個有兩度婚姻遭遇、被迫到酒家工作的臺灣女子彩鳳。彩鳳十八歲時與第一任丈夫林木火結婚，五個餘月林木火就被迫當日本「志願兵」。木火戰死在菲律賓後，彩鳳回到娘家。娘家父親本來是市場青菜販，因受到政府統制沒有生意做，為了家庭生計，彩鳳在肉類小販統制組合當店員。但因臺灣終戰後物價飛漲而被迫失業，父親也負擔不起經營小販生意的高額資本，最後不得不去酒館工作，因而認識第二任丈夫郭欽明——二十六、七歲的浙江生意人。在郭欽明的花言巧語下，彩鳳嫁給了他：

> 關於自己的過去，郭欽明問她的時候，她都把一切明明白白地告訴他。講到前夫事情的時候，郭欽明倒高興，他用憐憫的眼光注在她的臉上，同情地說：「你這麼可憐！你的丈夫是被日本帝國主義殺死的，而你也是受過了日本帝國主義的殘催。可是你放心，我並不是日本帝國主義，不會害你，相反地我更加愛著你，要救了被日本帝國主義殘催的人，這是我的任務。我愛著被日本帝國主義蹂躪過的台胞，救了台胞，我是為臺灣服務的。」
>
> 他的聲音是多麼甜蜜，竟使彩鳳覺得萬分的幸福，雖然這次的結婚是被他強迫所致的，但看了這樣的情形，她就沒有一點兒的後悔了。
>
> 〔註35〕

但半年後彩鳳被郭欽明傳染了性病，郭欽明竟厚顏將責任歸咎在彩鳳身上，強迫她離婚並追討回當初她娘家所收受的聘金，導致彩鳳不得不去賣淫，最後在一個叫王永春的嫖客的突發追捕過程中喪生。

彩鳳一生不幸的遭遇，除日本強迫第一任丈夫當志願兵外，第二任丈夫郭欽明——具有暗示國民黨蔣介石政權的浙江系集團的象徵人物，才是真正造成彩鳳萬劫不復的罪魁禍首。在小說中，呂赫若藉著郭欽明對彩鳳的花言

〔註34〕〈冬夜〉是呂赫若在戰後的最後作品，「二二八」之後，積極投入左翼的人民解放運動與武力抗爭。〈冬夜〉之前還有〈故鄉戰事（一）——改姓名〉、〈故鄉戰事（二）——一個獎〉、〈月光光——光復以前〉等三篇小說，內容均強烈顯示出對抗日殖民與皇民化運動的文化血緣的漢民族立場與臺灣人意識。

〔註35〕呂赫若：〈冬夜〉，《呂赫若小說全集》（台北：聯合文學，1995年），頁541。

巧語，點出國民黨政權對臺灣被日本殖民歷史處境與佔有臺灣的偽善。

在這篇小說中，彩鳳的悲慘命運點出日本殖民帝國勢力從臺灣退出後，取而代之的是代表國民黨南京政府的治臺當局。對臺灣人來說，這原本是件值得慶喜的重大歷史轉折。但沒想到治臺當局的不當統治，竟導致臺灣物價膨脹、經濟惡化、官商貪污、社會動盪不安等嚴重社會問題產生。彩鳳的墮落與死亡，正如呂正惠所指出，反應出呂赫若「個人對歷史無能為力、後來意外的見到歷史有了大轉機、但旋即又發現歷史可能又掉進深淵」的感受。而在這篇小說發表後的二十八天，臺灣即發生「二二八事件」。呂赫若毅然決然轉入中共「臺灣省工作委員會」的地下組織，實踐臺灣人民的「再解放」，也是有跡可循。〔註36〕

一九四九年之後，國民黨撤退來台，為鞏固政權，以剷除異己為主的白色恐怖，即是影響最深遠的歷史事件之一。臺灣左翼勢力在五○年代白色恐怖中，幾近被消滅殆盡。

參、反共文學體制內的「臺灣鄉土」

一九二○年中葉以來持續發展的臺灣新文學傳統，在一九四五年到一九四九年間過渡為國民黨政權的右翼中國體系後，幾乎不復存在，取而代之的是以政治上的「反共」邏輯與儒家文化保守主義的中國意識形態。「選擇性的中國新文學傳統」成為戰後臺灣文學發展的重要成分。

主導反共文學發展的半官方、半民間體制，一方面顯示高度政治權力的介入與主導，但另一方面又給民間預留下可彈性掌控與發展的空間。前者促使反共小說成為當時文學體制暢行的主要文類之一，後者則決定哪些是可暢行的反共小說的文學與美學風格。保持文學的政治性與文學美學性之間的平衡，成為體制規範文學類型與風格發展的設限指標。從這個角度去思考，如果反共文學體制出現與「臺灣」相關──且內容不一定是關涉到反共內容的文學作品的時候，這個特殊的現象將具有何種意義？

反共小說在戰後臺灣文學史的重要性，除顯示以政治力強行截斷臺灣新文學歷史傳統的斷裂性與專斷性外，透過小說「反共」的文學政治化行動，其實也反應出國民黨的右翼中國是以「中華民國在臺灣」的歷史現實，作為

〔註36〕呂正惠：〈殉道者〉，收錄於《呂赫若小說全集》，頁598。

繼續主張延續中國政權的政治籌碼。反共小說的特殊性在此展現：作爲臺灣五○年代的文學歷史現實與重要發展文類，以及透過集體書寫與敘事背後企圖證明：國民黨政權所代表的（右翼）中國歷史主體性。

葉石濤曾經批判「五○年代文學所開的花朵是白色而滄涼」〔註37〕——如果從壓縮、排擠臺灣省籍本土作家創作意識與創作空間的角度來說，確實有難以道盡的傷痕之慨。但回歸到文學與歷史、鄉土（實質性／心理性鄉土）的關係而論，葉石濤的批判反應出以省籍意識作爲建立臺灣文學史價值觀的隱藏前提的盲點：反共文學的歷史意識與鄉土情感，是政治性的右翼中國，而不是「臺灣本土」；反共文學缺乏「臺灣本土」價值。但，文學的價值只能單一而論嗎？

雖然，反共文學是戰後臺灣文學史上最具歷史性斷裂特質的文學之一，但是反共文學的發生卻是建立在「一九四九年國民政府撤退來臺之後，以外省籍爲主的作家在臺的大量書寫與創作」的客觀事實。這個現象提點出：作爲外來移民人口並（被迫）定居在臺灣的外省籍作家，當他們大量投入反共文學創作的時候，大多數已經是臺灣歷史與土地的一部份，更不用明言他們的創作確實反應出：當時作爲移民第一代的外省族群在臺灣五○年代的特殊政治心理狀況。

反共書寫與中國／臺灣之間的角力關係，呈現出右翼中國的心理鄉土與臺灣的實質鄉土的對峙。然而，可以繼續追問的是，這個對峙的特殊性是否有具體的歷史對象作爲討論基點？如果有，這個對峙在反共文學體制是以什麼樣的方式被展現出來？反共文學體制對於這個對峙產生什麼樣的規範作用？

因此，以外省籍作家爲主的反共文學獎機制中，具有臺灣省籍作家身份所書寫相關臺灣鄉土的得獎作品——廖清秀《恩仇血淚記》、鍾理和《笠山農場》，在這個觀點下，以可被視爲進入體制或被體制所接受的「體制性臺灣鄉土」爲前提，作爲進行討論的歷史對象，並分析之中所可能呈現的體制性規範設限是什麼。

《恩仇血淚記》與《笠山農場》在當時的反共文學體制中，曾分別得到一九五二年與一九五六年「中華文藝獎金委員會」的「國父誕辰紀念獎金」長篇小說類第三獎、第二獎。

〔註37〕葉石濤：《臺灣文學史綱》（高雄：文學界雜誌社，1987年），頁88。

　　《恩仇血淚記》的内容是敘述臺灣人林金火與日本人渡邊澄人之間所發生的種種恩怨情仇。林金火自唸公學校的時候，遭到渡邊澄人無理的欺負，卻因爲臺灣人身分而被處罰。林金火因而深深感受臺灣被日本侵略的悲哀，以及萌發對祖國中國的嚮往之心。後來進入誠淵學校夜間部就讀，白天在街役場工作。後來在判官先生的介紹下，來到日本人稻桓所經營的保險會社工作，因而認識臺灣女子金孿與日本女子田中愛子。金孿追求金木，但金木愛慕愛子。金木與愛子終因情投意合而交往。但後來渡邊澄人介入，並用卑鄙的手段讓愛子嫁給他。日本戰敗後，渡邊之父被仇人報復而進入病院，愛子爲生計賣淫。金木知道後，探訪渡邊之父，並幫助愛子脱離苦海，還向愛子提出結婚的請求，愛子以自己已經配不上爲由拒絕。最後，渡邊之父因愧對金木自殺，愛子帶著公公骨灰回到日本。

　　《恩仇血淚記》最大的特色並不在於文學性，而是在於情節内容所反應日、台、中之間關係敘述形象的政治性——日本以殖民強權欺壓臺灣人的無理霸道、臺灣人以堅持對祖國的血緣文化的孺慕企盼對抗：在小説中，金火遭遇到渡邊父子種種惡言惡行與許多不平等對待，正如同日本侵略中國一樣；但最後金火選擇原諒卑劣者，正如同蔣介石在對日抗戰勝利後，宣稱中國必須對日本存有「以德報怨」的精神一樣。值得注意的是，臺灣光復後，小説對於接收臺灣的國軍形象，以及台胞積極學習國語文與國語文教師的祖國認同，也恰巧符合當時積極推動的中國化政策：

> 他們樸素、結實、和藹可親，都穿了草綠軍裝，臉上一點疲累都沒
> 有；很想和台胞講話，但除懂閩南話、客家話以外的人都無法通話。
> 所以，他們嘴裡雖説了好多話，我們只懂了「謝謝！」一句。我們
> 只握著他們的手很緊，，以傳心意。
>
> ……
>
> 祖國語文補習班，如雨後春筍地成立；祖國同胞的來台，也漸漸地
> 增加了。我們是中國人，但互相不能通話，那不是太可恥麼？我們
> 是中國人，但自己國的文章不能寫，那不是太可憐麼？……國文講
> 師徐碧山先生……最後，他補充説：「要知道祖國的事情，非從語文
> 著手不可！尤其四書五經，我們非先學不可！」〔註38〕

〔註38〕廖清秀：《恩仇血淚記》（作者自印，1957 年），頁 146。

　　廖清秀《血淚恩仇記》中所呈現的日本殖民統治現實之下的臺灣鄉土，雖然在內容上並無直接涉及政治，這部小說也不是反共之作。但小說中的反日意識早已經遠離臺灣新文學傳統的「反帝、反殖民」歷史脈絡，而呈現「以祖國（國民黨政權的右翼中國）為中心」的現象。

　　鍾理和的《笠山農場》與《血淚恩仇記》不同，是一部以表現文學的美學性為主的小說。小說中並未投射任何有關政治意識的暗示或內容，只單純以日據時期及光復初期的南臺灣社會為背景，描述一對情侶致平與淑華的艱難奮鬥歷程，帶有作者自傳色彩。

　　由於《笠山農場》的背景以客家族群聚落為主，所以小說中，出現許多對客家族群特有的氛圍與文化的觀察與描述：

> 客家人是愛好山歌的，由於在年輕的男女之間。隨處可以聽聞他們
> 那種表現生活、愛情和地方情感的歌謠。他們把清秀的山河、熱烈
> 的愛情、淳樸的生活、真摯的人生、融化而為村歌俚謠，然後以蟬
> 兒一般的勁兒歌唱出來，而成為他們的山水、愛情、生活、人生的
> 一部份。它或纏綿悱惻，或抑揚頓挫，或激昂慷慨，與自然合拍，
> 調諧於山河。留在劉致平血管中的客家人的血，使他和這山歌發生
> 共鳴，一同經驗同樣過程的情緒之流。他愛好這種牧歌式的生活，
> 這種淳樸的野性的美。〔註39〕

　　也由於這對情侶因為同姓，觸及到當時客家宗姓倫理的社會禁忌，所以即使是郎才女貌、情意相通，在當時保守的客家社會也不容許發生：

> 淑華稱呼他「叔」……後來他也想到同姓。但是劉致平是受過現代
> 教育的洗禮，宗法倫理的觀點淡薄到等於零，因此他認為甚至連這
> 種想法都滑稽，不通而愚蠢……
>
> 今晚，他為了找工人，訪問了村子裡好些人家，發現了更多人都對
> 他同樣稱呼。這裡有男人、有女人、有小孩、也有老頭兒……他被
> 迫回到自己曾一度認為不可能的想法；大概他們是同姓。……
>
> 一種血緣的扭帶，一種神聖的關係，在彼此陌生而毫無痛癢關係的
> 人們之間迅速建立起來了。它是和平，但強制；是親切，但盲目。
> 在致平看來，這個「叔」便意味著一道牆，人們硬把它放進裡面去，

〔註39〕鍾理和：《笠山農場》（台北：遠流，1988年），頁34。

要他生活和呼吸都侷限在那圈子裡，而這又都是他所不願意。

……

現在致平認識了這和人們叫他為「叔」的行為，完全出於同一心理背景，在觀念上同其源流。這些事情啟發了他重新對自己所生存的社會張開眼睛，然後他發現原來自己所棲息的世界，是由一種組織謹嚴的網兒所牢牢地籠罩著。這網兒由無數直系的線，和同樣無數橫系的線通過一個一個小結而連結起來。每一個人就是一個小結，每一個人對另一個人的關係，就是一個小結對另一個小結的關係。每一個背負著無數的這些直系和橫系的關係，同時也由這些無數直系與橫系的關係所嚴密地固定在那裡。你不能更改你的地位，也不能擺脫你的身份，不問你願意不願意。〔註40〕

致平體悟到同姓宗法倫理對個人追求愛情自由的限制，以及傳統社會缺乏承認個體獨立自由的自主性，這與他所受到的現代教育完全不同。從臺灣新文學「反帝反封建」傳統來看，致平確實觸碰到當時臺灣農業社會所保留的封建性倫理議題，但致平在小說的處理方式，並不是基於批判性的社會現實主義精神——以推翻或改革封建性為前提的激進態度或政治行動綱領；而是僅僅只是以個人的自由意志與行動能力，帶著淑華私奔。

此外，《笠山農場》中對於當時農場工人生活的描寫，並不是以階級矛盾為主題，而是單純以一對困擾於同姓婚姻的男女戀愛經過為情節軸線。小說中以南臺灣客家庄的咖啡農場為背景所反應的臺灣鄉土，傾向於一種淳樸浪漫的牧歌式美學風格。不管是風土人情或是地理風光，都是以充滿溫暖、明亮的文字基調展現出來：

笠山農場的工人由附近的村莊供給。工人每天在七點半左右到達農場。那時他們早飯才吃完不久，有時則正在吃飯於是工人開始工作：男工砍樹木，女工發菅草或鋤地。泥水匠和木匠住在農場，所以他們工作開始得更早。他們喜歡在清晨日出前工作。早晨清新的空氣能使他們精神飽滿，增加他們的工作效率。每天都在他們做完一段活計之後，然後才聽到頭家呼喚吃早飯。

……

〔註40〕鍾理和：《笠山農場》（台北：遠流，1988年），頁88～90。

> 時在盛春,南國明媚的太陽用它那溫暖的光輝,曬開了草樹的花蕾。
> 磨刀河那面的官山,那柚木花,相思樹花,檬果花,黃白夾雜,蔚
> 然如蒸霞,開遍了山腹與山坳。向陰處,晚開的木棉花疎似星星,
> 它那深紅色的花朵,和淡白色的菅花相映。只有向陽早熟的木棉,
> 已把春的秘密藏在五稜形的綠夾裡去了。〔註41〕

鍾理和的素簡但熱情的獨特文字藝術,使得《笠山農場》的寫實形式,披覆上一層淡淡的天眞、浪漫特質。小說中的人物大都善良、樸實,即使是久經世故的地主階層人物,也是以儒家傳統社會式的人情練達智慧與良善,對待農場上的僱農與工人:

> 劉少興……目前他已聽到許多有關他的墾植和辦農場的閒話了。一
> 種是批評的,一種是純粹出於個人的惡意,另一種則是導源於受壓
> 迫者的反感。後者的心理,他是理解的,並且原諒他們。

> 過去,這地方對於本地居民一直開放,只要你需要或喜歡,就可以
> 隨便進來,不受任何人管束。它名義上雖然有所歸屬,但實際則無
> 人理管。但是今天,它忽然變成「笠山農場」了,從前公認爲可以
> 隨便的事,都一項一項的受到干涉和禁止了。這是人們所不能理解
> 的,更不能接受和容忍。於是在他們之間普遍地發生了反感。他們
> 對農場公開的表示他們的敵意。這種情形,劉少興很快就看了出來。
> 他爲了不致過分刺激地方住民的感情而放寬禁例,有限度的允許他
> 們進出。他並且時刻管束致遠,不讓他對他們過分使用粗魯和苛刻
> 的言行。在這方面,他做得很好。而他那固有的對人謙遜和藹、坦
> 白與誠懇的儀表,也使他做起來順當而和恰,收到很大的效果。他
> 相信他可以像陽光似的溶解掉那凝結在人們心中的惡感的冰凍,然
> 後和他們建立和善與友愛的感情。〔註42〕

正如笠山農場主人劉少興的人格特質,鍾理和筆下的小說人物,以及人物面臨事件衝突的態度,都是以展現人性與情理之間的平衡的書寫特色爲前提。即使是小說中最違背當時社會禮教規範的事件——淑華一度失身於致平,都可以看到相關人物在愛情倫理與社會道德之間所極力維持的妥善處理解決態度。

〔註41〕 鍾理和:《笠山農場》(台北:遠流,1988 年),頁 20、頁 32～33。
〔註42〕 同前註,頁 44～45。

如：淑華悔悟、惱恨不已但仍選擇嚴守致平的堅貞；淑華母親知情後展現出不解但寬容的母愛關懷；致平毅然離鄉安排妥當、接淑華私奔善後的果斷行動等情節。《笠山農場》中所描述的愛情很純粹，無關乎任何人性與道德的難題，就只是兩個同姓的男女互相吸引、不顧當時客家社會宗姓倫理的保守，以私奔方式成就愛情。《笠山農場》中的臺灣鄉土，不管是實質風光或抽象人性，都在鍾理和真摯而誠懇的文字書寫格調下，閃閃發亮；甚至之中所呈現不合理的宗姓倫理規範，最後也是以一種非革命的個人立場的溫和與理性去反叛。

從以上的觀點與例證，可以總結《笠山農場》的文學美學性所觸及的三個重要價值層面，分別為：客家族群屬性的漢民族文化意識、探討同姓婚姻的有限社會性、開啓人性鄉土烏托邦想像的美學性。

因此，從《血海恩仇記》所呈現的（傾官方）政治性，以及《笠山農場》文學價值中所表現出的文化性、社會性與美學性傾向來看：反共文學體制內所接受的「臺灣鄉土」風格，所呈現的政治性與社會性、文化性、美學性等接受原則，可以歸納幾個原則性的接受條件：無關政治性或「安全範圍」（無左翼思想傾向）的政治性與社會性；符合政治力所規範的文化民族主義傾向，包括：反日本的漢民族意識與族群屬性的鄉土意識；正向的人性（人道）主義與鄉土烏托邦的美學性。

第七章　結　論

　　一九四九年十二月七日，國民黨南京政府（以下以國府稱之），在國共內戰中，失去大陸地區政治主權後，正式宣佈遷往臺灣，以臺北為臨時首都，行政主權包括臺、澎、堅、馬地區。在此之前，從一九四六年開始，已有不少作家陸續來臺協助。

　　一九五〇年六月二十五日韓戰爆發，美國第七艦隊協防臺灣海峽，宣佈臺灣海峽的中立化，國府在台局勢得以穩定。一九五四年十二月「中華民國與美利堅合眾國間共同防禦條約」簽訂，美國正式宣告承認中華民國，並視之為「冷戰」國際秩序中西方自由世界亞太地區的反共盟友。

　　中華民國透過美國的援助，得以實踐中國右翼在臺的現代化民族國家化的建設事業——以臺灣為中國的三民主義模範省。這段時期，國府在臺不正常國家化的建國秩序的建構過程：一方面以「反共」加強統治政權的正當性；一方面以「抗俄」維護「自由中國」在「冷戰」國際秩序的國家定位。「反共」與「抗俄」，成為中華民國在台國家化秩序的兩大基礎。

　　在這兩大基礎上，國民黨政治實體（以下以國民黨稱之）的統治政權，一方面以孫中山《三民主義》思想——中國右翼的建國意識形態，持續強化臺灣社會秩序的整合；一方面藉由中國右翼「抗俄」的歷史必然性，重申中華民國追求民主自由之決心，鞏固其「自由中國」的國家形象與國際位置。反共文學正是國民黨統治政權，在這兩大基礎所開展的建國歷史進程中，積極支持的一種文學類型。

　　反共文學在國民黨的政治力運作下，積極介入，並以之作為文學發展主流。在此之前（1945～1949），臺灣文壇經歷了幾個具有代表意義的重大轉折

與事件：臺灣省籍文人的持續活動、臺灣作家與大陸省籍作家的交流；一九
四六年十月二十四日行政院長官公署通令廢止報刊雜誌日文版，多數日文作
家因而被迫放棄創作，其中臺灣左翼鄉土系譜遭到消滅命運；大陸省籍文人
陸續來台從事文學創作與媒體出版事業，其中隨國民黨政權來臺的作家類
型，在國民黨政策的支持下，成為主導臺灣五○年代的重要文學社群。

　　反共文學之所以能主導臺灣五○年代文學語境，來自於文學社群的組織
化，與文學生產模式控制的機制運作。前者表現在文壇的文學社群組織現象，
其社群組織，取代日治時代與日本中央文壇保持密切互動的臺灣文壇；後者
則使得臺灣文學的生產邏輯，同時受到政黨性的國家統治政權與資本主義的
經濟自由市場的雙重制約。

　　這個特徵使得文藝運動的文學社會實踐，除了政治力的社會控制之外，
也埋下變因，為新興的文學預備反動的社會條件。這些主流性與非主流性的
作用力，在不同的歷史條件之下，延變為臺灣文學場域的新興勢力——六○
年代的現代主義文學、七○年代的臺灣鄉土文學、八○年代結合資本主義文
化消費與現代主義精英文學形式的（臺北都會結構為主的）中產階級文學、
以及九○年代以後逐漸與臺北文學中心抗衡的臺灣本土文學。

　　反共文學社群掌握五○年代臺灣文學的主流後，「反共」成為文學場域的
主要原則。相對於此，顯性發生的文學歷史現象，有兩項：一是正向：反共
小說的大量生產並取向敘事道德化；一是反向：日治時代持續發展的新文學
傳統，以及臺灣作家在此累積的文化資本（包括最基本的語文書寫能力），被
排擠到文學創作的邊緣位置——此非本論文的論述重心。在這兩個顯性的文
學現象之中，還包括較為隱蓄不顯的文學現象——官方與民間所主導的文藝
論述與文學書寫，在反共文學機制中產生收編或排擠作用。

　　官方立場所主導的文藝論述以張道藩《三民主義文藝論》與王集叢《三
民主義文學觀》、《戰鬥文藝論》為代表。這類型文藝理論的共通點是以現實
政治目的作為理論的預設基礎，但仍有所差異。張道藩《三民主義文藝論》
以開放性文化保守主義的態度，強調「主義」的政治性內容是作為決定文學
形式的條件，並提出以傳統民族文化基礎吸納現代經驗的書寫立場。

　　王集叢《三民主義文學觀》則以「中國民族性」與「民生主義社會史觀」
兩大論點，作為政治高於文學的價值理念依據；到了《戰鬥文藝論》，更進而
在文藝必須服從政治的論述軌跡中，點出國家文藝政策決定文學書寫的單一

化歷史發展立場。張道藩與王集叢以政治性民族文化意識作為文學書寫的美學價值與發展方向，雖然未能達到體制性的傳播效應，但他們所代表的官方立場，卻成為體制性文學中，以政治意識型態篩檢民間文學論述的重要指標原則。

　　因此，中國的五四新文學傳統在官方政治原則的至約下，成為具有選擇性的文學現代化基礎，而不是全盤接受。另一方面，民間立場所主導的西方現代主義文藝論述則相對突顯出中國民族本位與西方文化本位的競爭。前者以胡適提倡的白話文學革命為重要文化資本，包括中國文藝復興、五四自由主義的愛國主義與人的文學；雖然並未直接開出個體性的文學言說進路，但在愛國主義所認可的國家民族文學信念之下，左翼文學論述與實踐所強化寫實（現實）主義的審美傾向、藝術形式、文學成規，在五〇年代臺灣反共文學被大量保留下來，並透過體制深化作用，成為戰後臺灣現當代文學重要發展面向。後者則在前者所奠基的現代文學性格上，以及在接受美援計劃後的資本主義現代社會型態導向的客觀條件中，提供個體立場的文學藝術美學觀點與對應（以台北為主的）城市文明的現代性想像世界觀；但在美學革命實踐過程，政治力所造成的選擇性原則，使得國家民族的文學立場價值仍高於個體，而個體言說精神往往被轉換到國家民族邏輯下的「無根」、「自我放逐」，對反共文學所產生的反動作用，則以間接爭取文學層級化後的藝術自主原則為發展方向，造成以藝術形式革命取代文學革命、以國族想像轉化政治黨性的質的提昇現象。

　　這些因反共文學成為臺灣五〇年代主流位置所引發的複雜歷史現象，實不能以反共政治性的官方文宣負面價值一語論斷。從文學的社會性發展脈絡來看，反共文學在不同的歷史條件中，仍具有對照戰後臺灣文學發展的歷程價值。我們就是在這個預設基礎上，繼續觀照反共小說文學敘事的社會性——而非美學性。

　　當我們將「敘事」看作是文學作品與社會文化互為影響的一種藝術表現形式，並以此檢視反共小說的社會存在意義，會發現極重要、卻又長期被中國或臺灣現當代文學歷史所忽略的一個重要詮釋脈絡：反共文學敘事來自於轉化中國左翼的文學成規與美學風格，但反共敘事本身的存在、並透過文學的革命話語所開出的現代化效應，異於詹明信所提出第三世界民族國家文學觀察的中國左翼文學系統。

　　反共文學在臺灣五〇年代所造成既斷裂（日本——臺灣）又延續（臺灣——中國）的歷史灰色地帶，實不容小覷。所以，反共文學作為一種延續中國三〇年代右翼革命文學的歷史，但遲至臺灣五〇年代才發展成具有模式效應的特殊文類。它雖然具有詹明信所提出第三世界民族國家現代文學的政治寓言性質，但其特殊性必須重新梳理。反共小說不同於左翼革命文學的現代性敘事向度，並提供了觀察政治意識形態在文學與歷史之間的暗流互動與深刻影響。

　　反共小說現代性敘事的基本實踐模式，是以中國傳統儒家文化的道德原則為核心，而向外含納西方文明的價值原則。包括：透過體制性的五四自由主義所連結西方近代自由主義的「人性」世界觀；透過「擬宗教」化的處理方式，將政黨的對立以善惡二元做為價值判準。因此，人性意識、善惡判準、道德倫理原則，同時成為反共敘事所構築的普世價值與正當性基礎。這三種理念價值也輻射出國民黨建國意識形態發展中國現代性的傾宗教思維特質。這個特質使得反共敘事對於共產黨所提出的建國內涵與政治路線，呈現出一種攻擊異端的衛道精神與見證民族救贖的受難意識的雙重書寫特質。

　　反共小說敘事所夾帶攻擊異端的衛道精神，與反共小說世界觀的普世價值息息相關。包括：以非人性化的敘事模式否定共產黨訴諸社會階級意識的建國正當性；以儒家倫理化的國家文化民族主義精神與建國理路反對共產黨知識與政治精英所領導的階級群眾革命路線。而反共小說中最關乎個人與政黨性民族國家隱喻關係的敘事模式——「革命加戀愛」，反應出國民黨右翼中國以傳統儒家倫理道德的民族文化資產、作為革命動員與建立民族自我的內在參照系統與實踐理路。

　　反共小說敘事模式隱含一黨專政的道德性民族建國理路，並反應出政治性在文學公共空間的主流位置與社會功能。因此，延續右翼中國三〇年代革命歷史、以及現實中因應黨國體制所激生的反共文學，既是反攻大陸的復國文學、也是中華民國在臺灣的建國文學。這種同時夾雜「復國——建國」的文學政治實踐，使得「反共」既來自於「復國」——國民黨右翼中國的革命政黨性歷史現實，同時也兼具「中華民國在臺灣」的「建國」歷史視野。

　　透過第三世界國家所獨具的文學政治行動綱領效應與寓言性格，文學的政治性並不是單一只是文學意識形態的一環，而是作為維護社會內外在秩序的一種機制。因此，反共文學敘事背後所投射出的文學建國與民族想像，相

對使得文學的個體性，在臺灣五〇年代獨特的政治現實之下，朝向被壓抑的隱性路線發展。

同時具有「復國──建國」雙重歷史現實與歷史視野的反共文學敘事，投射出一種非常弔詭的文學歷史現象：具有中國革命文學右翼系統的國族寓言的歷史主體、以及訴諸「中華民國在臺灣」政治現實的歷史主體。前者以「家仇──國恨──國際正義」爲敘事想像的基礎，後者使得「三民主義建國──反共復國」政治意識形態，強植介入臺灣文學的歷史發展，影響「臺灣鄉土」朝向限制性的發展軌跡。

反共敘事中「家仇──國恨」一體兩面的國族／國家寓言，將中國左翼革命文學中的「革命加愛情」敘事模式，以傳統家庭倫理秩序作爲重新建立革命與愛情之間隱喻關係的內在價值，並透過「三民主義」的政黨性社會倫理與建國想像，否定共黨由下而上的農民革命的群眾路線，以及在這路線所宣示的革命建國正當性。

反共敘事另一個帶有「國際正義」的國族寓言模式，將「中華民國在臺灣」的歷史現實，轉以「自由中國」及其在冷戰結構西方民主國家的亞洲盟友的形象來強化。國民黨政權的「自由中國」透過國民黨改造運動以落實革命民主政黨政權基礎爲政治目的，不同於民間「自由中國」論述所嚮往建立個體自由的民主社會主義價值。反共小說中依附美國所主導世界冷戰結構的「自由中國」敘事形象，主要是透過現代國民對民族國家認同與絕對忠誠的「合理化」作爲想像基礎，而將政黨性建國意識形態，僞裝成具有「群體權利」（the right of commuity）的意義價值。

再從反共小說透過集體書寫的個體小歷史所投射的「復國──建國」的歷史時間來看，反共小說所約化的過去完成式與未來想像式兩種時間模式，弔詭性地突顯出「中華民國在臺灣」不存在於「此時此刻」的歷史主體想像。前者以儒家「暴政必亡」的歷史法則，爲國民黨反攻大陸、重奪政權的政治慾望，尋得合理的歷史詮釋，而忽略共產黨同樣基於革命政黨基礎所建立的中華人民共和國的歷史正當性；後者則因而使得國共戰爭失敗所轉由撤台的「當下」歷史現實，因反共復國想像的未能實踐而無限被延宕。

反共小說歷史時序所極欲成就的「建國的目的在於完成復國」的政治目的，使得個人傷痕所象徵民族國家傷痕的隱喻關係，潛藏著一個難以解決的危機：當文學個體（包含家庭／家族）的傷痕無限被放大，成爲檢視或等同

於民族國家的傷痕時，文學的個體性想像就只能依附於民族國家脈絡──而且還被主導於狹隘的政黨性民族國家的政治意識形態與政治目的之下。

因此，反共小說敘事最後不得不轉向以「個人自我獻身／犧牲」的模式，以及透過不斷召喚傷痕記憶與尋求救贖的書寫策略，掩飾第三世界民族文學寓言中，關於個人文學書寫與民族／國家政治權力之間最弔詭、卻隱而未現的共犯結構──個體是附屬於民族／國家主體之下、包含於各式集體政治性或歷史性或文化性的象徵幽靈。這對於臺灣文學歷史的內部理路發展，以及道德價值在此中所發揮的決定性作用，仍有不容忽視的影響效應──設限於反共政治意識形態的體制性臺灣鄉土意識與風格，是這個效應中最值得持續觀察的歷史特徵。

二二八之後、《橋》副刊的臺灣新文學論爭（1947～1949），以及緊接而至的白色恐怖，呈現「三民主義建國──反共復國」政治意識所造成的單一化歷史主體（國民黨右翼中國與中華民國在臺灣）現象，不僅壓抑臺灣在殖民歷史中未完成主體的「孤兒」意識，也同時斷裂臺灣在日治時代「反殖民、反帝國」脈絡下的左翼政治社會歷史，以及帶有社會主義政治階級思想的左翼文學鄉土想像。

反共文學體制所設限的「臺灣鄉土」意識與風格，在「反共」政治意識形態所主導設限的選擇性原則之下，更以政黨性民族國家主體與文化民族主義兩種基本向度作為設限前提。前者以無關政治或無右翼思想傾向的安全範圍作為檢驗標準；後者包括：反日本的漢民族意識與帶有族群屬性的鄉土意識、正向的人性（人道）主義與帶有美學性質的烏托邦鄉土想像。

參考書目

一、小說文本

反共小說

1. 王平陵：《歸來》（台北：中華書局，1955 年）。
2. 王平陵：《火種》（台北：中央文物供應社，1955 年）。
3. 王平陵：《茫茫夜》（台北：華國出版社，1953 年）。
4. 王藍：《咬緊牙根的人》（台北：文壇社，1955 年）。
5. 王藍：《長夜》（台北：紅藍出版社，1960 年）。
6. 王藍：《藍與黑》（台北：紅藍出版社，1958 年）。
7. 王藍：《藍與黑》（台北：九歌出版社，1998 年）。
8. 尼洛：《咆哮荒塚》（台北：文壇社，1959 年）。
9. 尼洛：《近鄉情怯》（臺灣：世系出版社，1978 年）。
10. 田原：《這一代》（台北：新中國出版社，1959 年）。
11. 朱心宵：《大火炬的愛》（台北：重光文藝出版社，1952 年）。
12. 司馬中原：《荒原》（高雄：大業書店，1963 年）。
13. 姜貴：《旋風》（台北：明業出版社，1959 年）。
14. 姜貴：《重陽》（台北：皇冠出版社，1973 年）。
15. 姜貴：《碧海青天夜夜心》（高雄：長城出版社，1964 年）。
16. 徐速：《星星之火》（臺灣：高原出版社，1958 年）。
17. 查顯琳：《火線上》（香港：亞洲出版社，1956 年）。
18. 孫陵：《大風雪》（台北：拔提書局，1953 年）。
19. 孫陵：《她是誰》（台北：不，1954 年）。

20. 郭衣洞：《蝗蟲東南飛》（台北：文藝創作社，1953 年。

21. 郭嗣汾：《危城記》（台北：大眾書局，1953 年）。

22. 郭嗣汾：《黎明的海戰》（臺灣：亞洲出版社，年）。

23. 郭嗣汾：《寒夜曲》（台北：海洋生活月刊，1955 年）。

24. 郭嗣汾：《威空長雲》（臺灣：亞洲書局，1958 年）。

25. 郭嗣汾：《尼泊爾之戀》（高雄：大業書店，1957 年）。

26. 郭嗣汾：《風雪大渡河》（香港：亞洲書店，1959 年）。

27. 郭嗣汾：《夜歸》（台北：文壇社，1959 年）。

28. 陳紀瀅：《荻村傳》（台北：皇冠出版社，1985 年）。

29. 陳紀瀅：《有一家》不詳。

30. 陳紀瀅：《赤地》（台北：文友出版社，1955 年）。

31. 陳紀瀅：《貫雲兒前傳》（台北：重光文藝出版社，1957 年）。

32. 陳紀瀅：《華夏八年》（台北：重光文藝出版社，1960 年）。

33. 潘人木：《如夢記》（台北：重光文藝出版社，1951 年）。

34. 潘人木：《蓮漪表妹》（台北：文藝創作出版社，1952 年）。

35. 潘人木：《蓮漪表妹》（台北：爾雅出版社，2001 年）。

36. 楊念慈：《金十字架》（台北：新新文藝社，1956 年）。

37. 楊念慈：《罪人》（高雄：大業書店，1960 年）。

38. 潘壘：《還我山河》（原《紅河三部曲》）（香港：亞洲書店，1952 年）。

39. 潘壘：《地層下》（《黑色的地平線》）（台北：百成書店，1953 年）。

40. 潘壘：《血渡》（台北：中國文學出版社，1955 年）。

41. 潘壘：《峽谷》（台北：明華出版社，1955 年）。

42. 潘壘：《峽谷》（台北：聯經出版社，1977 年）。

43. 潘壘：《歸魂》（台北：明華出版社，1955 年）。

44. 潘壘：《歸魂》（台北：聯經出版社，1978 年）。

45. 墨人：《孤島長虹》（台北：文壇社，1959 年）。

46. 澎湃（彭品光）：《荒島夢回》（台北：海洋生活月刊，1959 年）。

47. 穆穆：《大動亂》（台北：中國文壇出版社，1953 年）。

48. 蕭傳文：《征人之家》（台北：聯合書局，1963 年）。

非反共小說

1. 呂赫若：《呂赫若小說集：臺灣第一才子》（台北：聯合文學，1995 年）。

2. 吳濁流：《亞細亞孤兒》（台北：遠流出版社，1985 年）。

3. 廖秀清：《恩仇血淚記》（台北縣汐止：作者自印，1957 年）。

4. 鍾理和：《笠山農場》（台北：遠流出版事業公司，1988 年）。

二、專著

史料類

1. 中國文藝協會：《耕耘四年》（台北：中國文藝協會，1954 年）。

2. 中國文藝協會：《自由中國文藝集》（台北：正中書局，1954 年）。

3. 中國文藝協會：《文協十年》（台北：中國文藝協會，1960 年）。

4. 王集叢：《戰鬥文藝論》（台北：文壇社，1955 年）。

5. 王集叢：《三民主義文學論》（台北：帕米爾書店，1952 年 8 月）。

6. 王集叢：《中國文藝問題》（台北：帕米爾書店，1954 年）。

7. 任卓宣（編）：《個人與國家》（台北：帕米爾書店，1957 年）。

8. 任卓宣（編）：《民族文藝論文集》（台北：帕米爾書店重印，1976 年）。

9. 李文：《當代中國自由文藝論》（香港：亞洲出版社，1955 年）。

10. 吳曼君：《自由中國實踐克難運動》（台北：改造出版社，1953 年）。

11. 孫中山：《三民主義》（台北：中央文物供應社，1985 年）。

12. 孫旗：《論中國文藝的方向》（香港：亞洲出版社，1956 年）。

13. 陳紀瀅：《戰鬥文藝與自由文藝》（台北：文壇社出版社，1955 年）。

14. 陳紀瀅：《文藝運動二十五年》（台北：重光文藝出版社，1977 年）。

15. 張道藩：《三民主義文藝論》（台北：文藝創作出版社，1954 年）。

16. 張道藩：《戰鬥文藝與自由文藝》（台北：文壇社，1955 年）。

17. 張道藩：《我們所需要的文藝政策》（台北：中國語文學會重刊本，1970 年）。

18. 張道藩：《張道藩先生文集》（台北：九歌出版社，1990 年）。

19. 曾健民（編）：《1947～1949 臺灣文學問題議論集》（台北：人間出版社，1999 年）。

20. 曾健民（編）：《新二二八史像——最新出土小說、詩、報導、評論》（台北：臺灣社會科學出版社，2003 年）。

21. 葛賢寧：《論戰鬥的文學》（台北：中華文化出版社，1955 年）。

22. 蔣中正：《反共抗俄基本論》（台北：中央文物供應社，1979 年）。

23. 蔣中正：《民生主義育樂兩篇補述》（台北：中央文物供應社，1953 年）。

24. 劉心皇（選編）：《當代中國新文學大系：史料與索引》（台北：天視出版社，1981 年）。

文學／歷史類

1. 丁守和（編）：《中國近代啓蒙思潮》（北京：社會科學文獻出版社，1999年）。

2. 王德威：《如何現代，怎樣文學？十九、二十世紀中文小說新論》（台北：麥田出版社，1998年）。

3. 王德威：《歷史與怪獸──歷史、暴力、敘事》（台北：麥田出版社，2004年）。

4. 尹雪曼：《中華民國文藝史》（台北：正中書局，1976年）。

5. 尹雪曼：《中國新文學史論》（台北：中央文物供應社，1983年）。

6. 古繼堂：《臺灣小說發展史》（台北：文史哲出版社，1992年）。

7. 申正浩：《中國現代文學研究的基本視界》（台北：人間出版社，2005年）。

8. 司徒衛：《五十年代文學論評》（台北：成文出版社，1979年）。

9. 司馬長風：《中國新文學史》（台北：駱駝出版社，1987年）。

10. 丹彌恩‧葛藍（Damian Grant）著，顏元叔主譯：《寫實主義》（台北：黎明文化事業有限公司，1973年）。

11. 行政院文建會（編印）：《中華民國文藝社團概況》（台北：文建會，1985年）。

12. 呂正惠：《戰後臺灣文學經驗》（台北：新地文學出版社，1992年）。

13. 李歐梵：《現代性的追求──李歐梵文化評論精選集》（台北：麥田出版社，1996年）。

14. 周策縱：《五四運動史》（台北：桂冠，1989年）。

15. 林書揚：《從二二八到50年代白色恐怖》（台北：時報文化，1992年）。

16. 茅家琦：《蔣經國的一生和他的思想轉變》（台北：臺灣商務出版社，2003年）。

17. 倪偉：《民族想像與國家統制──1928～1948年南京政府的文藝政策及文學運動》（上海：上海教育出版社，2003年）。

18. 陳平原：《中國現代學術之建立──以章太炎、胡適之爲中心》（台北：麥田出版社，2005年）。

19. 陳思和：《中國新文學整體觀》（台北：業強出版社，1990年）。

20. 陳芳明：《後殖民臺灣──文學史論及其周邊》（台北：麥田出版社，2002年）。

21. 許南村（編）：《反對言僞而辯──陳芳明臺灣文學論‧後現代論‧後殖民論的批判》（台北：人間出版社，2002年）。

22. 張玉法：《中國近代現代史》（台北：東華書局，1991年）。

23. 張玉法：《近代中國民主政治發展史》（台北：東大出版社，1999 年）。

24. 張玉法：《中華民國史稿》（台北：聯經，1998 年）。

25. 黃仁宇：《近代中國的出路》（台北：聯經，1995 年）。

26. 馮啓宏：《法西斯主義與三〇年代中國政治》（台北：國立政治大學歷史學系，1998 年）。

27. 馮啓宏：《戰國策派之研究》（高雄：復文圖書出版社，2000 年）。

28. 彭瑞金：《臺灣新文學運動 40 年》（台北：自立出版社，1992 年）。

29. 葉石濤：《臺灣文學史綱》（高雄：文學界雜誌社，1987 年）。

30. 趙遐秋：《臺灣新文學思潮》（台北：人間出版社，2002 年）。

31. 鄭明娳：《當代臺灣政治文學論》（台北：時報文化，1994 年）。

32. 劉心皇：《當代中國新文學大系——文學評論集》（台北：天視出版社，1980 年）。

33. 劉心皇：《現代中國文學史話》（台北：正中書局，1986 年）。

34. 劉心皇：《抗戰時期的文學》（台北：國立編譯館，1995 年）。

35. 劉紀蕙：《心的變異——現代性的精神形式》（台北：麥田出版社，2004 年）。

36. 劉登翰等編：《臺灣文學史》（福建：海峽文藝出版社，1993 年）。

社會／文化／政治／經濟類

1. 王振輝：《中國民族主義與馬克思主義的興起——清末初知識份子的困境與抉擇》（台北：韋伯文化事業出版社，1999 年）。

2. 文馨瑩：《經濟奇蹟的背後——臺灣美援經驗的政經分析》（台北：自立出版社，1990 年）。

3. 尤爾根・奧斯（Jurgen Osterhammel）著，朱章才譯：《中國革命——1925、5、30 上海》（台北：麥田出版社，2001 年）。

4. 安東尼・紀登斯（Anthony Giddens），胡宗澤、趙力濤譯：《民族國家與暴力》（台北：左岸文化出版社，2001 年）。

5. 卡諾伊（Martin Carnoy）著，杜麗燕、李少軍譯：《國家與政治理論》（台北：桂冠出版社，2002 年）。

6. 林武彥：《蔣中正戰爭哲學思想研究》（台北：大航家出版社，2000 年）。

7. 林毓生：《五四：多元的反思》（台北：風雲時代出版社，1989 年）。

8. 林毓生：《政治秩序與多元社會》（台北：聯經出版社，1989 年）。

9. 林毓生：《中國傳統的創造性轉化》（北京：三聯出版社，1992 年）。

10. 金耀基：《中國現代化的歷程：知識份子與中國現代化》（台北：中國時報，1986 年）。

11. 香港嶺南學院翻譯系編譯：《解殖與民族主義》（香港：牛津大學出版社，1998 年）。

12. 高宣揚：《布爾迪厄》（台北：生智出版社，2002 年）。

13. 班納迪克・安德森（Benedick Anderson），吳叡人譯：《想像的共同體：民族主義的起源與散佈》（台北：時報文化，1994 年）。

14. 郭洪紀：《文化民族主義》（台北：楊智文化出版社，1997 年）。

15. 黃金麟：《歷史、身體、國家：近代中國的身體形成：1895～1937》（台北：聯經，2001 年）。

16. 黃俊傑：《臺灣意識與臺灣文化》（台北：正中書局，2000 年）。

17. 詹明信（Fredric Jameson）著，張京媛譯：《馬克思主義——後冷戰時代的思索》（香港：牛津大學出版社，1994 年）。

18. 舒衡哲（Vera Schwarcz）著，劉京建譯：《中國啓蒙運動》（台北：桂冠，2000 年）。

19. 梁敬錞：《中美關係論文集》（台北：聯經，1988 年）。

20. 葉仁昌：《五四以後的反基督教運動——中國政教關係的解析》（台北：九大文化股份有限公司，1992 年）。

21. 蔡英文、江宜樺（編）：《現代性與中國社會文化》（台北：新臺灣人基金會，2002 年）。

22. 劉小楓：《現代性社會理論緒論——現代性與現代中國》（香港：牛津大學出版社，1996 年）。

23. 劉青峰（編）：《民族主義與中國現代化》（香港：中文大學出版社，1994 年）。

24. 劉進慶：《臺灣戰後經濟分析》（台北：人間出版社，1992 年）。

25. 薛化元：《自由中國與民主憲政——1950 年代臺灣思想史的一個考察》（台北：稻鄉出版社，1996 年）。

26. 蔣永敬：《孫中山與中國革命》（台北：臺灣商務出版社，2000 年）。

27. 羅志田：《民族主義與近代中國思潮》（台北：東大圖書，1998 年）。

28. 蕭公勤：《歷史拒絕浪漫——新保守主義與中國現代化》（台北：致良出版社，1998 年）。

29. 蕭新煌等編：《解剖臺灣經濟——權威體制底下的壟斷與剝削》（台北：前衛出版社，1992 年）。

30. 叢日云：《在上帝與凱撒之間——基督教二元政治觀與近代自由主義》（台北：左岸文化出版社，2004 年）。

三、學位論文

1. 王梅香：《肅殺歲月的美麗／美力？戰後美援文化與五、六○年代反共文學、現代主義思潮發展之關係》（國立成功大學臺灣文學研究所碩士論文，2004）。

2. 李麗玲：《五○年代國家文藝體制下台籍作家的處境及其創作初探》（國立清華大學文學研究所（中文組）碩士論文，1995 年）。

3. 吳復華：《反共／懷鄉：戰爭中國家對分類秩序（集體認同）的重構——以 1949 年中央日報臺灣版為分析對象》（東海大學社會研究所碩士論文，1999 年）。

4. 秦慧珠：《臺灣反共小說研究（一九四九年至一九八九年）》（中國文化大學中國文學研究所博士論文，2000 年）。

5. 莊文福：《大陸旅台作家懷鄉小說研究》（中國文化大學中國文學研究所博士論文，2002 年）。

6. 侯作珍：《自由主義傳統與臺灣現代主義文學的崛起》（中國文化大學中國文學研究所博士論文，2002 年）。

7. 陳良真：《潘人木小說研究》（屏東師範學院語文教育學系碩士論文，2004 年）。

8. 黃玉蘭：《臺灣五○年代長篇小說的禁制與想像——以文化清潔運動與禁書為探討主軸》（國立台北師範學院臺灣文學研究所碩士論文，2004 年）。

9. 蔡其昌：《戰後（1945～1959）臺灣文學發展與國家角色》（東海大學歷史研究所碩士論文 1996 年）。

10. 蔡芳玲：《一九四九年前後遷台作家之研究》（國立中央大學中國文學所碩士論文 1996 年）。

11. 曾薰慧：《臺灣五○年代國族想像中「共匪／匪諜」的建構》（東海大學社會研究所碩士論文，2000 年）。

12. 楊榮聰：《文化建構與國民認同——戰後臺灣的中國化》（國立清華大學社會人文所碩士論文 1992 年）。

13. 簡弘毅：《陳紀瀅文學與五○年代反共文藝體制》（靜宜大學中國文學研究所碩士論文，2002 年）。

14. 蕭阿勤：《國民黨政權的文化與道德論述（1934～1991）——知識社會學的分析》（國立臺灣大學社會研究所碩士論文 1991 年）。

15. 應鳳凰：Reassessing Taiwan's Literary Fieald of the1950s'The University of Texas Austin，2000.

四、報刊雜誌論文

1. 〈在飛揚的年代——50 年代文學座談會〉,《聯副》(1980 年 5 月 4 日～8 日)。

2. 〈文學的再出發——民國 39 年至 48 年的文學回顧〉,《文訊月刊》第九期 (1984 年 3 月)。

3. 〈50 年代文學專輯〉,《文學思潮》第七期(1980 年 7 月)。

4. 梅家玲:〈性別 V.S.家園:五○年代的臺灣小說——以《文藝創作》與文獎會得獎小說為例〉,《臺大文史哲學報》第五十五期(2001 年 11 月)。

5. 趙彥寧:〈看不見的權力:非生殖/非親屬性論述的認識論分析〉,國立政治大學新聞研究室《新聞學研究》(1998 年 1 月),頁 135～153。

6. 趙彥寧:〈流放的政權與流亡的身體——論五○年代公領域中的主體、物、與性別〉,國立中央大學性/別研究室主辦第三屆「性教育、性學、性別研究暨同性戀研究」國際學術研討會會議論文,1998 年 5 月 25 日。

7. 趙彥寧:〈國族想像的權力邏輯——試論五○年代流亡主體、公領域與現代性之間的可能關係〉,《臺灣社會研究季刊》第 36 期(1999 年),頁 37～84。

8. 趙彥寧:〈痛之華——五零年代國共之間的變態政治/性想像〉,《酷兒:理論與政治專號》國立中央大學:性/別研究室第 34 期合刊,頁 235～259。